GUIDE DES FONDS MUTUELS DISPONIBLES AU QUÉBEC 1999

Révision et correction :	Claude Daoust et Jane O'Brien
Conception graphique, infographie et illustration :	Raymond Hughes et Simon Dupuis
Production :	Avantages Services Financiers inc. 2100, boul. de Maisonneuve Est, bureau 206 Montréal (Québec) H2K 4S1
Édition :	PUBLICATIONS FINANCIÈRES INTERNATIONALES 79, rue de Montmagny, Boucherville (Québec) J4B 4H9
Distribution :	DIFFUSIONS CÔTE À CÔTE 642A, boul. Marie-Victorin, Boucherville (Québec) J4B 1X8 Tél. : (514) 655-4297

© 1999 AVANTAGES SERVICES FINANCIERS INC.

Données de catalogage avant publication (Canada)

Poitras, François, 1961

Guide des fonds mutuels disponibles au Québec : 1999

Éd. rev., corr. et augm.
Comprend des réf. bibliogr.

ISBN 2-921960-04-4

1. Fonds communs de placement - Québec (Province) - Guides, manuels, etc.
2. Sociétés d'investissement - Québec (Province) - Guides, manuels, etc.
3. Investissements - Québec (Province) - Guides, manuels, etc. 1. Titre.

HG5160.Q8P64 1998a   332.63´27´09714   C98-941686-0

Dépôt légal : 4ᵉ trimestre 1998

Bibliothèque nationale du Québec

Bibliothèque nationale du Canada

Guide des
Fonds mutuels
disponibles au Québec
1999

François Poitras
économiste

PUBLICATIONS FINANCIÈRES INTERNATIONALES

Préface

Que vous apportera votre gestionnaire de fonds en 1999?

La décennie qui s'achève à la fin de la présente année aura été très généreuse pour les détenteurs d'actions américaines et européennes. Il est assuré que les indices boursiers du Dow Jones et du Standard & Poor's afficheront, pour les années 1990, des rendements annuels moyens entre 15 % et 20 %, la meilleure performance à moyen terme pour le XXe siècle. Avec un rendement d'environ 10 %, les actions québécoises et canadiennes, tout comme les obligations domestiques, montrent des résultats moins brillants, mais fort honnêtes, si l'on tient compte que l'inflation durant la décennie fut d'environ 2 % par année au Québec. Par ailleurs, ceux qui, au début des années 1990, parlaient de globalisation et de convergence des marchés se sont trompés lamentablement. Plusieurs marchés n'ont connu aucune croissance réelle durant 10 ans : la bourse japonaise, l'or, les marchés émergents, l'immobilier…

Donc, une fois de plus, la répartition d'actif aura été déterminante dans la performance de l'ensemble des portefeuilles.

Qu'en sera-t-il pour les 10 prochaines années? Qu'attendre de votre gestionnaire de fonds dans le nouvel environnement du nouveau millénaire?

Quand les marchés procurent des rendements élevés, les épargnants s'attardent peu à la performance relative du gestionnaire par rapport à l'indice. Pourtant, si vous payez annuellement 2.5 % de vos fonds en honoraires, il est bien légitime de s'attendre à ce que le gestionnaire batte l'indice d'un pourcentage supérieur aux frais de gestion perçus! Si les rendements glissent à 8 ou 9 %

par an en raison de marchés moins performants, cela signifie que le quart de vos revenus vont chez le gestionnaire. Mérite-t-il une proportion aussi forte de vos revenus alors que vous absorbez la totalité du risque à la baisse?

1. En 1998, les marchés furent très volatils alors que 25 % des séances boursières quotidiennes ont terminé avec des fluctuations d'au moins 1.25 % par rapport à la clôture de la veille. Cette nervosité des marchés montre l'incertitude très forte chez les grands investisseurs. Pour ajouter de la valeur (et mériter leurs honoraires), des gestionnaires prennent plus de risques. Les produits dérivés servent justement à augmenter l'ampleur des gains potentiels, mais aussi des pertes possibles. Donc, il faudra suivre attentivement la composition du portefeuille des gestionnaires de produits dérivés désireux de faire un grand succès commercial de leur famille de fonds. En cas d'échec, ce sont les détenteurs d'unités qui écopent!

2. Les produits dérivés permettent de répliquer rapidement, et à bas coût, aux grands indices de marchés. Cette option retiendra de plus en plus l'attention des épargnants. Pour survivre à long terme, l'industrie des fonds mutuels doit offrir une gamme complète de produits en tenant compte de la demande des investisseurs pour les produits purement indiciels et dont les frais de service sont très bas. Si les honoraires ne baissent pas, les investisseurs ne résisteront pas à la tentation de réaliser eux-mêmes leurs placements, d'autant plus que l'internet réduit considérablement les frais d'exécution des transactions.

L'heure de vérité approche pour les gestionnaires. Des marchés procurant des rendements moins élevés, des produits indiciels peu coûteux et une technologie abordable dans la gestion personnelle du portefeuille pourraient amener une partie des investisseurs à revoir la structure de leurs placements en fonds mutuels. Ces derniers véhicules continueront d'offrir trois grands avantages : une gestion professionnelle, une saine diversification et une bonne liquidité.

L'industrie des fonds mutuels aura amassé plus de 300 milliards de dollars au cours de la décennie 1990. Pour répéter cet exploit, elle devra prouver aux épargnants qu'elle peut véritablement répondre à leurs besoins dans la gestion de leurs épargnes. Et, comme les *baby boomers*, nés dans les années qui ont suivi la fin de la Deuxième guerre mondiale, commenceront à prendre leur retraite en 2010, ils surveilleront attentivement la gestion de leurs économies. Dans cette veine, le livre de François Poitras demeure un outil précieux dans la compréhension des fonds communs de placement. Il éclaire les lecteurs sur le fonctionnement des fonds et les aide dans l'évaluation des plus performants. L'accent mis sur les gestionnaires québécois est très légitime. Plusieurs études ont montré que les firmes d'ici font tout aussi bien, sinon mieux, que des gestionnaires hors-Québec. Il est donc normal que nos placements contribuent à l'enrichissement du milieu québécois et à la création d'emplois fascinants pour nos jeunes finissants universitaires.

S'il est probable que l'économie ralentira en 1999, il faut garder le cap sur un horizon à plus long terme. Quatre milliards d'habitants sur la planète n'ont pas encore accès à un magnétoscope, à un four micro-ondes et à un ordinateur personnel. Cette aspiration profonde au confort et aux outils de la technologie chez les quatre cinquièmes des humains de la planète viendra à un moment donné propulser les marchés boursiers vers de nouveaux sommets à l'aube du XXIᵉ siècle. Les fonds mutuels de compagnies québécoises, canadiennes et étrangères permettront aux épargnants du Québec de tirer profit de ce grand mouvement de répartition de la richesse du monde.

Michel Nadeau
Premier vice-président, Grands marchés
et directeur général adjoint
Caisse de dépôt et placement du Québec

Avant-propos

La première édition du guide est venue répondre à un besoin d'information : les investisseurs québécois voulaient en connaître davantage sur les fonds mutuels. Leur soif de connaissance touchait la nature de ce type d'investissement et les produits disponibles au Québec. *Le Guide des fonds mutuels disponibles au Québec 1999* s'inscrit dans la même perspective et demeure l'un des rares livres rédigé en français sur le sujet. Et il a l'avantage de s'adresser spécifiquement à l'investisseur québécois. Il arrive trop souvent que des évaluations portent sur des fonds qui ne sont pas vendus au Québec ou qui n'acceptent pas de souscription de la part des nouveaux investisseurs. Par ailleurs, il nous a semblé au cours de l'année que le travail d'information et de collaboration avec les médias a porté fruit.

Il est bon de mentionner que les fonds mutuels ne sont plus l'affaire de quelques investisseurs. Environ 20 % des Québécois détiennent des parts de fonds communs de placement. Ce pourcentage est encore plus élevé (40 % à 42 %) si notre échantillon se limite à ceux qui contribuent à leur REER. Cependant, encore trop d'investisseurs prennent une décision sans avoir toute l'information pertinente. N'est-il pas surprenant que l'on se donne beaucoup de peine lorsque vient le temps d'acheter une maison ou d'acheter une voiture, mais que l'on s'informe si peu lorsque vient le temps d'investir dans un fonds mutuel? C'est pourtant tout aussi, sinon plus important, car il s'agit dans bien des cas d'un investissement qui affectera votre niveau de vie. Plus que jamais, il m'apparaît nécessaire d'informer et d'aider l'investisseur à faire ses choix. C'est ainsi que j'ai décidé de récidiver en rédigeant cette deuxième édition du guide des fonds mutuels disponibles au Québec.

N'oublions pas cette donnée importante : malgré les récentes baisses des marchés boursiers, ceux qui achètent ou qui vont acheter des parts de fonds mutuels le font plus souvent qu'autrement dans une perspective à long terme. Cette perspective à long terme requiert de la part de l'investisseur un effort d'information. Il faut s'appliquer — et c'est relativement simple — à suivre l'évolution des marchés financiers : quelques minutes de votre temps, une ou deux fois par mois. Notre guide a la qualité essentielle d'être à jour. Dans le domaine des fonds mutuels, l'information vieillit rapidement. Il importe de la mettre constamment à jour. Comme on prévoit une forte croissance des sommes investies dans les fonds communs de placement au cours des prochaines années, particulièrement au Québec, la demande pour une information de qualité et bien synthétisée est là.

Cette deuxième édition n'est pas qu'une simple mise à jour. Nous l'avons enrichie et augmentée. La première partie garde son orientation générale. Il s'agit de présenter les facteurs importants qui influencent les décisions des investisseurs et de donner un aperçu actuel de l'industrie. Parmi les nouveaux ajouts, on compte une nouvelle section sur des portefeuilles types et une section sur la conjoncture économique. Celle-ci complétera la discussion des grandes tendances économiques. J'ai donc bon espoir que l'information contenue dans ce guide vous permettra de mieux comprendre ce qui se dit et ce qui s'écrit sur le sujet.

Si en plus de servir de référence, le guide amène l'investisseur à s'intéresser davantage aux fonds mutuels ainsi qu'aux nouvelles économiques et financières, j'aurai alors atteint mon but.

François Poitras
Octobre 1998

Remerciements

Pour cette deuxième édition, je remercie

mes collègues d'Avantages Services Financiers inc. : Michel Marcoux, Bruno Ballarano, Gabriel Deschênes, Jean-Martin Drapeau et Jocelyne Tremblay-Sarno. Dans le cadre de leur travail quotidien, ils me fournissent une foule d'informations pertinentes sur les investisseurs et sur le marché des fonds communs de placement.

M. Michel Nadeau, Premier vice-président, Grands marchés, et directeur général adjoint de la Caisse de dépôt et placement du Québec. Son précieux appui au développement de l'industrie des fonds communs de placement au Québec se traduit ici par une préface fort stimulante.

les journalistes Dominique Beauchamp et Stéphanie Grammond *(Les Affaires)* ainsi que Jean-Philippe Décarie *(Le Journal de Montréal* et *Le Journal de Québec)*. Nos collaborations soulignent l'importance de la vulgarisation dans le domaine financier.

le professeur Pascal St-Amour de l'Université Laval et le professeur Désiré Vencattachellum des Hautes Études Commerciales. Les échanges que nous avons et les points de vue qu'ils développent contribuent à enrichir la ferveur pour des sujets parfois complexes.

mes parents et mon amie, Sylvie Fafard. J'ai beaucoup apprécié leurs encouragements au cours du projet.

Table des matières

Table des matières

Introduction

50 milliards investis dans les fonds mutuels au Québec

Pendant de nombreuses années, l'industrie des fonds communs de placement était considérée comme un objet de curiosité, un genre de club sélect réservé à quelques investisseurs. Il y a à peine 20 ans, seulement 1 % de l'actif des Canadiens était investi dans les fonds communs de placement. On estime aujourd'hui à 14,2 % le pourcentage de l'actif des Canadiens investi dans les fonds communs de placement. C'est de loin la plus forte croissance si on compare à d'autres véhicules de placement (actions, obligations, dépôts, assurances-vie, etc.). En fait, la valeur des sommes investies dans les fonds communs de placement est maintenant aussi élevée que celle qui est investie dans les différents comptes bancaires, les comptes dans les caisses populaires inclus. En date du 31 juillet 1998, les Canadiens avaient investi quelque 324 milliards de dollars dans un peu plus de 28 millions de comptes. Au Québec, c'est 50 milliards de dollars qui sont investis dans les fonds communs de placement. Au cours des 10 dernières années, l'industrie a crû au rythme d'un peu plus de 20 % par année, une croissance plus qu'enviable.

Le phénomène n'est pas limité au Canada, loin de là. Le marché américain est le plus développé tant au niveau de la gamme des fonds offerts que de l'information générée par la presse financière. Près de la moitié des Américains possèdent directement ou indirectement des parts de fonds communs de placement. Par personne, les Américains investissent deux fois plus que les Canadiens dans les fonds communs de placement. Aux États-Unis, on estime que la valeur de l'actif sous gestion des fonds communs de placement approche de 7 000 milliards de dollars canadiens. Avec ses 12 millions d'investisseurs, la Société Fidelity gère un peu plus de 750 milliards de dollars canadiens dans le monde. Les Européens ont aussi découvert les fonds communs de placement. Les Sociétés d'investissement à capital variable (SICAV) françaises et les *Investment Trusts* britanniques sont d'ailleurs gérés de la même façon que le sont nos fonds communs de placement. L'actif sous gestion en Europe dans les fonds communs de placement approche de 2 000 milliards de dollars canadiens. Bref, il s'agit d'une tendance forte. Avec la crise des systèmes de sécurité sociale, il faudra de plus en plus financer sa propre retraite. Cette situation ne fera qu'amener de l'eau au moulin.

L'engouement pour les fonds communs de placement a donné naissance à un tout nouveau champ d'activité, soit celui de l'information sur les fonds communs de placement. Aux États-Unis, des firmes telles que Morningstar et Lipper se spécialisent dans l'évaluation des fonds communs de placement, et leurs évaluations ont beaucoup d'influence sur les décisions des investisseurs. Il en est de même pour Micropal en Grande-Bretagne. Au Canada, une firme comme Portfolio Analytics collige des données et se charge de mettre à jour les rendements et les contenus de plus de 2 000 fonds communs de placement à chaque mois. Les prix des parts de fonds communs de placement sont affichés tous les jours dans les journaux comme le sont les cotes de la bourse. On ne peut passer sous silence l'influence qu'exercent les gestionnaires de fonds communs de placement sur les fluctuations boursières. Les fonds communs sont incontournables lorsque la discussion porte sur les marchés financiers.

Un guide pour les investisseurs d'ici

Cet intérêt a aussi entraîné une multiplication d'ouvrages sur le sujet. Ouvrages techniques, essais et... guides. Outre ce guide, vous ne trouverez pas d'autre guide destiné spécifiquement à l'investisseur québécois. Qui plus est, les guides écrits en langue française sont, la plupart du temps, des traductions qui ne s'adressent pas à l'investisseur du Québec. Enfin, parce que ces guides sont rédigés pour un marché plus large, on y retrouve parfois des analyses et de l'information sur des fonds qui ne sont même pas accessibles aux investisseurs québécois. La deuxième édition du guide des fonds mutuels disponibles au Québec comble donc une lacune majeure. Compte tenu de la grande importance des fonds communs de placement à capital variable, notre discussion et notre analyse porteront sur cette catégorie de fonds communs de placement. C'est pour ce type de fonds que l'on constate un engouement.

Ce guide s'adresse à toutes les catégories d'investisseurs. C'est là son originalité. Comme nous nous adressons à un auditoire très hétérogène, nous ne tiendrons rien pour acquis et notre présentation prendra en compte cette hétérogénéité. Il faut bien réaliser que l'investisseur type a de la difficulté à se retrouver dans un univers où plus de 1 200 fonds communs de placement sont disponibles. Les investisseurs ont l'embarras du choix. La sélection n'est jamais évidente. De plus, certains concepts essentiels à la prise de décision tels que les frais de courtage, le risque, la mesure du rendement et la répartition d'actif sont souvent mal compris. Nous en sommes conscients et nous voulons avant tout faciliter vos décisions en vous offrant une information synthétisée, et ce, dans un langage simple et non technique.

Trois critères à suivre pour accéder aux fonds communs de placement

Tous les fonds recensés dans ce guide sont accessibles à l'épargnant québécois. Cette accessibilité constitue le premier critère d'admissibilité à l'investissement dans les fonds communs de placement. Quelle est l'utilité d'un guide qui nous présente les rendements des meilleurs fonds au cours du dernier mois, de la dernière année ou des trois dernières années, si ceux-ci ne sont même pas disponibles au Québec?

Notre guide a également été conçu dans le respect du deuxième critère d'admissibilité, à savoir qu'il s'intéresse uniquement aux fonds qui sont ouverts aux nouveaux investisseurs. En effet, il arrive parfois que de nouveaux investisseurs ne soient pas en mesure de souscrire à un fonds parce que celui-ci leur est fermé. Cette situation s'explique par le fait que le gestionnaire ne pense pas être en mesure d'offrir d'aussi bons rendements si l'actif du fonds grossit trop rapidement. Dans ce cas, le fonds est fermé aux nouveaux investisseurs, mais on peut permettre aux détenteurs de se procurer des unités supplémentaires.

Le troisième critère d'admissibilité dont nous avons tenu compte concerne la somme minimale qui doit être déboursée lorsque l'on décide d'investir dans un fonds commun de placement. Il y a des fonds, heureusement peu nombreux, qui exigent une mise minimale de 150 000 dollars. Ce chiffre varie, mais beaucoup de compagnies de fonds mutuels vous permettront d'acquérir des parts en investissant la somme minimale de 500 dollars. De plus, il existe des programmes qui permettent à l'investisseur de souscrire aussi peu que 50 dollars par mois. De tels programmes peuvent être très rentables à long terme, puisque nous sommes convaincus que la stratégie du *market timing* (nous y reviendrons plus tard) est une stratégie perdante.

Développer une stratégie de placement et choisir un gestionnaire
Notre guide présentant des fonds communs de placement qui respectent les trois critères d'admissibilité, il vous reste maintenant à faire des choix d'investissement en conformité avec deux principes fondamentaux : développer une stratégie de placement et choisir un gestionnaire.

Développer une stratégie de placement, c'est essentiellement réfléchir et élaborer son plan d'investissement. Il est important d'identifier vos objectifs et de ne pas continuellement redéfinir votre plan. Ce qui ne veut pas dire de ne jamais faire des ajustements ici et là. En élaborant votre stratégie de placement, ayez à l'esprit que les fonds communs de placement en font partie intégrante. En effet, si la somme dont vous disposez pour de l'investissement (portefeuille d'investissement) est de 15 000 $, une portion significative de fonds communs de placement devrait en faire partie pour des rendements potentiellement plus intéressants. Nous verrons en détail dans la section *Portefeuilles types* ce que veut dire *portion significative* pour chaque type d'investisseur. Les récents tumultes sur les places boursières à travers le monde nous amènent à réitérer un conseil de base: en choisissant les fonds communs de placement, il faut avant tout évaluer les résultats dans une perspective à long terme. C'est particulièrement vrai pour les fonds d'actions. D'autre part, les investisseurs avisés ne placent pas 100 % de leur épargne dans les fonds communs de placement, mais ils en détiennent un certain nombre. C'est donc dire que la participation au marché boursier est bien plus grande qu'on ne le pense lorsqu'on tient compte de l'argent investi dans les fonds communs de placement.

Quant au deuxième principe, choisir un gestionnaire, il n'est rien d'autre que le rappel d'une certaine réalité que l'on oublie trop souvent. Si vous décidez de détenir des parts de fonds communs de placement, c'est que vous allez faire appel à un gestionnaire. Le gestionnaire de fonds communs de placement est la personne qui vous ouvre les portes à cette forme d'investissement. Il va sans dire que vous devez accorder beaucoup d'importance au choix du gestionnaire : c'est une décision importante, et elle ne doit pas être prise à la légère. Il importe d'obtenir de l'information sur le gestionnaire, tant au niveau de sa feuille de route que de sa philosophie de gestion. Après tout, vous faites un choix en pensant qu'on maximisera votre rendement pour un niveau de risque donné. Votre conseiller financier ou votre courtier peut vous aider. Posez des questions, téléphonez aux compagnies de fonds. Il ne faut pas vous gêner, car au bout du compte, *vous avez le dernier mot et c'est votre décision, non pas celle d'un autre.*

Tout comme l'an dernier, nous avons divisé ce guide en deux parties. La première partie se veut explicative. On tentera d'expliquer de façon concise un certain nombre de concepts et de faits importants caractérisant le monde des fonds communs de placement. Même si bon nombre de concepts présentés vous sont déjà familiers, vous aurez l'occasion d'en apprendre davantage. Pour les non-initiés, la compréhension d'un certain nombre de particularités nous apparaît nécessaire à une prise de décision éclairée. Ces particularités sont, entre autres, le rendement et le risque, les frais de gestion et les frais de courtage, les catégories de fonds, la sélection d'un fonds ainsi que la construction d'un portefeuille.

La seconde partie du guide est consacrée à l'analyse des fonds. Nous avons sélectionné 70 fonds. Parmi ceux-ci, vous retrouverez des fonds de toutes catégories. À ce sujet, nous avouons d'emblée notre penchant pour les fonds communs de placement en actions ordinaires, communément appelés fonds d'actions. Nous pensons que, dans une perspective à long terme, l'investisseur sera favorisé s'il opte pour une pondération (portion) non négligeable en fonds d'actions. Pour définir cette pondération non négligeable, il est sage de consulter son conseiller financier. Comme les investisseurs doivent viser la croissance de leur capital, nous allons, bien sûr, considérer toutes les situations. En effet, ce qui convient à un couple dans la quarantaine ayant deux enfants ne convient pas à un couple de retraités. Bien que les fonds ayant une histoire assez longue se prêtent plus facilement à l'évaluation, nous avons aussi retenu des fonds qui ont été constitués au cours des dernières années et qui sont administrés par des gestionnaires qui ont obtenu du succès avec d'autres familles de fonds ou avec des caisses de retraite. La grille d'analyse de chaque fonds comporte des détails quantitatifs et qualitatifs. En plus de l'information usuelle sur les rendements et sur la composition du fonds, vous trouverez une analyse du style de gestion ainsi que des commentaires sur les forces et les faiblesses du fonds.

Si vous étiez au rendez-vous l'an dernier ou si vous êtes un nouveau lecteur, je tiens à vous souhaiter bonne lecture. Si vous avez des commentaires, ne vous gênez pas. Vous pourrez les faire parvenir par la poste à l'adresse fournie ou par télécopieur en utilisant le numéro indiqué à la fin du guide. Enfin, comme il y a de plus en plus d'internautes, vous trouverez une liste d'adresses électroniques portant sur les fonds communs de placement, sur l'information financière et sur l'économie en général. La liste est par ailleurs plus exhaustive que celle présentée l'année dernière.

PREMIÈRE PARTIE

CE QUE L'INVESTISSEUR DOIT SAVOIR

Chapitre premier

Qu'est-ce qu'un fonds commun de placement?

Regrouper l'épargne des investisseurs

L'idée de regrouper l'épargne des investisseurs n'est pas nouvelle. Après tout, le mouvement coopératif en est un peu le reflet. Une famille, à bien des égards, regroupe son épargne et par la suite prend des décisions d'achat et d'investissement. Un fonds commun de placement, c'est tout simplement la mise en commun de sommes d'un grand nombre d'investisseurs. Cette structure présente *trois avantages*. D'abord, elle permet à beaucoup d'investisseurs l'accès à plusieurs titres et instruments financiers auxquels ils n'auraient pas accès s'ils étaient laissés à eux-mêmes. Les coûts de transaction seraient trop élevés et les sommes requises, supérieures à ce qu'un investisseur serait prêt à investir. Deuxièmement, un investisseur souscrivant à un fonds commun de placement peut tirer profit de l'expertise des gestionnaires à un coût raisonnable. En effet, ces spécialistes ne font que de la gestion de portefeuille, ils sont rémunérés pour ce service. Enfin, ce même investisseur peut ainsi profiter des avantages de la diversification. Seul, notre investisseur pourrait vraisemblablement acheter certains titres, mais d'autres seraient inaccessibles.

Construisons un petit exemple qui illustre bien le fonctionnement des fonds communs de placement : 1 000 personnes disposent de 1 000 dollars chacune. En créant une société d'investissement, on disposera d'une somme d'un million de dollars. Pour son investissement de 1 000 dollars, l'investisseur recevra des parts à un prix établi : une émission de parts en quelque sorte. Puis, le million de dollar sera confié à un individu qu'on appelle gestionnaire. Le gestionnaire, dans le cadre des objectifs fixés par les investisseurs, tentera de faire fructifier cette somme grâce à des placements judicieux. Les objectifs seront décrits dans un document qui sera envoyé à tous les investisseurs, l'équivalent d'un prospectus quoi. Le gestionnaire sera rémunéré par les investisseurs pour son travail. On profitera de son expertise. Si le gestionnaire ne répond plus aux attentes, on pourra alors le remplacer ou redéfinir le mandat de la société d'investissement. Cet exemple illustre bien ce qu'est un fonds commun de placement. Maintenant, imaginez plusieurs cas similaires et vous verrez la constitution de plusieurs fonds communs de placement.

Les fonds communs de placement à capital variable ou Fonds mutuels

Lors de votre dernière présence à un salon épargne et placement, avez-vous remarqué que les familles de fonds avaient des stands? Lors de la dernière campagne des REER, des sommes importantes ont été dépensées par les familles de fonds et les institutions financières afin de vous convaincre d'acheter leurs parts de fonds communs de placement. Ce que l'on vous proposait dans la très forte majorité des cas n'était rien d'autre que des parts de fonds commun de placement à capital variable.

Vous détenez des parts d'un fonds d'actions canadiennes ou d'un fonds d'actions internationales? Vous détenez fort probablement des parts d'un fonds commun de placement à capital variable. Un fonds commun de placement à capital variable émet continuellement de nouvelles parts. Si on retourne à notre exemple précédent, c'est comme si d'autres investisseurs venaient s'ajouter aux mille investisseurs et c'est comme si certains investisseurs ajoutaient des sommes aux milliers de dollars déjà souscrits. Dans certaines circonstances, un fonds peut ne plus accepter de nouvelles souscriptions, et il sera donc impossible d'acquérir de nouvelles parts. Cette situation est plutôt exceptionnelle.

Ce sont les sociétés de fonds communs de placement à capital variable qui vous vendent des parts du fonds. Si, à un moment donné, vous décidez de vendre vos parts, ce sont ces mêmes sociétés qui les rachèteront. Contrairement aux fonds communs de placement à capital fixe, les parts d'un fonds commun de placement à capital variable ne se transigent pas sur le marché boursier. Nous verrons dans le prochain chapitre comment est fixé le prix d'une part de fonds commun de placement à capital variable. Tout au long du guide, l'expression fonds communs de placement sera utilisée; elle est synonyme de fonds communs de placement à capital variable et de fonds mutuels.

Les fonds communs de placement à capital fixe

Ce type de fonds fut autrefois fort populaire. De nos jours, vous pouvez toujours vous procurer des parts de fonds communs à capital fixe mais vous allez devoir en faire l'achat par l'entremise d'un courtier de plein exercice, c'est-à-dire un courtier qui vend tous les types de véhicules de placement (actions, obligations, fonds communs de placement, options...). C'est comme acheter des actions. Les premiers fonds communs ont été des fonds communs de placement à capital fixe, c'est-à-dire des fonds qui émettaient un nombre limité de parts. C'est en Angleterre en 1873 que le premier fonds a été lancé. Cette période correspond aussi à la reconstruction de l'économie américaine, à la suite de la guerre civile. Les premiers fonds investiront donc dans des obligations étrangères et coloniales à risque élevé. Dans ce sens, les premiers fonds communs ont contribué de façon directe à la reconstruction des États-Unis. Ces fonds communs de placement à capital fixe étaient devenus fort populaires dans les années 20, mais la grande dépression entraîna des pertes énormes pour les détenteurs si bien que plusieurs de ces fonds furent rayés de la carte. De nos jours, ce type de fonds ne représente qu'une faible portion des sommes investies dans les sociétés de fonds communs de placement. Ce sont les fonds communs de placement à capital variable qui sont de loin les plus populaires.

Nous l'avons vu, un fonds commun de placement à capital fixe émet un nombre limité de parts. Une fois l'émission terminée, si vous voulez acheter des parts, vous devez alors trouver quelqu'un qui soit prêt à les vendre. Vous n'aurez donc pas d'autre choix que de passer par le marché boursier pour acquérir des parts. Tout comme pour les actions, ce sont les mouvements de l'offre et de la demande qui détermineront le prix d'une part de fonds communs de placement à capital fixe. Vous pouvez suivre dans les journaux les fluctuations des parts de fonds communs à capital fixe.

Les fonds distincts *(segregated funds)*

Les parts de fonds distincts sont vendus par des courtiers d'assurances. Il n'est donc pas surprenant que ce soient les compagnies d'assurances qui offrent ces produits dans la plupart des cas. Un fonds distinct a quelques caractéristiques spéciales comparativement aux fonds communs de placement. D'abord, il s'agit d'un produit d'assurance, ce qui signifie que la réglementation sur les produits d'assurance s'applique à ce type de fonds. Si vous achetez une police d'assurance, on vous offre une couverture et vous devez payer une prime. Pour un fonds distinct, le principe est similaire. Vous achetez une garantie de protection de capital pour une certaine durée, normalement 10 ans, mais en retour les frais de gestion sont supérieurs à ce qu'ils seraient si vous achetiez le même fonds sous la forme d'un fonds commun de placement. La différence de frais de gestion n'est rien d'autre que la prime. Un peu technique, n'est-ce pas?

Un petit exemple servira à clarifier la situation. Supposons que vous avez investi 1 000 dollars dans l'achat de parts de fonds distinct. Votre courtier d'assurances vous remet un document qui stipule que votre capital sera garanti à 75 % au bout de 10 ans. Dans les faits, cette stipulation signifie que si au bout de 10 ans le fonds perd plus de 25 % de sa valeur, c'est la compagnie d'assurances qui essuiera alors l'excédent des pertes. La question que l'on doit se poser est la suivante : qu'en est-il de la probabilité de perdre plus de 25 % de sa mise au bout de 10 ans? À ce sujet, nous avons mené une étude pour le compte du journal *Les Affaires* au printemps dernier. Environ 98,5 % des fonds n'ont pas perdu d'argent sur des périodes de 10 ans au cours des 15 dernières années. En fait, seulement 0,5 % des fonds ont perdu plus de 25 % de leur investissement initial à la fin de la période de 10 ans.

Cela vaut-il la peine de payer pour obtenir une telle protection? Seulement si on anticipe une dépression ou que l'on ait une très forte aversion face au risque. Notons que certaines familles de fonds garantissent maintenant 100 % du capital. Par contre, l'écart des frais de gestion va jusqu'à 1 % pour certains fonds.

Les fonds de couverture *(hedge funds)*

Il était une fois un fonds géré au Connecticut. Les choses allaient à merveille. Les rendements étaient extraordinaires. Le fonds bénéficiait des conseils de Robert Merton et de Myron Scholes, prix Nobel d'économie, prix obtenu pour leur travail sur les options. Puis un jour, ce même fonds, qui était géré par LTCM (comme dans *Long Term Capital Management*), tomba techniquement en faillite. Les ramifications de la faillite étaient telles que la Réserve fédérale décida d'intervenir pour venir à la rescousse de LTCM. Le fonds avait emprunté 200 milliards de dollars américains alors que l'actif n'était plus que de 4 milliards de dollars américains.

Rassurez-vous, ce n'est pas de ce genre de fonds dont nous discuterons dans ce guide. Les fonds de couverture sont des fonds hautement spéculatifs qui utilisent des produits dérivés (options, contrats, etc.) et certaines tactiques (vente à découvert) afin de profiter des fluctuations de marché. George Soros est bien connu pour ses manoeuvres sur les devises. M. Soros a perdu 2 milliards de dollars lors de la récente débâcle du rouble. Julian Robertson gère le plus gros fonds de couverture au monde, le fonds Tiger. Il y a très peu de fonds communs de placement au Canada dont la performance dépend des rendements des produits dérivés. À notre connaissance, il n'y a pas de fonds de couverture disponible au Québec.

Chapitre II

Comment mesurer vos rendements?

La détermination du prix d'une part

Vous avez récemment consulté les pages financières de votre quotidien préféré et vous avez remarqué une longue liste de prix de fonds communs de placement. Les fonds sont classés par famille et par ordre alphabétique. Nous reproduisons ici l'information contenue dans les quotidiens du 17 octobre 1998 pour quelques fonds.

Tableau 1

Prix de fermeture du vendredi 16 octobre 1998

Nom du fonds	Prix ($)	Variation ($)
AIC Avantage	60,79	–,38
BPI Mondial Valeur	23,48	+,23
C.I. Harbour	9,15	+,05
Elliot & Page Croissance Américaine	20,16	+,17
Fidelity Frontière Nord	11,98	+,05
Investors Dividendes	14,89	+,02
Montrusco Croissance Québec	16,17	+,28
Scudder Marchés Émergents	15,22	+,18
Talvest Europe	18,01	+,23

Le première colonne représente le prix de fermeture et la seconde, la variation du jour. Il arrive que certaines familles ne donnent qu'un prix par semaine. En général, il y a un nouveau prix chaque jour. Les fonds monétaires constituent une exception, le prix de la part étant fixé à 10 dollars pour presque tous les fonds de cette catégorie.

Trois éléments sont nécessaires au calcul du prix des parts : premièrement, la valeur sous-jacente de l'actif du fonds; deuxièmement, la dette du fonds et les frais administratifs; troisièmement, le nombre total de parts.

On commence par soustraire la dette et les frais administratifs de la valeur sous-jacente de l'actif du fonds. L'actif est évalué à sa valeur courante sur le marché. À la suite de cette soustraction, on obtient la valeur nette de l'actif du fonds. Puis, on divise cette valeur nette par le nombre total de parts en circulation. Pour la majorité des fonds, le prix de la part est déterminé à la fin de la journée. Les internautes peuvent d'ailleurs obtenir les prix de fin de journée en début de soirée, soit vers 19 heures. Voici un exemple :

Valeur au marché de l'actif : **100 millions de dollars**

Dette et frais administratifs : **2 millions de dollars**

Nombre de parts en circulation : **980 000**

Formule 1
Prix d'une part

Prix d'une part =

$$\frac{(\text{valeur au marché de l'actif - dette et frais administratifs})}{\text{nombre de parts en circulation}}$$

Exemple : $\dfrac{(100\ 000\ 000\ \$ - 2\ 000\ 000\ \$)}{980\ 000\ \text{parts}} = 100\ \$ / \text{part}$

Lorsque vous décidez d'acheter des parts d'un fonds commun de placement, on ajoute votre somme au capital du fonds. Si les entrées de fonds sont nombreuses, les gestionnaires augmentent la pondération en liquidités du fonds. Dès qu'il y a entrée de fonds, vous recevez des parts.

Lorsque vous vendez vos parts, la compagnie de fonds émettra un chèque. S'il y a des frais, ils seront déduits. Lorsque plusieurs investisseurs se départissent de leurs parts, les gestionnaires sont souvent obligés de liquider des titres afin de rencontrer les demandes des détenteurs. Il va sans dire que c'est une situation qui déplaît aux gestionnaires et qui risque d'affecter la valeur des parts des autres détenteurs. En effet, des gestionnaires pourraient être forcés de liquider des titres qu'ils auraient conservés si le fonds n'avait pas eu à racheter des parts. C'est le danger qui guette les gestionnaires lorsque souffle un vent de panique.

Le calcul du rendement

Vous avez acheté des parts à 10 dollars. Vous détenez maintenant 1 000 parts d'un fonds d'actions canadiennes. Vous consultez les pages financières et constatez que le prix de la part est maintenant de 15 dollars. Quel est votre rendement? Votre rendement est de 50 %. Comment le calculer? Vous devez utiliser la formule suivante :

Formule 2
Le rendement

$$\text{Rendement} = \left[\frac{(\text{prix courant} - \text{prix d'achat})}{\text{prix d'achat}} \right] \times 100\ \%$$

$$\text{Exemple} : \left[\frac{(15\ \$ - 10\ \$)}{10\ \$} \right] \times 100\ \% = 50\ \%$$

C'est un calcul assez simple. Maintenant, supposons qu'au cours de cette période vous ayez reçu un revenu de l'ordre d'un dollar par part et que le prix de la part soit passé de 10 dollars à 15 dollars. Quel est votre rendement? Il faudra tenir compte de l'appréciation de la part ainsi que du revenu versé par part. Vous avez donc deux sources de rendement.

On calculera votre rendement de la façon suivante :

Formule 3
Le rendement lorsqu'il y a des revenus

$$\text{Rendement} = \left[\frac{(\text{ prix courant - prix d'achat + revenu / part })}{\text{prix d'achat}} \right] \times 100\ \%$$

$$\text{Exemple :} \left[\frac{(15\ \$ - 10\ \$ + 1\ \$)}{10\ \$} \right] \times 100\ \% = 60\ \%$$

Ce revenu peut prendre diverses formes. Il peut s'agir d'un revenu d'intérêt, d'un revenu de dividendes et, dans le cas de plusieurs fonds d'actions, il pourrait s'agir d'un revenu versé sous forme de distributions de parts supplémentaires. Au Canada, vos rendements sont des rendements nets. Cette façon de faire signifie que les frais de gestion ont déjà été soustraits du rendement brut, qui est toujours plus élevé que le rendement net. Le véritable rendement peut être inférieur au rendement net si vous payez des frais de transaction, comme des frais de courtage par exemple.

Ainsi,
Rendement brut > rendement net (affiché dans les journaux) >
(rendement net - coûts de transaction)

Les sources de rendement

Essentiellement, il y a quatre éléments qui affectent le rendement d'un fonds. Il faut considérer chacun d'entre eux :

1. Les revenus générés,
2. Les gains matérialisés sur les opérations de portefeuille,
3. Les gains non matérialisés (appréciation de la valeur des titres),
4. Les dépenses : les frais de gestion et les frais administratifs.

Les revenus générés

Plusieurs fonds d'actions détiennent des titres qui génèrent des bénéfices ; on peut penser aux actions de Bombardier ou de Bell Canada. Ces bénéfices sont en partie redistribués aux actionnaires. Le fonds, étant un des actionnaires, tire donc des revenus des titres détenus. Un fonds détenant des titres des grandes sociétés établies, qu'on appelle souvent *Blue Chips*, aura tendance à générer plus de revenus qu'un fonds de petites sociétés, puisque les bénéfices des petites sociétés sont souvent réinvestis. Les fonds de dividendes n'investissent pas dans les titres de petites sociétés. Les fonds de petites sociétés misent souvent sur le potentiel de croissance des petites sociétés et non sur des résultats bien établis.

Les gains nets matérialisés sur les opérations de portefeuille

Les gestionnaires vendent et achètent des titres. Lorsqu'un titre est vendu à profit, le gain de capital se matérialise. Lorsqu'un titre est vendu au-dessous du prix payé à l'achat, il y a perte de capital. En additionnant les gains et les pertes matérialisés, on obtient les gains nets. Il est donc possible d'observer un important roulement de portefeuille et des gains nets minimes. Les gestionnaires qui privilégient l'approche *valeur* vendent moins et achètent moins que les gestionnaires qui privilégient l'approche *momentum*. Nous en reparlerons au chapitre VI, *Les catégories de fonds : à chacun, son risque et son rendement*.

Les gains non matérialisés : l'appréciation de la valeur des titres

Le troisième élément est probablement le plus important. Le prix d'un titre change continuellement. Il est influencé par les événements courants et par les anticipations des événements futurs. La valeur du capital s'appréciera ou se dépréciera en fonction des fluctuations de prix. Un exemple intéressant : les titres d'entreprises du secteur des services financiers se sont fortement appréciés jusqu'au mois de juillet 1998, pendant une période de

18 mois. Un exemple moins intéressant : les titres du même secteur ont perdu près de 30 % de leur valeur en août 1998. Les sociétés minières ont perdu beaucoup de leur valeur jusqu'en septembre 1998 sur une période d'un peu plus de deux ans. En septembre 1998, les titres du secteur des métaux précieux (or et argent) ont augmenté en moyenne de plus de 30 %.

Les dépenses

Les frais de gestion et les frais administratifs affectent le rendement d'un fonds. On soustrait ces dépenses et on obtient au bout du compte le rendement d'un fonds. Plus le ratio de dépenses du fonds est faible, plus votre rendement net sera élevé. C'est un facteur à considérer lorsque vous choisissez un fonds.

Pour un investissement hors-REER, c'est le rendement après impôt qui importe. Nous verrons que les facteurs revenus, gains matérialisés et gains non matérialisés ont un impact direct sur votre rendement après impôt.

Le rendement après impôt

C'est ce qui vous reste dans vos poches. Chaque cas est différent et il serait impossible de vous dire exactement ce que vous aurez à payer en impôt. Un fiscaliste ou un planificateur financier peut vous aider à mieux comprendre. Chose certaine, plusieurs restent surpris lorsqu'ils reçoivent des feuillets d'impôt (T3, T5 au fédéral, Relevé 3 et Relevé 16 au provincial). *Il faut tout d'abord faire la différence entre investir dans son REER et investir à l'extérieur de son REER. Dans les prochaines pages, nous nous attarderons à la deuxième situation. Pour ce qui est du portefeuille REER, on sait que l'impôt à payer est différé, et c'est une pratique avantageuse pour tout investisseur.*

Ce sont les détenteurs de parts qui devront payer l'impôt. Nous avons vu précédemment que plusieurs fonds génèrent des revenus. Il s'agit de revenus d'intérêt et de revenus de dividendes, ou de l'un des deux. Cette portion du rendement est imposable. De plus, on sait qu'en vendant des titres le gestionnaire peut matérialiser ses gains de capitaux. Cette portion du rendement est aussi imposable. Quant à l'appréciation de capital non matérialisée, elle n'est pas imposable. Cette dernière remarque est importante. Si le gros de votre rendement provient de l'appréciation non matérialisée du capital, votre rendement après impôt se rapprochera de votre rendement avant impôt. Si vous vendez vos parts et que vous réalisez un gain de capital, vous allez devoir, bien entendu, payer de l'impôt sur vos gains.

L'aspect fiscal est un des critères à considérer lorsque l'on choisit un fonds. Vous devez en tenir compte tout comme vous tiendrez compte du rendement potentiel et du niveau de risque. Il s'agit comme toujours de bien vérifier si ces différents critères répondent à vos objectifs. Si, par exemple, vous choisissez d'investir dans un fonds de dividendes à l'extérieur de votre REER, c'est avant tout parce que vous désirez obtenir un revenu. Dans ce cas, il faut vous attendre à payer de l'impôt. *Par ailleurs, sachez que les revenus de dividendes sont taxés à un niveau inférieur comparativement aux revenus d'intérêts.* Si vous recherchez l'appréciation de votre capital à long terme, il est alors préférable de choisir un fonds d'actions dont le rendement est essentiellement tiré de l'appréciation non matérialisée du capital. Dans ce cas, le gestionnaire tend à sélectionner des titres qui feront partie de son portefeuille pour une période assez longue. C'est ce que l'on appelle la stratégie du *Buy and Hold*.

L'impact des distributions sur le rendement après impôt

Si vous détenez des parts d'un fonds d'actions, il y a de fortes chances que vous ayez reçu ce qu'il est convenu d'appeler des distributions. Lorsqu'un fonds d'actions génère beaucoup de revenus ou réalise des gains de capital, les détenteurs de parts finissent tôt ou tard par recevoir une partie de ces gains, étant entendu que l'on doit toujours soustraire les dépenses. On convertit alors ces gains en donnant aux détenteurs de parts des unités supplémentaires. Supposons que l'on doit vous retourner un dollar par part et que vous détenez 1 000 parts. Vous devriez donc recevoir 1 000 dollars. Supposons maintenant que la valeur de chaque part est de 10 dollars. Le fonds transformera ce 1 000 dollars en vous distribuant 100 parts de plus. Ces 100 parts supplémentaires constituent un gain, d'où le fait que cette distribution soit imposable. Les fonds qui génèrent des distributions les remettent généralement une ou deux fois par année. Il est à noter que lorsqu'un fonds procède à une distribution, le prix de la part est ajusté à la baisse.

Beaucoup de fonds distribuent des parts supplémentaires le dernier jour de l'année fiscale, soit le 31 décembre. Certains investisseurs ayant acheté vers la fin de l'année se retrouvent avec des parts supplémentaires même s'ils ne détiennent le fonds que depuis peu de temps. L'investisseur subit l'ajustement à la baisse du prix de la part et devra payer de l'impôt parce qu'il aura reçu des parts supplémentaires le 31 décembre. Même si votre rendement est négatif, il peut arriver que l'on vous verse un revenu sous forme de distributions. Un gestionnaire qui aurait vendu des titres et réalisé un profit avant la baisse des derniers mois fera fort probablement des distributions en fin d'année.

C'est votre taux marginal d'imposition qui déterminera au bout du compte le montant que vous aurez à payer en impôt pour ces gains. Soyons clair : minimiser les distributions n'est pas un objectif en soi. Vaut mieux un bon rendement et des distributions qu'un rendement médiocre sans distributions, une évidence.

Le calcul des distributions

Voici comment un fonds procède lorsque vient le temps de calculer les distributions. Les distributions que vous recevez sont des revenus imposables lorsque votre investissement est hors-REER. Cet exemple est adapté d'un document produit par la Société Mackenzie[1].

1. On additionne les revenus générés par le fonds et les gains matérialisés des opérations de portefeuille. Utilisons le symbole R.
2. On déduit des frais d'exploitation. Utilisons le symbole D.
3. On déduit les crédits d'impôt (remboursement au titre de gains en capital, crédit d'impôt pour dividendes, crédit pour impôt étranger sur le revenu non tiré d'une entreprise). Utilisons le symbole C.

La formule s'écrit donc ainsi :

Formule 4
Les distributions ou revenus imposables provenant de votre fonds

Distributions ou revenus imposables = R-D-C

Ce revenu imposable est par la suite divisé par le nombre de parts. C'est de cette façon que l'on peut dire que le fonds a distribué l'équivalent de 50 cents par part.

---

[1] *La fiscalité des fonds communs de placement.* 1997.

La valeur au livre

Sur un relevé type apparaissent la valeur au livre et la valeur au marché. Voici un exemple qui vous permettra de bien lire votre relevé et de comprendre ce qui en est.

Madame Deblois a décidé d'acheter un fonds d'actions mondiales. Elle a acheté le fonds en passant par un intermédiaire qui ne facture ni frais à l'entrée ni frais à la sortie (nous en reparlerons dans le chapitre IV *Où pouvez-vous acheter vos fonds?*). Elle a opté pour le fonds BPI Mondial Valeur géré par Daniel Jaworski. Madame Deblois dispose d'une somme de 10 000 dollars. L'achat a été effectué le 30 avril 1998. Elle a reçu un relevé au début de septembre. Le 30 avril 1998, le prix de la part était de 24,44 dollars. Elle a acheté 409,165 parts (10 000 $ ÷ 24,44 $/part). La valeur au livre (*book value*) est de 10 000 dollars. Ce n'est rien d'autre que la somme investie par Madame Deblois.

Valeur au livre au 31 août 1998 : 10 000 $
Prix d'achat : 24,44 $/part
Nombre de parts : 409,165 parts

La valeur au marché

Le 31 août 1998 le prix de la part du fonds BPI Mondial Valeur s'établissait à 23,66 $: une baisse de 3,2 %, ce qui est peu comparativement à la baisse de l'indice TSE 300 qui a chuté d'un peu plus de 25 % pour la même période. Sur son relevé, Madame Deblois constate que la valeur au marché est inférieure à la valeur au livre. La valeur au marché vous indique si vous avez fait de l'argent ou si vous en avez perdu. Bien entendu, tant que vous ne vendez pas, ce sont des gains ou des pertes sur papier mais ils sont quand même réels. Puisque Madame Deblois détient 409,165 parts et que le prix d'une part est de 23,66 dollars, la valeur au marché est le prix de la part multiplié par le nombre de parts :

La valeur au marché

> # Valeur au marché =
>
> **nombre de parts** x prix / part
>
> Exemple : 409,165 parts x 23,66 $ / part = 9 680,84 $

En comparant la valeur au livre et la valeur au marché, vous aurez toujours une bonne idée de votre rendement cumulatif.

Le calcul du coût moyen

C'est un concept qui cause des problèmes à plusieurs investisseurs. Le coût moyen apparaît sur la plupart des relevés d'impôt. Il est donc très important d'être capable de calculer le coût moyen. Prenons maintenant le cas de Monsieur Julien. Il a aussi acheté des parts du fonds BPI Mondial Valeur le 30 avril 1998 en investissant 10 000 dollars. Il a ajouté une somme de 5 000 dollars le 30 juin 1998. Sur son relevé apparaît la valeur au livre qui est de 15 000 dollars. Il a payé 24,44 $/part le 30 avril 1998 et 25,90 $/part le 30 juin 1998. Comment calcule-t-on le coût moyen dans ce cas? Le coût moyen est une moyenne pondérée. Monsieur Julien a ajouté 193,05 parts aux 409,165 parts qu'il détenait déjà. Au total, il possède 602,215 parts (193,05 + 409,165). Son coût moyen est de 24,908 dollars/part.

Formule 6

Le coût moyen

> ## Coût moyen =
>
> **somme investie**
> **nombre de parts**
>
> Exemple : $\dfrac{15\,000\ \$}{(\,193,05\ \text{parts} + 409,165\ \text{parts}\,)} = 24,908\ \$\ /\ \text{part}$

Le coût moyen est supérieur au prix initial, puisque les parts supplémentaires ont été achetées à un prix supérieur (25,90 \$/part par rapport à 24,44 \$/part). Lorsqu'on dit que votre coût moyen baisse, c'est que vous profitez des baisses de marché. Ce fut le cas au mois d'août 1998 lorsque tous les marchés boursiers étaient en baisse.

Le calcul du coût moyen et les distributions

Si le fonds BPI Mondial Valeur avait versé une distribution entre le mois d'avril et le mois d'août, nos investisseurs auraient reçu des parts supplémentaires. Si par exemple le fonds avait versé 1 \$/part à la fin du mois de juin, comment aurions-nous calculé le coût moyen des parts de Madame Deblois?

Encore une fois, on doit connaître le nombre de parts que détient l'investisseur. Madame Deblois a acheté 409,165 parts le 30 avril. Elle a reçu 1 \$ par part le 30 juin 1998. Comme elle détient 409,165 parts, c'est comme si on lui avait donné 409,165 \$, soit 409,165 parts multipliées par 1 \$/part. Les compagnies de fonds distribuent les sommes sous forme de parts supplémentaires. Combien de parts va recevoir Madame Deblois le 30 juin 1998? Notez que l'on doit utiliser le prix du 30 juin 1998, jour de la distribution.

Formule 7

Nombre de parts supplémentaires résultant d'une distribution

> # Nombre de parts supplémentaires =
>
> **valeur des distributions**
> _____
> **prix / part**
>
> Exemple : $\dfrac{409,165\ \$}{25,90\$ / part} = 15,80$ parts

Le nombre total de parts est donc : 409,165 + 15,80 = 424,965. Madame Deblois a réinvesti ses distributions. Son investissement total est constitué de deux facteurs. La somme initiale et la valeur des distributions. Ainsi, elle a maintenant investi 10 409,165 $. Elle détient 424,965 parts. Le coût moyen est donc de :

Formule 8

Coût moyen dans une situation où il y a eu distribution

> ## Coût moyen =
>
> **(somme initiale + valeur des distributions)**
> _____
> **(nombre de parts + nombre de parts supplémentaires)**
>
> Exemple : $\dfrac{(\ 10\ 000\ \$ + 409,165\ \$\ )}{(\ 409,165\ parts + 15,80\ parts\ )} = 24,495\ \$ / part$

Le rendement annuel

Afin de calculer votre rendement annuel, vous devez tenir compte du changement de valeur de vos parts ainsi que des revenus et des distributions que votre fonds vous a procurés. Si vous n'avez pas reçu de revenus ou de distributions au cours de cette période, le rendement sur une période d'un an est alors attribuable au changement du prix de la part. Les fonds AIC et Cote 100, par exemple, n'ont pas fait de distributions au cours de la dernière année.

Bien entendu, les distributions sont imposables, à moins qu'il ne s'agisse d'un investissement dans un compte REER. Cette statistique du rendement annuel vous est fournie par les compagnies de fonds et par les journaux. Malheureusement, on oublie souvent de vous fournir des renseignements sur le rendement annuel des années antérieures. Vous verrez ce genre de renseignement apparaître pour chacun des 70 fonds que nous avons sélectionnés. Cette information vous permet de juger si les rendements du fonds tendent à être relativement constants dans le temps.

Le rendement annuel composé

Vous avez acheté la dernière édition du journal *Les Affaires* ou celle du *Financial Post*. Peut-être vous êtes-vous procuré le rapport sur les fonds mutuels qui paraît chaque mois dans le *Globe and Mail*. Vous regardez les différents tableaux et on vous donne l'information suivante :

Tableau 2

Rendements annuels composés

Nom du fonds	Rendement 1 an	Rendement 3 ans	Rendement 5 ans
Cote 100 REER	-12,1 %	12,7 %	9,0 %

Source : PALTrak, août 1998.

Le rendement sur une période d'un an a été calculé en utilisant la formule précédente, soit celle du rendement annuel. Pour ce qui est des rendements sur trois ans et sur cinq ans, ce sont des rendements annuels composés sur les périodes respectives. Pour obtenir ces rendements annuels composés, on répond à la question suivante : étant donné le rendement cumulatif au cours des trois dernières années (ou des cinq dernières années), quel est le rendement annuel composé qui m'aurait procuré ce rendement cumulatif au bout de trois ou cinq ans? Prenons le cas du fonds Cote 100

REER. Son rendement cumulatif au bout de trois ans est de 43,16 %. Avec un rendement de 43,16 %, cela veut dire que 1 000 dollars investis il y a trois ans valent maintenant 1 431,64 $. Sachant que la valeur de votre investissement est maintenant de 1 431,64 $, vous pouvez calculer le taux de rendement composé. C'est le taux annuel qui vous aurait permis d'obtenir la somme de 1 431,64 $ On utilise la formule suivante, en se rappelant que *r* égale le taux de rendement annuel composé pour trois ans :

Formule 9

Le rendement annuel composé

Rendement cumulatif =

$\left[\,(1+r)\times(1+r)\times(1+r)\times \text{investissement initial}\,\right] \div \text{investissement initial} \times 100\ \%$

Rendement annuel = r

Exemple : $\left[\,(1+r)\times(1+r)\times(1+r)\times 1\,000\ \$\,\right] \div 1\,000\ \$ \times 100\ \%$

En donnant une valeur de 12,7 % à r, on obtient un rendement cumulatif de 43,16 %. On pourrait aussi faire un calcul semblable pour la période de cinq ans. *Il y a un désavantage au rendement annuel composé : il masque les variations de rendement dans le temps.* Ainsi un rendement annuel composé sur trois ans peut être élevé parce que le fonds a connu une année exceptionnelle. Les détenteurs de parts de fonds de métaux précieux se sont fait jouer le tour à plus d'une occasion. On vous dit que le fonds a rapporté beaucoup sur trois ans ou cinq ans, mais vous avez le malheur d'avoir acheté vos parts durant une mauvaise année. Cette situation du fonds auquel vous aimeriez vous joindre ne fait que renforcer notre message : demandez de l'information sur plusieurs rendements annuels, sur 10 ans par exemple, comme nous la fournissons dans la deuxième partie de ce guide.

Le rendement cumulatif

Autrefois, les compagnies de fonds communs de placement publiaient cette information sans vous indiquer les rendements annuels composés. L'investisseur avait de la difficulté à saisir ce qu'un rendement de 100 % sur 10 ans signifiait. La réglementation oblige maintenant les compagnies de fonds à divulguer les rendements composés.

On calcule le rendement cumulatif de la même façon que l'on calcule le rendement annuel, sauf que la période est différente. Les deux coïncident si on calcule le rendement cumulatif sur une période d'un an. Une fois de plus, voici un exemple qui clarifiera la situation. Le rendement annuel composé sur 3 ans du fonds Cote 100 REER est de 12,7 %. Les rendements annuels pour 1998, 1997 et 1996 ont été respectivement de : -12,1 %, 35,5 % et 20,2 %. Vous pouvez vérifier que le rendement annuel composé sur trois ans est de l'ordre de 12,7 % et le rendement cumulatif est de 43,14 %. Dans la formule suivante, r_1 est le rendement de 1998, r_2, le rendement de 1997 et r_3, le rendement de 1996.

Formule 10

Le rendement cumulatif

Rendement cumulatif =

$$\left[(1 + r_1) \times (1 + r_2) \times (1 + r_3) \times \text{investissement initial} \right] \div \text{investissement initial} \times 100\ \%$$

Exemple : $\left[(1 - 0,121) \times (1 + 0,355) \times (1 + 0,202) \times 1\,000\ \$ \right] \div 1\,000\ \$ \times 100\ \% = 43,16\ \%$

Comme le bon vieux principe de l'intérêt sur l'intérêt se reflète sur le rendement cumulatif dans le temps, vous comprendrez qu'une petite différence de rendement peut se traduire par une différence considérable à long terme. Supposons une période de 25 ans et des taux de rendement annuel composés variant entre

4 % et 20 %. Pour les besoins de l'exemple, supposons qu'il s'agisse d'un investissement de 100 000 dollars; on pourrait penser à un couple qui aurait accumulé 100 000 dollars et qui n'aurait pas besoin de son argent avant 25 ans.

Par ailleurs, nous verrons un peu plus loin qu'il est possible d'accumuler 100 000 dollars à un âge assez jeune si on commence à investir tôt. C'est la magie de l'intérêt composé qui fait le travail pour nous.

Tableau 3

Rendements cumulatifs d'un investissement de 100 000 $ sur 25 ans selon les rendements annuels

Rendement annuel	Valeur de l'investissement
4 %	266 584 $
5 %	338 635 $
6 %	429 187 $
7 %	542 743 $
8 %	684 848 $
9 %	862 308 $
10 %	1 083 471 $
11 %	1 358 546 $
12 %	1 700 006 $
13 %	2 123 054 $
14 %	2 646 191 $
15 %	3 291 895 $
16 %	4 087 424 $
17 %	5 065 782 $
18 %	6 266 862 $
19 %	7 738 807 $
20 %	9 539 621 $

Comme vous le constatez, il y a un peu plus de 600 000 dollars de différence si votre rendement est de 12 % comparativement à un rendement de 10 %. *La stratégie, c'est un travail payant!*

La règle 72/rendement : pour doubler votre mise

Il existe une règle très pratique lorsqu'on utilise les rendements annuels. Souvent les investisseurs se demandent combien de temps il faut pour doubler la valeur d'un investissement (augmentation de 100 %). La formule 72/rendement est une approximation qui vous donne une bonne idée. Si le rendement annuel est de 10 %, cela prendra approximativement 72/10 = 7,2 ans avant que la valeur de votre investissement ne double.

Formule 11

Nombre d'années pour doubler votre mise

> ## Nombre d'années pour doubler votre mise =
>
> $$\frac{72}{\text{rendement annuel}}$$

Tableau 4

**Nombre d'années pour doubler votre mise
selon le rendement annuel moyen**

Rendement annuel	Nombre d'années	Rendement annuel	Nombre d'années
2 %	36,0	12 %	6,0
3 %	24,0	13 %	5,5
4 %	18,0	14 %	5,1
5 %	14,0	15 %	4,8
6 %	12,0	16 %	4,5
7 %	10,3	17 %	4,2
8 %	9,0	18 %	4,0
9 %	8,0	19 %	3,8
10 %	7,2	20 %	3,6
11 %	6,5		

Ce que l'investisseur doit savoir

Les quartiles

Voilà une autre statistique intéressante mais qui a ses limites. L'industrie tend à lui faire dire beaucoup de choses. Vous venez de lire une chronique sur les fonds communs de placement. Le chroniqueur vous mentionne qu'il s'agit de fonds de premier quartile. Pour certains d'entre vous, c'est une évidence; pour d'autres, ça fait partie du jargon de l'industrie et c'est du nouveau. Lorsque l'on classe les fonds par quartile, il faut comparer des pommes avec des pommes, c'est-à-dire comparer des fonds d'une même catégorie. Exemple, comparer le fonds d'actions européennes Vision Europe avec un autre fonds d'actions européennes, Fidelity Croissance Europe, et voir à l'intérieur d'une même catégorie les rendements de ces fonds. Il n'est pas aussi facile que l'on pense d'allouer un fonds à une catégorie particulière. Malgré tout, l'exercice est utile. Il nous amène à créer des catégories, puis à l'intérieur de chaque catégorie on procède à un classement. On classe le rendement des fonds en ordre décroissant, pour la période choisie. À partir de ce classement, on crée quatre groupes. Un fonds de premier quartile a un rendement supérieur à un fonds de deuxième quartile, qui lui a un rendement supérieur à un fonds de troisième quartile. Voici un exemple basé sur la catégorie actions européennes pour la dernière année (du 31 août 1997 jusqu'au 31 août 1998).

Remarquez la faible différence de rendement entre certains fonds de premier quartile et certains fonds de deuxième quartile. On peut dire la même chose lorsque l'on compare des fonds de deuxième quartile à des fonds de troisième quartile. Les quartiles permettent d'établir un classement relatif, mais il faut plus d'information pour choisir un fonds. Des critères comme le risque, le rendement année après année et l'efficacité fiscale seront considérés. De plus, si un fonds se retrouve dans le premier quartile, cela ne veut pas dire qu'il restera un fonds de premier quartile.

Plusieurs investisseurs se demandent si, en sélectionnant un fonds de premier quartile, ils choisiront un fonds qui demeurera dans le premier quartile l'année suivante. Nous avons tenté de répondre à cette question en utilisant un échantillon de fonds d'actions canadiennes. Nous avons utilisé des données couvrant une période de 15 ans. L'étude a été préparée pour le compte du journal *Les Affaires* (semaine du 25 juillet au 1er août 1998). Les résultats montrent que le fonds représentatif de premier quartile a une probabilité de 36 % (31 % l'an dernier) de demeurer dans le premier quartile l'année suivante. La probabilité de demeurer dans le premier ou deuxième quartile pour un fonds de premier quartile était de 58 % (52 % l'an dernier). Le rang relatif d'un fonds n'est donc pas nécessairement garant de son succès futur.

De plus, il ne faut jamais oublier que pour obtenir un rendement élevé on doit prendre des risques. Plusieurs fonds de premier quartile, surtout à court terme, ne conviennent pas nécessairement à tous les investisseurs.

Tableau 5

Fonds d'actions européennes et leur quartile (97/08/31 au 98/08/31)

Nom du fonds	Rendement 1 an	Quartile
AIM Europa	58,0 %	1
Montrusco Select Europe Continentale	53,2 %	1
Scudder Europe	45,9 %	1
Royal Croissance Européenne	40,2 %	1
AGF Croissance Européenne	39,8 %	1
Spectrum United Croissance Européenne	39,2 %	1
Banque de Hong Kong Croissance Européenne	38,2 %	1
Vision Europe	36,2 %	1
InvesNat Actions Européennes	36,2 %	1

Ce que l'investisseur doit savoir

TranSécurité Euro 100	35,6 %	2
Investors Croissance Européenne	34,9 %	2
Altamira Actions Européennes	34,3 %	2
Atlas Rendement Européen	34,2 %	2
ADC Titres Européens	33,8 %	2
Ligne Verte (TD) Croissance Européenne	33,5 %	2
Stratégie Globale Diversifié Europe	33,4 %	2
Valeur Stratégique Europe	33,1 %	2
Fidelity Croissance Europe	32,9 %	2
Global Manager UK Geared	30,2 %	3
Talvest/Hyperion Europe	29,0 %	3
Global Manager - UK Index	28,5 %	3
Mackenzie Universal Occasions Européennes	27,9 %	3
Première Canadienne (Banque de Montréal) Croissance Européenne	27,7 %	3
Canada Trust Actions Européennes	26,4 %	3
CIBC Fonds d'Actions Européennes	25,4 %	3
Stratégie Globale Euro Plus	24,6 %	3
Montrusco Select Grande-Bretagne	23,8 %	4
Dundee Dynamique Europe	22,3 %	4
Canada-Vie actions européennes	22,2 %	4
NN Can-Europe	18,6 %	4
Scotia Excelsior Croissance Européenne	18,6 %	4
Passport Euro plus	13,8 %	4
Hansberger Europe	10,9 %	4
Global Manager - UK Bear	7,8 %	4

Source : PALTrak, août 1998.

L'inflation

Lorsque vous calculez un rendement, que ce soit pour un certificat de placement garanti (CPG), pour une obligation, pour une action ou pour un fonds mutuel, vous devriez toujours tenir compte de l'inflation. L'inflation, c'est une sorte de rendement négatif. Vos dollars valent moins et vous ne pouvez pas acheter les mêmes biens avec le même montant d'argent, puisque tout est plus cher lorsqu'il y a une hausse généralisée des prix. C'est bien beau obtenir 15 % d'un investissement, mais ce montant d'argent supplémentaire ne vous permettra pas d'obtenir plus de biens et de services si les prix de ceux-ci ont augmenté de 15 %. Le taux annuel moyen d'inflation — tel que mesuré par l'augmentation de l'indice des prix à la consommation — depuis 1924 est de l'ordre de 3,2 %. Le taux d'inflation a considérablement baissé au cours des dernières années (0,9 % en 1997). Le taux d'inflation est le rendement minimum que vous devriez exiger afin de maintenir votre pouvoir d'achat.

Trop souvent, lorsque l'on compare les taux d'intérêt dans le temps, on a tendance à oublier qu'à plusieurs reprises les taux d'intérêt furent élevés mais qu'en même temps l'inflation était aussi élevée. Pour votre bien-être, c'est le rendement après inflation qui compte. Tous les planificateurs financiers en tiennent compte dans leurs recommandations; si ce n'est pas le cas, changez de planificateur au plus vite... Prédire ce que sera le taux d'inflation dans 5 ans, 10 ans ou 20 ans est un exercice auquel on peut se prêter, mais il y a fort à parier que l'on obtiendra peu de succès. Cependant, on peut affirmer qu'au moment d'écrire ces lignes la plupart des banques centrales contrôlent assez bien l'inflation. C'est particulièrement le cas de la Banque du Canada.

Le rendement après inflation se traduit par la formule suivante (une approximation) :

Formule 12
Le rendement après inflation ou rendement réel

Rendement après inflation =

Rendement - taux d'inflation

Le graphique 1 montre l'évolution de l'inflation depuis 1924 au Canada. Remarquez la période de déflation des années 30. Surtout, ne confondez pas la situation présente avec celle de cette époque. Certains observateurs affirment qu'on entre dans une ère déflationniste (baisse des prix), ce qui pourrait s'avérer exact.

Afin de vous donner une idée des rendements réels obtenus pour les grandes classes d'actif, nous avons utilisé les données de l'Institut Canadien des Actuaires de 1938 à 1997. Nous avons calculé les rendements moyens avant et après inflation. Comme il était prévu, le rendement des actions est supérieur à celui des obligations à long terme qui, lui, est supérieur à celui des bons du Trésor de 3 mois. Remarquez l'écart historique entre le rendement des actions et celui des obligations. Cet écart explique en partie notre préférence pour les fonds d'actions.

Tableau 6

Rendements annuels moyens et rendements réels moyens, 1938-1997

Catégorie	Rendement annuel moyen	Rendement réel moyen
Actions canadiennes	12,07 %	7,83 %
Actions américaines*	14,42 %	10,18 %
Obligations à long terme	6,42 %	2,18 %
Bons du Trésor	5,39 %	1,15 %

*En dollars canadiens
Source : Statistiques économiques, Institut Canadien des Actuaires, 1997 et 1998

Graphique 1

Indice des Prix à la Consommation 1924-1997

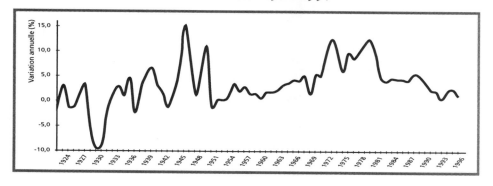

Les fluctuations du taux de change

En regardant le tableau 6, vous avez probablement remarqué que le rendement moyen des actions américaines est exprimé en dollars canadiens. Après tout, vous faites la vaste majorité de vos achats en dollars canadiens. Vous êtes aussi payé en dollars canadiens. Les fluctuations du taux de change constituent un risque supplémentaire que le détenteur de parts doit assumer lorsqu'il achète un fonds d'actions internationales ou un fonds d'obligations internationales. Les gestionnaires utilisent de la monnaie canadienne pour acheter des titres qui se transigent en monnaie étrangère (dollars américains, livres sterling, yens, etc.). Les variations du taux de change affecteront le rendement de votre fonds, puisque celui-ci est toujours calculé à l'aide de valeurs exprimées en dollars canadiens. Nous savons qu'au cours des deux dernières années le dollar canadien s'est déprécié face à plusieurs monnaies étrangères, notamment face au dollar américain. Le graphique 2 illustre ce phénomène pour l'année 1998.

Graphique 2

La Dépréciation du Dollar Canadien

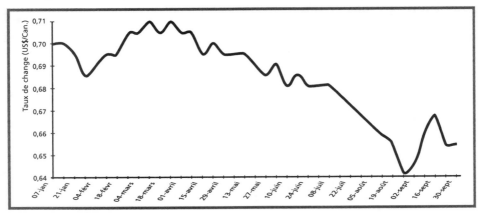

Vers la fin d'août 1998, le dollar canadien avait subi une dépréciation d'environ 10 % au cours des huit premiers mois de l'année.

Au moment d'écrire ces lignes, sa valeur oscille autour de 65 cents en dollars américains (vous avez besoin de 1,54 dollar canadien afin d'acheter un dollar américain sans compter les frais de transaction). Quelques exemples chiffrés nous permettront de clarifier la situation. Supposons qu'un gestionnaire disposait de 10 millions de dollars canadiens le 1er janvier 1998. Notre gestionnaire décida alors d'acheter des titres de compagnies américaines. Au moment de faire ces achats, le dollar se transigeait autour de 70 cents : un dollar canadien achetait 0,70 dollar américain.

Notre gestionnaire disposait donc d'une somme de 7 millions de dollars américains (en supposant que les coûts de transaction sont minimes). Le 31 août 1998, le gestionnaire constate que la valeur du portefeuille n'a pas bougé d'un iota. L'ensemble des titres vaut exactement 7 millions de dollars américains. En dollars américains, le rendement est nul. En dollars canadiens par contre, la valeur de l'investissement augmente. Les formules suivantes vous indiquent comment calculer le rendement en dollars américains et le rendement en dollars canadiens. Pour l'investisseur, c'est le rendement en dollars canadiens qui compte. Une dépréciation de 10 % signifie que le taux de change était d'environ 63 cents à la fin d'août.

Formule 13

Le rendement en devises étrangères

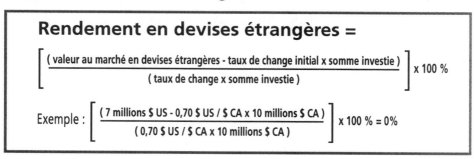

Formule 14

Le rendement en dollars canadiens

> # Rendement en dollars canadiens
>
> $$\left[\frac{(\text{ valeur au marché en devises étrangères x 1 / taux de change }) - (\text{ somme investie })}{(\text{ somme investie })} \right] \times 100\ \%$$

Voici deux exemples pour calculer la modification de la valeur de votre placement lorsqu'il y a, dans le premier exemple, *dépréciation* du dollar canadien par rapport au dollar américain, et dans le deuxième exemple, *appréciation* du dollar canadien.

Rendement en dollars canadiens de votre investissement lors d'une dépréciation du dollar canadien par rapport au dollar américain

> **Exemple, rendement en dollars canadiens :**
>
> $$\left[\frac{(\text{ 7 millions \$ US x 1 / 0,63 \$ CA / US }) - (\text{ 10 millions \$ CA })}{(\text{ 10 millions \$ CA })} \right] \times 100\ \% =$$
>
> $$\left[\frac{(\text{ 11,11 millions \$ CA } - \text{ 10 millions \$ CA })}{(\text{ 10 millions \$ CA })} \right] \times 100\ \% = 11,11\ \%$$

Maintenant, supposons que le dollar canadien s'apprécie face au dollar américain. À la fin du mois de septembre, le gestionnaire constate que la valeur de l'actif passe de 7 000 000 de dollars américains à 7 350 000 de dollars américains, soit une augmentation de 5 % pour le mois de septembre. Cependant, le dollar vaut maintenant 65 cents. Comment calculer le rendement en dollars canadiens pour le mois de septembre?

Ce que l'investisseur doit savoir

Rendement en dollars canadiens de l'investissement lors d'une appréciation du dollar canadien par rapport au dollar américain

Exemple, rendement en dollars canadiens :

$$\left[\frac{(7\ 350\ 000\ \$\ US \times 1 / 0{,}65\ \$\ CA / US) - (11\ 110\ 000\ \$\ CA)}{(11\ 110\ 000\ \$\ CA)} \right] \times 100\ \% =$$

$$\left[\frac{(11\ 307\ 692\ \$\ CA - 11\ 110\ 000\ \$\ CA)}{(11\ 110\ 000\ \$\ CA)} \right] \times 100\ \% = 1{,}8\ \%$$

La valeur du fonds a augmenté de 5 % au cours du mois si on mesure cette augmentation en dollars américains. Cependant, l'appréciation du dollar canadien réduit le rendement de 3,2 %.

Ces considérations peuvent paraître très techniques. Retenez deux choses : *lorsque vous investissez à l'extérieur du pays, une appréciation du dollar canadien diminue votre rendement alors qu'une dépréciation du dollar canadien augmente votre rendement.* La crise asiatique a entraîné de fortes dévaluations des monnaies locales. En Russie, le rouble a perdu plus de 40 % de sa valeur en quelques jours cet été. La volatilité des taux de change a un effet sur votre rendement, ne l'oubliez pas.

Les fonds communs de placement sont offerts en dollars canadiens. Mais certains fonds sont disponibles en dollars américains. Les fonds d'actions américaines et les fonds d'actions internationales ont obtenu un rendement supérieur en dollars canadiens au cours de la dernière année parce que le dollar canadien a perdu du terrain face au dollar américain et à d'autres monnaies européennes. Par exemple, le rendement du fonds Fidelity Portefeuille International s'élevait à 10,31 % (au 31 août 1998) sur un an en dollars canadiens alors que son rendement en dollars américains était de -2,37 % : toute une différence!

Ce que l'investisseur doit savoir

Chapitre III

Comment évaluer votre risque?

Depuis quelques mois, la volatilité des marchés boursiers est deux fois plus élevée que sa moyenne historique, affirmait récemment la revue *The Economist* dans son édition du 17 octobre 1998. Les hausses et les baisses de marché font souvent la une des journaux et la nouvelle du jour à la télé. Les investisseurs sont nerveux. Auraient-ils sous-estimé leur tolérance face au risque? Cette section a pour but de démystifier ce fameux concept qu'est le risque et de présenter quelques mesures utiles. *Au bout du compte, le vieil adage s'applique : qui ne risque rien n'a rien.*

Il est beaucoup plus difficile de mesurer le risque d'un fonds commun de placement que d'en mesurer le rendement. La mesure du risque, malgré sa complexité, doit être considérée. Depuis le début des années 60, certaines mesures ont été développées. Ces mesures sont utilisées par les gestionnaires, par les investisseurs, par les firmes d'évaluation de fonds communs de placement et par les autres acteurs sur les marchés financiers. Les économistes William Sharpe, Harry Markowitz et Merton Miller se sont d'ailleurs vus attribuer le prix Nobel d'économie en 1990 pour leurs travaux sur la théorie de répartition d'actif, laquelle intègre l'analyse du risque. Ils ne sont pas les seuls à avoir contribué à révolutionner le monde de la finance. L'apport technique, au cours des 30 dernières années, a apporté beaucoup de rigueur à une discipline qui n'avait pas de cadre bien défini auparavant. Nous n'avons pas l'intention d'en faire l'historique : l'ouvrage de Peter Bernstein, *Capital Ideas*[2], vous permettra d'en savoir plus. Comme ces outils font partie intégrante du vocabulaire et des méthodes d'analyse, nous en

[2] Peter BERNSTEIN, *Capital Ideas*, New York, Free Press, 1992, 275 pages.

présenterons quelques-uns : *le bêta, l'écart-type et le ratio de Sharpe*. Notre discussion portera surtout sur la troisième de ces mesures. L'écart-type est utilisé régulièrement comme mesure de volatilité. On dit que la volatilité aurait doublé ces derniers mois comparativement à sa moyenne historique. Ce phénomène pourrait expliquer la nervosité des investisseurs. Étrangement, ce sont les investisseurs institutionnels, et non les petits investisseurs, qui semblent un peu plus nerveux contrairement à ce qui s'était produit à l'automne 1987.

Le bêta : le risque de marché

Cette statistique apparaît rarement dans les journaux et dans les fiches d'évaluation; vous la trouverez cependant dans les banques de données comme PAKLTrak. Elle peut quand même s'avérer utile. C'est une vérité de La Palice que le marché boursier est volatil. À l'intérieur d'une seule journée, il n'est pas rare de voir à la fois une baisse importante et une hausse importante. Sur les marchés nord-américains, la dernière heure de la journée, de 15 heures à 16 heures, nous réserve parfois des surprises. Les marchés sont influencés par toutes sortes de facteurs, dont la psychologie des investisseurs. Parmi ces facteurs, il y a aussi des facteurs macro-économiques comme les changements de taux d'intérêt, le niveau d'inflation, l'évolution du taux de chômage, la santé économique de nos partenaires commerciaux, etc. Combien de fois avez-vous entendu une lectrice ou un lecteur de nouvelles dire que les marchés boursiers avaient réagi suite à une annonce de baisse ou de hausse des taux d'intérêt? Dernièrement, certains ont parlé du spectre d'une récession mondiale. Tous les secteurs de notre économie sont affectés par des événements macro-économiques. Lorsqu'on détient des titres ou des parts de fonds d'actions canadiennes, on voudrait bien connaître la façon dont ceux-ci réagissent suite à des fluctuations de marché, lesquelles sont intimement reliées au contexte macro-économique. Les praticiens de la finance ont inventé l'expression *risque systématique*. Nous adopterons l'expression *risque de marché*.

Un fonds qui calque l'indice du TSE 300 se comportera de la même façon. On donne une valeur de 1 au bêta de l'indice TSE 300, et donc une valeur de 1 au bêta d'un fonds indiciel qui reproduit l'indice TSE 300. Un fonds qui a un bêta plus élevé réagit davantage aux fluctuations de marché. Par exemple, un fonds dont le bêta est de 2 bouge deux fois plus que l'indice de marché. Une hausse du TSE 300 de 10 % se traduirait en moyenne par une hausse de 20 % du rendement du fonds. À l'opposé, une baisse de 10 % entraînera un rendement de -20 %. Si la valeur de bêta approche de zéro, le fonds n'est pas affecté par les fluctuations de marché.

Tableau 7

Les bêtas de quelques fonds d'actions canadiennes

Nom du fonds	Bêta
Cambridge Actions Spéciales	1,23
Ligne Verte (Banque TD) Indice Canadien	1,00
Cote 100 EXP	0,68
Trimark Canadien	0,63
Cundill Sécurité	0,35

Source : PALTrak, données du 30 septembre 1998.

En consultant le tableau 7, on peut voir que le fonds Cambridge Actions Spéciales fluctue plus que l'indice TSE 300 en moyenne. Quant au fonds Cote 100 EXP, il semble que les mouvements de marché l'affectent un peu moins. Pour ce qui est du fonds Cundill Sécurité, il est encore moins affecté que Cote 100 EXP par les fluctuations de marché. On conclura que le risque de marché est plus faible pour le fonds Cundill Sécurité.

Pour les gestionnaires de fonds, les secteurs de l'économie qui ont un bêta élevé sont plus risqués; c'est le cas du secteur des métaux précieux. Les secteurs de l'économie qui ont un bêta plus bas sont moins risqués; c'est le cas du secteur des services publics. Le bêta fournit une approximation sur le risque de marché. Ainsi, l'investisseur plus conservateur ira avec une valeur bêta faible tandis que l'investisseur plus agressif pourrait opter pour un bêta plus élevé. Lorsque tous les secteurs sont affectés par le même événement, il est impossible d'éliminer ce risque par la diversification sectorielle. On peut par contre *diversifier à l'échelle internationale* même si les marchés financiers sont de plus en plus intégrés — phénomène lié à la globalisation. Nous reparlerons de la diversification au chapitre VII.

La volatilité et l'écart-type

Combien de fois avez-vous entendu le mot volatilité au cours des derniers mois? Vous avez parlé récemment à votre conseiller financier, et il vous a mentionné que les marchés étaient plus volatils. Le ministre des Finances, M. Paul Martin, a lui-même utilisé l'expression volatilité des marchés lors de sa dernière présentation au comité des Finances de la Chambre des Communes à Ottawa. Bref, ce mot est sur toutes les lèvres. Dans les faits, la volatilité est souvent associée au risque, mais elle constitue une mesure imparfaite.

Considérez la situation suivante. Vous avez décidé qu'une fois le montant investi *vous ne toucherez pas à cet argent avant l'an prochain*. C'est quand même un horizon de très court terme (un an). Vous rencontrez votre conseiller, et il vous fait deux suggestions. Un certificat de dépôt garanti avec un rendement de 5 % ou des parts de fonds communs de placement. Il vous fait part du scénario suivant : il y a 50 % de chance que le fonds rapporte 10 %, mais aussi 50 % de risque que le rendement soit de 0 %.

Si vous optez pour le certificat de dépôt, vous obtenez 5 % à coup sûr : c'est un investissement sans risque. Si vous achetez des parts du fonds commun de placement, vous avez 50 % de chance d'obtenir un rendement de 10 %, mais aussi 50 % de risque d'obtenir un rendement de 0 %; donc, en moyenne votre rendement sera aussi de 5 %, mais c'est un investissement risqué. Dans ce cas, vous direz à votre conseiller que vous préférez le certificat de dépôt, puisqu'on vous garantit un rendement de 5 %. Le certificat de dépôt n'a aucune volatilité. Le fonds commun de placement est quant à lui volatil et livrera le même rendement en moyenne.

Votre conseiller a de la suite dans les idées. Il veut vous vendre des parts de fonds communs de placement. Il a déniché un autre fonds. Cette fois vous auriez 50 % de chance d'obtenir 20 % et 50 % de risque d'obtenir 0 %. En moyenne, votre rendement sera de 10 %. Ce fonds est volatil mais son rendement moyen est plus élevé que celui du premier fonds suggéré. Allez-vous choisir ce fonds ou le certificat de dépôt? Votre choix dépendra de vos préférences. Un conseiller financier vous dira que ce fonds est *plus risqué* que le certificat de dépôt parce qu'il est *plus volatil*.

Le problème, c'est de savoir quand utiliser la volatilité comme mesure de risque. Supposons qu'après d'autres recherches votre conseiller vous fait une dernière proposition. Ce fonds est investi dans des secteurs qui rapporteront beaucoup au cours de la prochaine année. Le fonds vous procurera un rendement de 10 % dans 50 % des cas et de 20 % dans 50 % des cas. Ce fonds est plus volatil que le certificat de dépôt, mais le pire qui puisse vous arriver, c'est de faire du 10 %. Votre conseiller vous dira d'opter pour ce fonds même si le fonds est plus volatil. Le rendement du fonds fluctue, mais vous ne perdez jamais d'argent et il augmente même avec le temps.

Mais comment mesure-t-on cette volatilité? On a recours à ce qu'il est convenu d'appeler l'écart-type. Sans trop entrer dans les détails, disons que l'écart-type est une mesure de dispersion. Plus l'écart-type est élevé, plus vous serez éloigné de la moyenne (en hausse ou en baisse). On dira d'un fonds qu'il est plus volatil si son écart-type est grand. Comme on associe volatilité et risque, on dira également qu'un fonds est plus risqué qu'un autre si l'écart-type est plus grand. Même s'il s'agit d'une mesure de risque imparfaite, il ne faut pas rejeter la volatilité (et l'écart-type) du revers de la main. Dans plusieurs cas, la mesure nous révèle qu'effectivement il y a plus ou moins de risque. La mesure est plus fiable lorsque l'on compare des catégories d'actif (actions, obligations, bons du Trésor, etc.) que lorsque l'on compare un fonds d'une même catégorie à un autre fonds de la même catégorie. L'écart-type du rendement des fonds d'actions est plus élevé que celui du rendement des fonds d'obligations. Le tableau 8 montre qu'historiquement les actions ont un écart-type plus élevé que les obligations à long terme et que les bons du Trésor de 3 mois.

Tableau 8
Rendements et écarts-types : 1938-1997

Catégorie	Rendement avant inflation	Écart-type
Actions canadiennes	12,07 %	16,19 %
Actions américaines*	14,42 %	17,14 %
Obligations à long terme	6,42 %	9,61 %
Bons du Trésor	5,39 %	4,55 %

*En dollars canadiens
Source : Rapport sur les statistiques économiques,
Institut Canadien des Actuaires, 1997-98.

Les chiffres du tableau 8 nous confirment ce que plusieurs d'entre vous savent déjà : *un rendement plus élevé commande en moyenne un niveau de risque plus élevé.* Les fonds de métaux précieux ont un écart-type élevé, d'où le fait que ce sont des fonds volatils. Les observateurs diront qu'un fonds est plus risqué qu'un autre parce qu'il est plus volatil.

Pourquoi associe-t-on la volatilité au risque? C'est que la volatilité plus élevée implique des fluctuations, à la hausse ou à la baisse, beaucoup plus grandes que ce que l'investisseur moyen recherche.

Un conseiller financier vous montrera un graphique où apparaissent le rendement et l'écart-type des fonds. Il cherchera un fonds dont l'écart-type est faible et dont le rendement est élevé. On tente toujours d'éliminer les fonds qui semblent produire systématiquement de faibles rendements pour un même niveau de risque (mesuré par l'écart-type). Une fois ces fonds éliminés, on constate l'existence d'un arbitrage entre le risque et le rendement.

L'arbitrage risque-rendement

Une fois de plus, il faut se rappeler que *qui ne risque rien n'a rien*. C'est là une façon de définir l'arbitrage risque-rendement. Ce concept signifie que lorsque vous prenez plus de risques vous devez être récompensé par un rendement supérieur, et, de la même façon, le prix à payer lorsqu'on prend moins de risques, c'est l'obtention d'un rendement inférieur. Un fonds qui est systématiquement moins risqué et qui produit continuellement le plus haut des rendements, ça n'existe pas. Le rendement ça se paie, et pour ce, vous devez être prêt à prendre des risques.

C'est comme l'entrepreneur qui voit ses efforts récompensés lorsque les choses vont bien mais qui, à la suite de circonstances défavorables, peut perdre de l'argent. Ci-dessous un graphique qui exprime bien ce concept d'arbitrage risque-rendement. Il faut savoir que vous n'avez pas de contrôle sur cet arbitrage. C'est le marché qui offre ce menu. Cependant, vous pouvez choisir une combinaison qui correspond à vos préférences.

Le graphique qui suit représente du même coup le menu qui s'offre aux investisseurs. Plus le rendement est élevé, plus le risque est élevé. Dans le jargon, on appelle ça la *frontière efficace*. Chaque investisseur choisira sa combinaison préférée. En examinant le menu, on constate que l'investisseur qui prend un risque assez faible peut déjà obtenir un assez bon rendement.

Graphique 3

Arbitrage risque-rendement

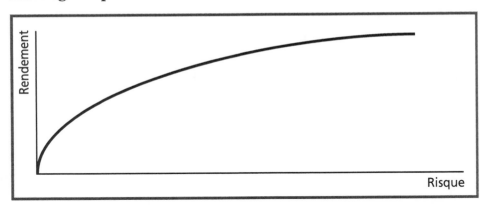

Le ratio de Sharpe

En un sens, c'est une mesure d'arbitrage risque-rendement. On regroupe les fonds par catégorie (fonds d'actions canadiennes, fonds d'actions américaines, fonds d'actions internationales, etc.). On tente de répondre à la question suivante : pour le risque encouru, quel fonds me procure le plus haut rendement? C'est un peu comme un rapport qualité-prix. Vous vous dites : « Je vais acheter ce produit si, pour le même prix, j'obtiens une plus grande qualité.» Ici, c'est la même chose. Vous allez choisir un fonds qui vous procure un rendement supérieur pour le même niveau de risque. Le professeur William Sharpe de l'Université Stanford a développé une mesure qui nous permet d'établir ce genre de rapport qualité-prix. Plus le ratio est élevé, plus vous obtenez un rendement intéressant pour le risque encouru. Les ratios de Sharpe ne sont malheureusement pas disponibles dans les journaux. Le tableau 9 présente les ratios de Sharpe sur trois ans pour certains fonds d'actions canadiennes. Comme d'autres statistiques, on peut l'utiliser pour guider ses choix mais ce n'est pas un critère absolu. Notons que le Professeur Sharpe a récemment consacré une partie de ses efforts de recherche au développement d'une mesure de risque. C'est dire l'importance que l'on accorde au développement d'une mesure robuste qui nous permettrait de mieux évaluer le risque.

Ce que l'investisseur doit savoir

Tableau 9

Ratios de Sharpe sur trois ans

Nom du fonds	Ratio de Sharpe
Croissance Québec (Montrusco)	1,10
IVY Canadien	0,86
Optimum Actions	0,51
Ligne Verte (Banque TD) Valeur	0,36
Royal Actions Canadiennes	0,25

Source : PALTrak, données du 30 septembre 1998.

Le risque à long terme

S'il y a une information méconnue de la part des investisseurs, c'est bien celle qui veut que *le risque est moins grand si on investit dans une perspective de long terme*. C'est important et on doit en être conscient lorsqu'on développe une stratégie d'investissement. Non pas que le risque disparaisse, loin de là, mais il est réduit pour toutes les classes d'actif. Jeremy Siegel a publié récemment un livre dont le titre est fort éloquent : *Stocks in the Long Run*[3] (Les actions à long terme, traduction libre). La thèse de Siegel est simple : à long terme, les actions dominent les autres classes d'actif, puisque le rendement est supérieur et le risque à long terme est inférieur au risque à court terme. On peut résumer le tout en disant qu'il y a plus de bonnes périodes que de mauvaises périodes. Si vous êtes patient, vous serez récompensé. Guy Leblanc tient aussi le même discours dans *La Bourse ou la Vie*[4]. Lorsqu'on consulte les données sur les rendements des fonds communs de placement, on constate que *la volatilité diminue à mesure que l'on étend l'horizon d'investissement*. Le tableau suivant montre que la volatilité annuelle est nettement supérieure à la volatilité sur cinq ans. Nous avons utilisé les mêmes données que celles qui nous avaient permis de construire les tableaux 6 (chapitre II) et 8 (précédemment, dans ce chapitre).

[3] Jeremy SIEGEL, *Stocks in the long run*, 2ᵉ édition, New York, McGraw-Hill, 1998, 301 pages.
[4] Guy LEBLANC, *La Bourse ou la vie*, Saint-Bruno, Cote 100 inc., 1995, 305 pages.

Comment évaluer votre risque?

Tableau 10

Volatilité à court terme et volatilité à long terme, 1938-1997

Catégorie	Écart-type sur 1 an	Écart-type sur 5 ans
Actions canadiennes	16,19 %	5,93 %
Actions américaines*	17,14 %	6,07 %
Obligations à long terme	9,61 %	5,30 %
Bons du Trésor	4,55 %	4,30 %

*En dollars canadiens
Source : Rapport sur les statistiques économiques,
Institut Canadien des Actuaires, 1997-1998.

Le professeur de finances Moshe A. Milevsky[5] de l'Université York estime à 40 % la probabilité de perdre de l'argent sur un an lorsque vous investissez le gros de votre portefeuille en actions. Cette probabilité tombe à 25 % sur 5 ans, à 15 % sur 10 ans et à moins de 5 % sur 35 ans. L'idée est simple : *plus l'horizon de placement est long, plus vous devriez détenir un fort pourcentage de votre actif en actions ou en fonds d'actions.* Le risque, c'est de se retrouver avec un rendement plus faible.

Comment mesurer votre tolérance face au risque?

Mesurer le risque inhérent d'un fonds, c'est une chose; mesurer votre tolérance au risque, c'en est une autre. Il vous faut répondre à une série de questions. Par la suite, on pourra identifier votre niveau de tolérance. C'est un exercice important auquel vous devrez vous assujettir. Votre courtier ou votre conseiller financier peut faire ce genre d'exercice avec vous.

Si un rendement mensuel négatif vous empêche de dormir, vous avez probablement une forte aversion au risque. Si vous trouvez que le marché boursier ressemble aux montagnes russes et que cela vous fait peur, il est plus que probable que vous ayez une forte aversion face au risque. Cette aversion peut aussi changer en fonc-

---

[5] Moshe MILEVSKY, *Space-Time Diversification*, Advisors, juin 1998, pages 44 et 46.

tion de votre revenu. Perdre 10 000 dollars pour quelqu'un qui n'a que 20 000 dollars et dont l'emploi est précaire représente une perte de bien-être beaucoup plus élevée qu'une perte de 10 000 dollars pour une personne disposant d'un million de dollars. En général, l'âge est aussi un facteur important. Les jeunes peuvent se permettre de prendre un peu plus de risques. Le temps joue en leur faveur.

Ce que l'investisseur doit savoir

Chapitre IV

Où pouvez-vous acheter vos fonds?

Il y a déjà un bout de temps que vous pensez à acheter des parts de fonds communs de placement. Depuis quelques semaines, vous avez vu plusieurs messages publicitaires à la télé et dans les journaux. En prenant votre petit déjeuner, vous avez entendu un message à la radio. Ça y est. Vous avez décidé d'acquérir des parts d'un fonds commun de placement. Vous composez le numéro de téléphone sans frais d'une société de fonds communs de placement. On vous répond que plusieurs produits sont disponibles. Cependant, la personne à qui vous venez de vous adresser vous mentionne que pour acheter le fonds qui vous intéresse vous allez devoir contacter un courtier. Le lendemain, à l'heure du lunch, vous faites part de votre décision à une collègue de travail. Celle-ci a acheté ses parts de fonds dans une institution financière. Tiens, tiens, déjà deux options. Vous revenez du lunch et une autre collègue de travail vous dit qu'elle vient de faire une contribution à son REER et qu'elle a acheté des parts de fonds commun de placement chez un intermédiaire qui ne facture pas de frais. Tout ça porte à confusion.

Il ne faut pas confondre gestion et distribution. Les familles de fonds regroupent l'épargne des investisseurs en offrant des fonds communs de placement. Plus souvent qu'autrement, les familles de fonds ne vendent pas directement au public. Des intermédiaires s'en chargent. C'est un peu comme le manufacturier qui signe un contrat avec une grande chaîne et d'autres distributeurs. La structure nord-américaine compte plusieurs types d'intermédiaires, alors qu'en Europe les fonds sont essentiellement distribués par des banques ou des compagnies d'assurances. Maintenant qui allez-vous contacter? En fait, vous avez trois choix.

Auprès d'une société qui a son propre réseau de vente

C'est comme si le manufacturier vendait directement au public. Les grandes banques et le mouvement Desjardins ont leur propre réseau et vendent directement, sauf la Banque Toronto Dominion et la CIBC qui laissent quelques intermédiaires vendre leurs produits. Les banques et les caisses constituent le meilleur exemple de ce que l'on entend par *propre réseau de vente*. Elles se sont accaparé 30 % du marché depuis la déréglementation de 1987. Il peut y avoir des frais d'ouverture de compte (Altamira) et de fermeture de compte comme chez d'autres distributeurs, mais de façon générale les frais de courtage sont nuls. *En réalité, on devrait plutôt dire que ces sociétés incluront les frais reliés au réseau de vente dans leurs frais administratifs. Donc, vous payez de façon indirecte.*

Lorsqu'on a son propre réseau de ventes, on ne facture pas de commission au client. On utilise souvent le terme *fonds sans commission (no load)* afin de caractériser cette structure. L'importance des fonds sans commissions n'a cessé de grandir au cours des dernières années. À noter cependant que ce sont les produits de ces sociétés qui sont offerts sans commission. Il vous sera impossible d'acheter des parts d'autres fonds chez ces intermédiaires sans payer des frais à l'entrée ou à la sortie.

Chez un intermédiaire qui exige des frais

Vous avez commencé votre démarche. Vous vous êtes même procuré un guide des fonds communs de placement. Vous êtes intéressé à vous procurer des parts d'un fonds de la Société BPI, mais vous regardez aussi du côté de chez C.I. et de chez Trimark. Vous avez déjà utilisé le numéro sans frais d'une de ces sociétés et on vous a répondu que l'on ne vend pas directement. Cependant, vous dites que vous voulez investir dans un fonds. C'est alors que vous avez décidé de contacter un courtier.

Une fois l'intermédiaire contacté, on vous offrira vraisem-blablement deux options. Vous pouvez acheter un fonds avec *frais à l'entrée* ou vous pouvez acheter un fonds avec *frais à la sortie*. Il fut un temps où un investisseur devait débourser jusqu'à 9 % de sa mise initiale lorsqu'il achetait des parts de fonds communs de placement. Pas surprenant que l'intérêt ait été mitigé pour les fonds communs de placement. Les 10 dernières années ont amené une évolution considérable dans l'industrie. En 1989, Jim O'Donnell (fonds O'Donnell), alors à l'emploi de la firme Mackenzie, proposa la structure *frais à la sortie*. C'était, d'une certaine façon, une réponse à l'entrée des banques dans l'industrie, qui commençaient à vendre des fonds sans exiger de commission. La structure *frais à la sortie* est de loin celle qui domine parmi les intermédiaires qui exigent des frais. Les mauvaises langues diront que le courtier donne l'impression à l'investisseur qu'il n'y a pas de frais, ce qui est faux. Demandez toujours à votre courtier la structure de frais. S'il tergiverse, allez voir ailleurs.

Payer toute de suite : les frais à l'entrée

Il est facile d'analyser l'impact qu'aura une telle structure sur votre rendement. Si on vous vend un fonds avec *frais à l'entrée*, on pren-dra *immédiatement* un pourcentage de votre mise. Vous achèterez ensuite des parts une fois cette commission prélevée.

Prenons l'exemple d'un investisseur qui dispose de 10 000 dollars. Au moment de l'achat, le prix de la part est de 10 dollars. L'investisseur doit payer 5 % de sa mise. Les frais à l'entrée sont donc de 500 dollars. Combien de parts notre investisseur obtiendra-t-il? Réponse : 950 parts dans le cas où il y a des frais à l'entrée et 1 000 parts lorsqu'il n'y a aucuns frais.

Où pouvez-vous acheter vos fonds?

Formule 15

Nombre de parts : aucuns frais et avec frais à l'entrée

> ### Aucuns frais : nombre de parts =
>
> $$\frac{\text{mise de fonds}}{\text{prix / part}}$$
>
> Exemple : $\dfrac{10\ 000\ \$}{10\ \$ / \text{part}} = 1\ 000 \text{ parts}$
>
> ### Frais à l'entrée : nombre de parts =
>
> $$\frac{(\text{ mise de fonds - frais })}{\text{prix / part}}$$
>
> Exemple : $\dfrac{(\ 10\ 000\ \$ - 500\ \$\ )}{10\ \$ / \text{part}} = 950 \text{ parts}$

Comme vous disposez de 9 500 dollars, le coût par part est supérieur au prix de la part. En fait, vous avez investi 10 000 $ (9 500 $ + frais) et vous obtenez 950 parts. Ainsi, votre coût par part est 10 000 $ ÷ 950 = 10,53 $, ce qui est supérieur à 10 dollars. Ces frais peuvent, au bout d'un certain temps, représenter une somme non négligeable. Le tableau suivant vous donne une idée de l'ampleur des pertes pour différents rendements et pour différents frais à l'entrée (exprimés en %) lorsque l'horizon d'investissement est de 10 ans et que l'investissement initial est de 10 000 dollars.

Tableau 11

Rendements cumulatifs d'un investissement de 10 000 \$ pendant 10 ans en relation avec le rendement annuel et les frais à l'entrée

Rendement annuel	Frais à l'entrée		
	0 %	**2 %**	**5 %**
5 %	16 289 \$	15 963 \$	15 475 \$
7 %	19 672 \$	19 278 \$	18 688 \$
9 %	23 674 \$	23 200 \$	22 490 \$
11 %	25 937 \$	25 419 \$	24 640 \$
12 %	31 059 \$	30 437 \$	29 506 \$
15 %	40 456 \$	39 646 \$	38 433 \$

Ces frais peuvent représenter des sommes non négligeables en bout de piste, particulièrement si la somme investie est élevée. Ainsi, en payant des frais à l'entrée de 5 %, un rendement annuel composé de 10 % vous rapportera environ 1 300 dollars de moins. Ce sera 13 000 dollars de moins si l'investissement est de 100 000. Plus le rendement potentiel est élevé, plus vous serez pénalisé par les frais à l'entrée. Enfin, vous pouvez constater à nouveau la magie de l'intérêt composé. Nous avons vu précédemment que le rendement moyen des actions canadiennes de 1938 à 1997 était de 12 %, celui des obligations à long terme, autour de 7 %. La valeur de votre investissement sera deux fois plus élevée au bout de 10 ans, si votre rendement annuel composé est de 12 % comparativement à 7 %. Avec des frais à l'entrée, vous avez au moins l'avantage de savoir exactement combien vous avez payé et si vous décidez de vendre, on ne vous facturera pas d'autres frais que les frais de transfert ou de fermeture de compte.

Les frais sont négociables (entre 0 et 5 %) et sont plus bas chez un courtier à escompte. *Cependant, le problème — et il est de taille — est que le courtier à escompte ne vous donnera pas de conseils.* Les courtiers à escompte n'ont que 2 % du marché de la vente des fonds communs de placement alors que leur part de marché s'élève à 25 % pour les actions.

Où pouvez-vous acheter vos fonds?

Les frais à la sortie

De nos jours, la grande majorité des fonds vendus par des intermédiaires sont vendus dans la version *frais à la sortie*. Il y a deux faits importants à retenir. D'abord, la compagnie de fonds verse une commission au courtier. Ce versement signifie que l'investisseur n'aura pas à payer de frais de courtage dans l'immédiat. Si on utilise l'exemple ci-dessus, cela signifie qu'avec 10 000 dollars on obtient 1 000 parts. Mais *l'investisseur paiera des frais à la société de fonds* si des parts sont liquidées avant une certaine date. *Le pourcentage diminue dans le temps* et il s'agit d'un *pourcentage de la valeur au marché* de votre investissement et non pas de la valeur initiale, 10 000 dollars dans notre exemple. Ça peut donc vous coûter beaucoup plus cher que vous pensez si vous décidez de vous départir de vos parts. Vous pouvez effectuer des transferts d'un fonds à l'autre à l'intérieur d'une même famille de fonds dans les limites permises. Il faut absolument vous renseigner sur ce qui est permis. Pour ne pas payer de frais de sortie, vous devez garder votre fonds au moins six ans. Il est donc totalement faux de prétendre qu'il n'y a pas de frais lorsqu'une telle structure est adoptée.

La *perte de flexibilité* peut causer bien des torts, puisque si vous voulez vendre avant six ans, pour quelque raison que ce soit, il y aura une pénalité. En moyenne, les investisseurs gardent leurs fonds moins de six ans. Il faut aussi savoir que les frais de gestion sont plus élevés lorsque vous achetez un fonds avec des frais à la sortie; cette pratique nuit à votre rendement. Vous avez le droit de vendre 10 % de vos parts (valeur au livre) sans être pénalisé; les modalités de vente sont spécifiques à chaque compagnie. Demandez à votre courtier : il a cette information.

Chez un intermédiaire qui n'exige aucuns frais à l'entrée ni à la sortie

La concurrence est de plus en plus féroce. Dan Richards, analyste des tendances de l'industrie, est convaincu que les frais diminueront avec le temps. Si vous devez passer par un intermédiaire afin d'investir dans un fonds commun de placement, vous avez la possibilité d'acheter sans frais. Vous ne paierez aucuns frais, ni à l'entrée, ni à la sortie. Vous n'aurez qu'à défrayer un montant minime pour l'ouverture du compte. On vous vendra un fonds version frais à l'entrée à 0 % si bien que vous ne paierez pas de frais de courtage, et vous pourrez liquider vos parts sans pénalité.

Ces courtiers tirent la presque totalité de leurs revenus des commissions de suivi. C'est en attirant un volume important qu'ils arrivent à tirer leur épingle du jeu. La présence de ce type de courtier a rendu l'industrie plus compétitive et ne peut qu'entraîner des pressions à la baisse sur les frais de courtage, ce qui favorisera le consommateur. Ce n'est pas une idée nouvelle : ce type de courtier existe en Ontario (Stirling, Mutual Direct et Affinity parmi d'autres) depuis bientôt cinq ans, et on en retrouve plusieurs aux États-Unis.

À notre connaissance, le Québec compte une seule firme de ce genre : depuis déjà trois ans, Avantages Services Financiers offre des fonds sans commission. Cet intermédiaire, courtier en épargne collective, est tenu de donner des conseils. *Cette obligation distingue essentiellement ce courtier du courtier à escompte qui, lui, ne prodigue pas de conseils. C'est une différence majeure pour l'investisseur.*

Sources de revenus des intermédiaires

Vous avez sans doute entendu parler de mises à pied dans l'industrie des services financiers. Pour les courtiers, un marché à la baisse, c'est comme une baisse des ventes dans d'autres secteurs de notre économie. Les revenus des courtiers proviennent de deux sources. D'abord, les commissions qui sont prélevées à même le montant investi lorsqu'il s'agit de frais à l'entrée et qui sont versées par la famille de fonds lorsqu'il s'agit de frais à la sortie. Les familles de fonds versent aussi des commissions de suivi *(trailer fees)* à tous les intermédiaires qui vendent leurs produits. Elles agissent de la sorte pour inciter les intermédiaires à maintenir un actif sous gestion. Ces sociétés estiment qu'un réseau de vente au détail coûterait trop cher. Tous les intermédiaires qui vendent pour des sociétés qui n'ont pas de réseau de vente reçoivent des commissions de suivi. Donc, les commissions de suivi constituent une partie intégrante du revenu des intermédiaires.

Ce que l'investisseur doit savoir

Chapitre V

Comment choisir un fonds?

L'accessibilité demeure le premier critère de sélection. À quoi bon faire du repérage si vous n'avez pas accès aux fonds qui vous intéressent? Revoyons les critères d'accessibilité.

Les fonds sont-ils disponibles au Québec?

Le nombre de fonds disponibles au Québec est élevé. Mais il arrive que vous retrouviez dans certains tableaux des fonds que vous ne serez pas en mesure d'acheter. D'abord, sachez bien que certaines familles de fonds n'ont pas déposé de prospectus auprès de la Commission des valeurs mobilières du Québec. Dans ce cas, il est quasi impossible d'acheter des parts et, si vous le faites, ce sera à vos propres risques et périls.

Les fonds fermés à l'investisseur

Le deuxième cas est celui des fonds fermés aux nouveaux investisseurs, une situation qu'il ne faut pas confondre avec celle d'un fonds commun à capital fixe. Cette situation se produit lorsque les gestionnaires jugent que des entrées de fonds supplémentaires réduiront leurs possibilités d'investissement et affecteront les rendements de façon négative.

La somme minimale exigée

Les sommes minimales exigées par la plupart des familles de fonds pour accéder à leurs fonds ne sont pas élevées. Pour aussi peu que 500 dollars, vous pouvez dénicher une quantité impressionnante de fonds. Il arrive que des familles de fonds exigent des sommes beaucoup plus élevées. C'est le cas de Mclean Budden, par exemple.

Rassurez-vous, nous n'avons pas sélectionné des fonds qui requièrent des sommes minimales élevées. N'oubliez pas qu'un programme périodique d'achat vous permettra d'avoir accès à plusieurs fonds pour la modique somme de 50 dollars par mois (c'est moins cher qu'un billet de hockey).

Vos préférences et vos contraintes

C'est l'étape cruciale, celle de la planification financière. Cet exercice, vous le faites de façon explicite ou implicite. C'est explicite si vous avez recours aux services d'un planificateur financier ou si vous tracez vous-même votre plan d'investissement. La grande majorité des individus n'utilisent pas les services d'un planificateur financier, et plusieurs n'ont pas de conseiller financier. *D'abord et avant tout, le fonds sélectionné doit être compatible avec vos préférences et vos contraintes*. Celles-ci vont vous aider à définir vos objectifs. Les préférences et les contraintes sont affectées par l'horizon de planification, par la tolérance au risque et par votre situation financière. Il y a des fonds qui conviennent pour une période à très court terme alors que d'autres produiront des résultats à long terme. S'il s'agit d'une contribution à votre REER, on parle alors de contribution à long terme. Si vous investissez dans un régime épargne-études (REEE), c'est aussi une contribution à long terme. Vous devez absolument identifier votre horizon d'investissement.

Des questions fondamentales

Il y a bien des facteurs dont il faut tenir compte. On peut vous poser beaucoup de questions, mais il y en a trois auxquelles vous devez essayer de répondre pour amorcer le processus de sélection :

1. Si j'achète des parts, vais-je être obligé de vendre celles-ci parce que j'aurai besoin d'argent bientôt?
2. Est-ce que la perte de 5 ou 10 % de la valeur de mon capital du jour au lendemain va m'empêcher de dormir (insomnie boursière...)?
3. Quel est mon âge?

Si vous répondez oui à la première question, c'est que votre situation financière ne vous permet pas d'épargner et que la liquidité prime avant tout. Vous ne pouvez pas vous permettre de vendre à perte. En passant, votre situation financière est affectée par vos revenus mais également par votre style de vie. Exemples : vos choix de consommation et la taille de la famille. Comme vous avez besoin de liquidités, il faut vous assurer que vous les obtiendrez. Dans ce cas, les fonds d'actions vous conviennent moins et vous seriez plus à l'aise avec des fonds de revenus, particulièrement des fonds monétaires ou des fonds d'obligations de court terme.

Si vous répondez oui à la deuxième question, c'est que votre tolérance au risque est assez faible. Le marché boursier canadien a reculé de près de 30 % entre le 22 avril 1998 et le 31 août 1998. Il faut avoir des nerfs solides. Si vous avez de la difficulté à vivre avec des périodes de forte volatilité, il vous faut alors éviter un portefeuille fortement pondéré en fonds d'actions. Optez pour les fonds équilibrés et les fonds de revenus. Vous devez absolument éviter certains fonds spécialisés et des fonds qui investissent dans des marchés très volatils.

Pour ce qui est de la troisième question, en général elle aidera le conseiller financier et le courtier à définir votre horizon de placement. Les fonds suggérés à un travailleur âgé de 35 ans ne sont pas nécessairement ceux qui seront suggérés à un retraité âgé de 70 ans. Il existe un règle assez simple quant à la pondération en obligations que devrait détenir un investisseur. Vous soustrayez le chiffre 10 de votre âge et vous obtenez la pondération voulue.

Tableau 12

Pondération en obligations d'un portefeuille type

Âge	Pondération
25 ans	15 %
35 ans	25 %
45 ans	35 %
55 ans	45 %
65 ans	55 %

C'est une pondération moyenne. Elle peut être plus élevée lorsque l'incertitude augmente. De plus, à long terme le risque diminue. Ainsi pour un horizon d'investissement assez long, cette pondération pourrait être inférieure. Le message est quand même clair : plus vous êtes jeune, plus vous pouvez vous permettre d'être audacieux.

Les frais de gestion

Saviez-vous que bien des détenteurs de parts de fonds communs de placement ignorent l'existence des frais de gestion? Un sondage mené au cours de l'été 1997 pour le compte du groupe Scudder Stevens-Clark montre qu'environ 50 % des détenteurs de parts de fonds communs de placement ignoraient l'existence des frais de gestion. On soustrait les frais de gestion du fonds du rendement brut afin d'obtenir le rendement net. Si votre fonds a eu un rendement de 18 % l'année dernière et que les frais de gestion totalisaient 3 %, alors le vrai rendement était de 21 %. Les rendements affichés dans les pages financières des journaux et dans les revues spécialisées sont les rendements nets.

À l'aide des frais de gestion, on défraie les salaires des gestionnaires ainsi que des dépenses telles que les frais de promotion, les frais de comptabilité, les frais juridiques, etc. Nous estimons à environ 7 milliards de dollars les sommes déboursées par les

Canadiens en frais de gestion. Les Québécois déboursent environ un milliard de dollars en frais de gestion. Le prospectus d'un fonds doit vous renseigner sur les frais de gestion. C'est là que vous trouverez le ratio des frais de gestion.

Voici les ratios moyens de frais de gestion pour les principales catégories de fonds communs de placement :

Tableau 13

Frais de gestion

Catégorie	Ratio moyen
Fonds de marché monétaire	0,94 %
Fonds d'obligations canadiennes	1,54 %
Fonds hypothécaires	1,73 %
Fonds de dividendes	1,97 %
Fonds équilibrés canadiens	2,05 %
Fonds d'actions américaines	2,06 %
Fonds d'obligations mondiales	2,09 %
Fonds équilibrés internationaux	2,16 %
Fonds d'actions canadiennes	2,17 %
Fonds d'actions mondiales	2,38 %
Fonds d'actions européennes	2,42 %
Fonds sectoriels d'actions	2,60 %
Fonds d'actions des marchés émergents	2,78 %
Fonds d'actions Asie-Pacifique	2,86 %
Fonds d'actions Amérique latine	2,88 %

Source : PALTrak, données du 30 septembre 1998.

Le ratio moyen des frais de gestion pour l'ensemble des fonds (environ 2 000) est de 2,07 %. Un ratio de 2 % signifiera que pour chaque dollar d'actif les frais de gestion seront de 2 cents. Évidemment, pour un rendement brut donné, plus ce ratio est élevé, plus votre rendement diminuera.

Faut-il systématiquement choisir un fonds avec un faible ratio? Pas nécessairement, car une autre évidence s'applique : on doit payer pour obtenir de la qualité. Malheureusement, il arrive qu'on paie cher pour une qualité inférieure. Pour éviter de les choisir, il faut identifier les fonds à frais de gestion élevés qui ne semblent pas se distinguer année après année. Nous avons examiné le sujet de plus près à l'aide d'un échantillon de 1 500 fonds. Il ne semble pas y avoir de relation systématique entre les frais de gestion et le rendement d'un fonds.

Frais de gestion : le Canada et les États-Unis

D'autre part, les ratios moyens de frais de gestion sont inférieurs aux États-Unis. Deux explications ont été avancées. D'abord, on pense que la grandeur du marché américain confère des économies d'échelle, ce qui entraîne une baisse des frais de gestion. D'autres affirment que la concurrence est féroce et que cette compétition empêche les familles de fonds de facturer des frais aussi élevés aux États-Unis comparativement au Canada. C'est une question empirique, et les études se poursuivent.

Il faut cependant être prudent. Les frais de gestion au Canada tiennent compte des commissions de suivi *(trailer fees)* qui sont versées aux intermédiaires. Aux États-Unis, plusieurs courtiers exigent des frais administratifs *(maintenance fees)* qui peuvent aller jusqu'à 1 % de la valeur au marché. Ces frais (mieux connus sous le nom de *12b.1 fees*) s'ajoutent aux frais de gestion et diminuent le rendement de l'investisseur américain. Même en tenant compte de ces frais supplémentaires, les frais sont inférieurs aux États-Unis.

Les frais de courtage : sont-ils inévitables?

Supposons que le même fonds est disponible chez deux intermédiaires. Le premier intermédiaire facture des frais à l'entrée ou vous vend un produit où les frais sont différés (frais à la sortie). Le deuxième intermédiaire vous offre le même produit sans vous facturer de frais. À moins d'obtenir de bien meilleurs conseils chez le premier, il y a de fortes chances que vous achetiez vos parts de fonds communs chez le deuxième. Les frais de courtage diminuent votre rendement net, tout comme les frais de transaction réduisent le nombre de dollars américains que vous pouvez obtenir lorsque vous échangez vos dollars canadiens. Il y a aussi des frais cachés tels les frais de transfert. Par exemple, pour fermer un compte, on exigera entre 100 et 150 dollars. Les familles de fonds imposent une pénalité si vous liquidez votre fonds à l'intérieur d'une période inférieure à un mois.

Nous avons vu dans le chapitre précédent que les frais à l'entrée et à la sortie diminuent votre rendement. Bien sûr, si les conseils de votre courtier valent leur pesant d'or, vous serez alors probablement prêt à payer des frais de courtage. Soyez vigilant, cela vaut-il la peine de payer des frais si on peut obtenir le même fonds sans en payer? Un courtier qui facture des frais fera état de la qualité du service. Le jeu en vaut-il la chandelle?

Les rendements passés

Évidemment, la seule information que l'on possède sur les rendements, ce sont les rendements passés. Il ne faut pas croire que le passé se répétera à tout coup. Mais l'information est utile. Après tout, si un fonds se classe continuellement parmi les moins bons, étant donné un niveau de risque comparable à d'autres fonds, c'est une indication que l'on doit regarder ailleurs. *Une fois l'information sur les rendements passés obtenue, un investisseur doit savoir s'il y a eu changement de gestionnaire ou si la philosophie d'investissement du fonds a changé.* Car, si c'est le cas, il faudra interpréter les rendements passés en tenant compte de ces importants changements. Le rendement peut avoir augmenté parce que le gestionnaire a décidé de prendre un peu plus de risque.

Certains fonds n'ont pas tellement d'histoire, mais en revanche le gestionnaire du fonds peut avoir une expérience et une expertise intéressantes. Dans ce cas, il ne faut pas tellement se fier aux rendements passés du fonds. William Sharpe dans son livre *Investments*[6] a retracé quelques études qui tendent à prouver qu'il existe une certaine persistance dans les rendements. En résumé, cette persistance signifie que les rendements passés peuvent être utilisés pour la direction future, mais ce n'est pas garanti à 100 %. Nous avons constaté qu'il existe une faible persistance pour ce qui est des fonds d'actions canadiennes. Par contre, Burton Malkiel dans *A Random Walk Down Wall Street*[7] est d'avis contraire.

Le *market timing*

On peut essayer de prédire les tendances à moyen terme, à long terme et possiblement à court terme. Les grandes firmes de gestion de portefeuille emploient des gens qui passent leurs journées à essayer de prévoir les tendances du marché et de l'économie. Des techniques économétriques très perfectionnées existent. Mais à très court terme — cette semaine, dans un mois ou même dans trois mois — l'exercice est inutile, voire futile. Il ne faut pas tomber dans le piège. Bien peu d'investisseurs ont obtenu du succès en essayant d'ajuster les pondérations de leur portefeuille en fonction d'événements à court terme.

Cette approche, connue sous l'appellation *market timing*, est une approche perdante. Cette mise en garde ne signifie pas que l'on ne procède pas à des réajustements. La récente baisse de marché a entraîné des ajustements de portefeuille chez les investisseurs dont l'horizon de placement est plus court et chez ceux qui ont eu besoin de liquidités. *Mais à long terme, vaut mieux être présent qu'absent du marché boursier, ne serait-ce que quelques jours,* comme en témoignent les tableaux suivants.

[6] Willian F. SHARPE et autres, *Investments*, 2ᵉ édition, Toronto, Prentice-Hall, 1997, 968 pages.
[7] Burton MALKIEL, *A Random Walk Down Wall Street*, New York, Norton, 1996, 522 pages.

Tableau 14

**Être présent sur le marché boursier américain :
ce qui compte, c'est le temps et non le moment**

Rendement	
Tous les jours*	12,90 %
Tous les jours, sauf les 20 meilleurs*	9,30 %
Tous les jours, sauf les 30 meilleurs*	4,20 %
Tous les jours, sauf les 40 meilleurs*	2,10 %

*1988 à 1996
Source : Ned Davis Research, 31 décembre 1996.

Tableau 15

**Être présent sur le marché boursier canadien :
ce qui compte, c'est le temps et non le moment**

Rendement	
Tous les jours*	10,10 %
Tous les jours, sauf les 10 meilleurs*	6,70 %
Tous les jours, sauf les 20 meilleurs*	3,30 %
Tous les jours, sauf les 40 meilleurs*	1,80 %

*Du 30 septembre 1987 au 30 septembre 1997
Source : *The Globe and Mail*, novembre 1997.

Des fonds qui battent l'indice

Les fonds d'actions canadiennes

Plusieurs gestionnaires de portefeuille reçoivent une prime s'ils battent l'indice TSE 300. Au moment d'écrire ces lignes, le rendement de l'indice TSE 300 sur un an est de -25 %. Devrait-on récompenser ceux dont le rendement est de -22 %? Nous pensons qu'il faut être très prudent lorsque l'on compare la performance d'un gestionnaire à celle de l'indice. Certains gestionnaires prennent moins de risques. Battre l'indice n'est pas une fin en soi. Une stratégie de gestion plus conservatrice conviendra davantage à des investisseurs ayant une faible tolérance face au risque.

Toujours est-il qu'en consultant les journaux, vous avez probablement constaté que l'on compare régulièrement la performance des fonds d'actions canadiennes à l'indice TSE 300. En fait, beaucoup de gestionnaires des fonds d'actions canadiennes vous diront qu'un de leurs objectifs est de battre l'indice TSE 300. Qu'en est-il dans les faits? Nous avons examiné de plus près le rendement des fonds d'actions canadiennes au cours des 15 dernières années. Nous avons éliminé les fonds spécialisés de notre échantillon.

Tableau 16

Les fonds d'actions canadiennes battent-ils l'indice TSE 300?

Année*	Rendement de l'indice TSE 300	Nombre de fonds qui ont battu l'indice	Pourcentage de l'échantillon
1983-84	-0,4 %	44/63	69,8 %
1984-85	14,0 %	49/65	75,4 %
1985-86	16,7 %	37/69	53,6 %
1986-87	34,5 %	12/79	15,2 %
1987-88	-12,9 %	57/96	59,4 %
1988-89	24,5 %	25/113	22,1 %
1989-90	-16,9 %	94/124	75,8 %
1990-91	11,6 %	65/130	50,0 %
1991-92	0,7 %	96/136	70,6 %
1992-93	24,6 %	61/143	42,7 %
1993-94	11,7 %	32/165	19,4 %
1994-95	6,5 %	90/188	47,9 %
1995-96	19,4 %	78/203	38,4 %
1996-97	35,4 %	100/240	41,7 %
1997-98	-19,0 %	133/300	44,3 %

*Du 30 septembre de chaque année jusqu'au 30 septembre de l'année suivante
Source : PALTrak, données de septembre 1998.

Comme on peut le constater, il y a de fortes variations d'une année à l'autre. En moyenne, les gestionnaires ne battent pas l'indice, mais il y a tout de même 46 % des fonds d'actions canadiennes qui ont battu l'indice au cours de cette période de 15 ans. Les gestionnaires font un peu mieux que l'indice lorsque les rendements sont faibles ou négatifs.

Ce que l'investisseur doit savoir

Les fonds d'actions américaines

Nous avons également fait le même exercice pour les fonds d'actions américaines. Cette fois, nous avons utilisé l'indice Standard & Poors 500 (S & P 500) comme point de référence. C'est un peu l'équivalent du TSE 300; nos amis américains diront plutôt que le TSE 300 est l'équivalent du Standard & Poors 500 pour le Canada. Il faut comprendre que l'échantillon des fonds d'actions américaines inclut des fonds qui détiennent des titres de grandes sociétés américaines et d'autres, moins nombreux, qui détiennent des titres de petites sociétés. Il faut aussi comprendre que la définition d'une petite société n'est pas la même aux États-Unis, puisque le marché américain est 10 fois plus grand. Les fonds américains battent-ils l'indice?

Tableau 17

Les fonds d'actions américaines battent-ils l'indice S & P 500?

Année*	Rendement de l'indice S & P 500	Nombre de fonds qui ont battu l'indice	Pourcentage de l'échantillon
1983-84	11,8 %	2/20	10,0 %
1984-85	19,3 %	4/20	20,0 %
1985-86	32,9 %	5/22	22,8 %
1986-87	35,4 %	5/26	19,2 %
1987-88	-18,5 %	14/28	50,0 %
1988-89	28,7 %	10/32	31,3 %
1989-90	-10,7 %	8/34	23,5 %
1990-91	28,3 %	17/36	47,2 %
1991-92	22,5 %	2/41	4,9 %
1992-93	20,6 %	27/48	56,3 %
1993-94	4,0 %	20/59	33,9 %
1994-95	30,0 %	13/72	18,1 %
1995-96	22,0 %	13/84	15,5 %
1996-97	42,5 %	20/104	19,2 %
1997-98	20,4 %	15/141	10,6 %

*Du 30 septembre de chaque année jusqu'au 30 septembre de l'année suivante
Source : PALTrak, données de septembre 1998.

À nouveau, on constate d'importantes variations d'une année à l'autre et, tout comme pour les fonds d'actions canadiennes, on remarque qu'en moyenne les gestionnaires ne battent pas l'indice. Seulement 22 % des fonds de l'échantillon ont battu l'indice. Le pourcentage est beaucoup plus faible comparativement à celui des gestionnaires de fonds d'actions canadiennes. Il n'est donc pas surprenant que les fonds indiciels soient si populaires chez nos voisins du Sud. La Société Vanguard qui se spécialise dans la gestion de fonds indiciels est la deuxième en importance aux États-Unis avec un peu plus de 350 milliards de dollars américains d'actif sous gestion. Au Canada, les frais de gestion de tels fonds ont baissé au cours de la dernière année, ce qui les rend plus attrayants.

Les prospectus et les rapports

Il faut parler de prospectus et de rapports parce que la réglementation oblige les familles de fonds à déposer un prospectus décrivant, entre autres, les objectifs de placement ainsi que les frais inhérents à chaque fonds. C'est un document très technique, écrit par des avocats pour des avocats. Cependant, prenez le temps de lire la section portant sur les objectifs du fonds. Si vous voyez le mot croissance, il faut alors s'attendre à ce que le gestionnaire prenne un peu plus de risques. Le mot préservation est synonyme d'une approche plus conservatrice. Assurez-vous d'être bien au courant des clauses générales entourant l'achat d'un fonds tout comme de la période minimale durant laquelle vous ne pouvez vendre sans être pénalisé.

Même si vous ne payez pas de frais de courtage, ni à l'entrée, ni à la sortie, vous devez détenir vos parts un minimum de trois mois pour éviter d'être pénalisé par la compagnie de fonds. On veut empêcher des situations où le gestionnaire est obligé de liquider des titres afin de répondre aux demandes de rachat. Il arrive

Ce que l'investisseur doit savoir

que la période minimale soit plus longue (un an par exemple). Il peut aussi y avoir des frais de transfert, quoique ceux-ci tendent à disparaître de plus en plus.

En ce qui concerne les renseignements quantitatifs, certains sont reproduits mais les rapports trimestriels et semestriels sont plus utiles. C'est d'ailleurs grâce à eux que vous obtiendrez plus de détails sur le contenu du fonds. Il serait intéressant d'obtenir de l'information sur une base plus régulière quant au contenu du fonds. Si vous voulez en savoir plus, téléphonez à votre courtier, à votre conseiller financier ou à la famille de fonds. Après tout, vous prenez une décision importante : confier une partie de votre avoir à un tiers.

L'efficacité fiscale

Si vous faites de l'argent, vous allez devoir en retourner une partie au gouvernement. Ainsi va la vie. C'est un vieux cliché, mais on peut être certain de deux choses : nous allons tous payer des taxes et nous allons tous mourir. L'efficacité fiscale des fonds doit être prise en considération. Nous avons vu un peu plus tôt que plusieurs fonds génèrent des revenus et que les gestionnaires matérialisent leurs gains de capitaux en vendant des titres ou des obligations. Il existe des ratios d'efficacité fiscale qui peuvent guider vos décisions. Ils ont une valeur indicative, puisque la situation de chaque investisseur diffère. Règle générale, si votre fonds d'actions n'effectue pas de distributions, le rendement affiché correspond alors à votre rendement après impôt. Plus la portion revenus et la portion gains matérialisés sont importantes, plus le ratio d'efficacité fiscale est bas.

Le taux de taxation des revenus d'intérêt est supérieur au taux de taxation des gains de capital matérialisés. Ce sont les revenus de dividendes qui sont les moins taxés.

Ce que l'investisseur doit savoir

Chapitre VI

Les catégories de fonds : à chacun, son risque et son rendement

Vous connaissez maintenant les facteurs qui influencent le choix d'un fonds. Vous connaissez également les critères à retenir lorsque l'on choisit un fonds. Il est temps de passer au menu. Ce chapitre vous présente les grandes catégories de fonds communs de placement. Nous avons porté une attention toute spéciale aux fonds d'actions canadiennes : ils constituent la plus grosse catégorie de fonds. Dans la deuxième partie de ce guide, nous choisirons des fonds de ce menu. Par la suite, la balle sera dans votre camp.

Plus de 2 000 fonds sont disponibles au Canada. Un peu plus de 1 200 sont disponibles au Québec. Il y a plusieurs catégories et sous-catégories. Vous serez en mesure de constater qu'un portefeuille constitué de fonds communs de placement permettrait à un investisseur de couvrir à peu près tous les angles.

Les fonds de revenus

Cette catégorie comporte des fonds qui sont investis dans des titres ou dans d'autres instruments financiers qui rapportent des revenus, par exemple, des revenus d'intérêt et de dividendes. On compte trois grandes sous-catégories, soit les fonds du marché monétaire, les fonds d'obligations et les fonds de dividendes. Avant et durant la baisse récente du marché, plusieurs gestionnaires avaient augmenté leur pondération en titres de revenus fixes. Par exemple, la pondération de l'encaisse a augmenté dans les fonds d'actions canadiennes.

Les fonds du marché monétaire

Ces fonds investissent dans des titres obligataires à très court terme comme les bons du Trésor de 30, de 60, de 90 et parfois de 120 jours. C'est un substitut au traditionnel compte de banque. Ce type de fonds est très liquide et peu risqué. Si vous voulez maintenir une certaine liquidité à court terme, il est préférable d'investir dans un fonds monétaire que de laisser votre argent dans un compte de banque. Vous obtiendrez un rendement supérieur sans prendre de risque.

Le prix de la part ne varie pas et est fixé généralement à 10 dollars. Si vous achetez des parts d´un fonds monétaire et que le prix fluctue, alors on vous aura vendu un faux fonds monétaire. Beaucoup d'investisseurs s'en servent pour stationner temporairement une partie de leur épargne. Il faut être vigilant quand on investit dans un fonds monétaire afin d'éviter les fonds monétaires à hauts frais de gestion. Évidemment, lorsque les taux d'intérêt sont bas, ce type de fonds ne rapporte pas beaucoup.

Les fonds d'obligations

Voilà une catégorie qui est redevenue populaire suite aux récentes turbulences du marché boursier. Si vous croyez que le marché boursier américain est important, sachez que le marché obligataire américain l'est encore plus. Il a servi de refuge à plusieurs investisseurs étrangers cet été et au début de l'automne. La plupart des fonds d'obligations disponibles sur le marché québécois sont des fonds d'obligations canadiennes. Par contre, nous avons introduit dans notre liste de fonds, deux fonds d'obligations internationales.

Un fonds d'obligations est constitué d'obligations qui comportent des échéances différentes (court terme, moyen terme, long terme); ces obligations garantissent un revenu d'intérêt et elles peuvent être des obligations gouvernementales, des obligations émises par des firmes ou par des sociétés d'état. Le taux d'intérêt

Ce que l'investisseur doit savoir

des obligations à long terme est plus élevé que le taux d'intérêt des obligations à court terme. Il y a un niveau de risque attaché à chaque obligation. Un fonds qui achète des obligations gouvernementales de pays en voie de développement a un niveau de risque plus élevé, ce qui se traduit par un taux d'intérêt plus élevé; encore une fois, on voit l'effet de l'arbitrage risque-rendement. Plus l'échéance des obligations est longue, plus votre fonds sera vulnérable à une hausse des taux d'intérêt. La contrepartie, c'est que durant une période où les taux baissent, la valeur des obligations s'appréciera davantage.

Il est totalement faux de prétendre qu'un fonds obligataire ne comporte pas de risque, car, tout comme le prix des actions, le prix des obligations fluctue tous les jours.

Les fonds d'obligations et les taux d'intérêt

Il est important de comprendre la relation qui existe entre le mouvement des taux d'intérêt et le prix des obligations. Un exemple permettra de clarifier la situation. Supposons que vous venez tout juste d'acheter une obligation et que l'échéance de celle-ci est de cinq ans. Vous avez payé 1 000 dollars et votre obligation vous rapportera un revenu d'intérêt de 50 dollars par année, soit 5 %. Maintenant, supposons qu'à la suite d'une hausse de taux d'intérêt une autre obligation est offerte au prix de 1 000 dollars et que le revenu d'intérêt est de 100 dollars par année, soit 10 %. Si vous décidez de vendre votre obligation, vous ne trouverez pas preneur. La raison est simple : pour le même prix, soit 1 000 dollars, votre obligation rapporte 50 dollars par année alors que l'autre obligation rapporte 100 dollars par année. Votre rendement est de 5 % alors que l'autre obligation rapporte 10 %, et ce, pour le même prix. Pour trouver preneur, le prix de votre obligation doit baisser. Il doit baisser jusqu'à ce que le rendement de l´obligation soit de 10 %. Vous avez beaucoup perdu puisque vous avez payé 1 000 dollars et qu'elle ne vaut plus que 500 dollars sur le marché obligataire.

Vous trouvez peut-être que l'on exagère, mais durant une crise monétaire dans un pays, les taux d'intérêt augmentent beaucoup et la valeur des obligations se déprécie énormément. Exemple : qui veut acheter des obligations russes en ce moment?

On constate donc qu'une hausse de taux d'intérêt a entraîné une baisse de la valeur des obligations du même type que celles qui sont en circulation. En utilisant la même logique, on peut affirmer qu'une baisse de taux d'intérêt se traduira par une hausse du prix des obligations en circulation.

On peut maintenant établir une relation entre les mouvements des taux d'intérêt et le prix d'une part d'un fonds obligataire. Parce qu'une hausse de taux d'intérêt amène une baisse de prix des obligations, la valeur de la part d'un fonds d'obligations baissera à la suite d'une hausse des taux d'intérêt. Donc, si les taux d'intérêt diminuent, le prix de la part d'un fonds d'obligations augmentera. C'est ce qui s'est produit en 1996 et en 1997, lorsque les taux d'intérêt ont chuté et atteint leur plus bas niveau en 40 ans. Par la suite (fin 1997 et 1998), la Banque du Canada est venue à la rescousse du dollar canadien. Elle a haussé le taux d'escompte, ce qui s'est traduit par des hausses de taux d'intérêt et des baisses du prix des obligations. Il faut noter que les fonds composés d'obligations à long terme sont plus volatils que les fonds d'obligations à court terme. C'est surtout vrai lorsque les taux montent graduellement ou descendent graduellement dans le temps. *Si vous désirez acheter des parts d'un fonds d'obligations, assurez-vous de bien connaître la répartition entre les obligations à court, à moyen et à long terme.*

Ce que l'investisseur doit savoir

Graphique 4

Relation entre le prix d'une obligation et le taux d'intérêt

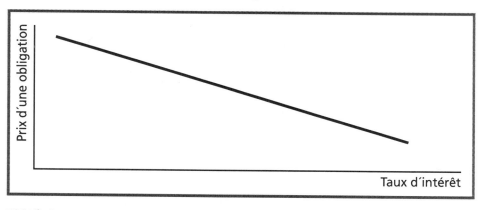

L'échéance moyenne et les taux d'intérêt

Chaque obligation a une échéance. Vous pouvez acheter des obligations de 1 an, de 3 ans, de 10 ans et même de 30 ans. Supposons que vous détenez 100 obligations et que la répartition est la suivante : 25 obligations de 5 ans, 25 de 10 ans et 25 obligations dont l'échéance est de 15 ans. Pour ce petit portefeuille d'obligations, l'échéance moyenne est de 10 ans. Plus l'échéance moyenne d'un fonds d'obligations est longue, plus le fonds d'obligations perdra de sa valeur si les taux d'intérêt augmentent. Par contre, la valeur de la part d'un fonds d'obligations s'appréciera davantage si les taux baissent. Un fonds d'obligations dont l'échéance moyenne est longue est plus risqué qu'un fonds d'obligations dont l'échéance est courte. Soyez sûr d'obtenir l'information sur l'échéance moyenne avant d'acheter un fonds d'obligations.

Graphique 5

**Le rendement des obligations en fonction de
leur échéance et du taux d'intérêt**

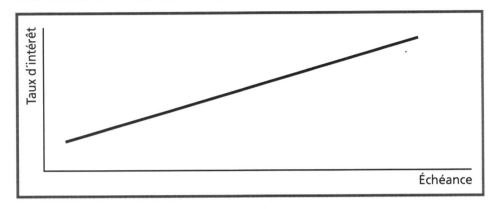

La courbe des rendements des obligations montre la relation
entre l'échéance des obligations et le taux d'intérêt pour des
obligations de même type. On voit que plus l'échéance est longue,
plus on s'attend à ce que le rendement soit élevé. On anticipe donc
un rendement plus élevé sur des obligations à long terme comparativement aux obligations à court terme. Nous n'entrerons pas
dans des détails techniques. Si on vous parle d'une courbe de
rendement inversée, on vous parle alors d'un phénomène qui est
souvent précurseur d'une récession.

Les fonds de dividendes

Voilà, sans doute, la catégorie la plus difficile à évaluer. Il y a énormément de variété quant au contenu des portefeuilles. Il existe une
controverse sur l'inclusion des fonds de dividendes dans la catégorie des fonds de revenus, puisqu'un fonds de dividendes investit
avant tout dans des actions. On recherchera notamment des actions
privilégiées (actions non votantes), lesquelles procurent des
revenus. On investira aussi dans des actions ordinaires de grandes
entreprises ayant fait leurs preuves, celles qu'on nomme *Blue
Chips*. Dans un fonds de dividendes, il faut surveiller la portion
revenu et la portion appréciation du capital. Si votre but est

Ce que l'investisseur doit savoir

d'obtenir un revenu, assurez-vous d'investir dans *un fonds de dividendes qui répondra à cet objectif*. Il y a des fonds de dividendes qui ressemblent plus à des fonds d'actions et dont le rendement dépend en grande partie de la portion appréciation du capital. De plus, certains fonds de dividendes trichent, puisqu'ils versent des revenus d'intérêt. Ces revenus d'intérêt sont taxés à un taux plus élevé que les revenus de dividendes. *Attention aux fonds qui grugent votre capital pour couvrir les montants promis.* Ce qui arrive dans ce cas, c'est qu'on vous retourne une partie de votre capital. C'est à proscrire.

S'il y a une catégorie de fonds où vous devez faire vos devoirs, c'est bien celle-ci. Il faut absolument demander à son courtier une liste des principaux investissements du fonds. Vos dividendes peuvent vous être versés directement ou être réinvestis. Si vous changez d'avis, il n'y pas de problème à réajuster le mode de versement. Les versements sont tantôt mensuels, tantôt trimestriels. Sur les quelque 70 fonds de dividendes recensés sur le marché, on note que la tendance est plutôt de verser des dividendes à tous les mois. La rareté des bonnes actions privilégiées donne du fil à retordre à plusieurs fonds de dividendes.

Les fonds hypothécaires

Voici une catégorie dont la popularité a diminué au cours des 10 dernières années. Ce type de fonds convient bien à ceux qui ont un horizon de placement à court terme. Ces fonds n'ont presque jamais perdu d'argent. C'est donc une catégorie pour l'investisseur conservateur ayant une faible tolérance au risque. L'actif d'un tel fonds est constitué d'hypothèques qui sont en général garanties par la Société canadienne d'hypothèques et de logement. Ce fonds est moins risqué qu'un fonds obligataire et peut convenir à un investisseur ayant un horizon de placement assez court lorsque les taux d'intérêt sont bas.

Les fonds d'actions

La popularité de ce type de fonds n'a cessé de croître au cours des dernières années. Un peu plus de 60 % des sommes investies se retrouvent dans les fonds d'actions (on tient compte aussi de la portion actions des fonds équilibrés). Le fait d'acheter un fonds d'actions vous permet de participer non seulement au marché boursier canadien, mais aussi aux autres marchés boursiers. Si vous avez choisi les fonds communs de placement pour participer au marché boursier, c'est parce que vous faites confiance aux gestionnaires étant donné ce qu'il vous en coûte directement en frais de courtage et indirectement en frais de transactions.

L'accès aux marchés boursiers d'autres pays est particulièrement intéressant. Si vous investissez dans un compte REER, vous pouvez détenir jusqu'à 20 % de votre investissement en actions étrangères. On prévoit que cette limite sera haussée au cours des prochaines années, possiblement jusqu'à 30 %. Après tout, le marché boursier canadien ne représente que 3 % de la capitalisation boursière mondiale. Au cours des 20 dernières années, la performance du marché boursier canadien a été inférieure à celle de plusieurs marchés boursiers. Parmi ceux-ci on note les marchés boursiers américain, français, britannique et italien. *Investir à l'étranger doit faire partie de votre stratégie d'investissement.*

Les fonds d'actions investissent dans tous les secteurs et dans toutes les catégories d'entreprises : les petites, les moyennes et les grandes. Dans ce domaine, certains favorisent systématiquement les grandes entreprises, d'autres, les petites entreprises. Il y a aussi des fonds qui investissent principalement dans un secteur de l'économie alors que d'autres sont concentrés dans une région spécifique ou même dans un pays en particulier. Bref, il existe plusieurs sous-catégories. Investir dans un fonds d'actions, c'est accepter de prendre un peu plus de risques. Par contre, c'est l'une des seules façons présentement de faire croître votre capital.

Ce que l'investisseur doit savoir

Dans ce guide, nous attachons une importance relativement élevée aux fonds d'actions canadiennes, puisque les règles du jeu ne vous permettent pas d'investir plus de 20 % à l'étranger lorsqu'il s'agit d'un investissement REER. Par contre, il existe maintenant quelques fonds qui investissent à l'étranger et qui sont éligibles à 100 % au REER. Sans entrer dans les détails techniques, disons que ces fonds achètent des contrats à terme sur des indices et donnent en garantie des bons du Trésor.

Les approches de gestion ou comment vos fonds sont gérés?

Chaque gestionnaire a son propre style. Tous essaient de vous convaincre qu'ils ont la recette gagnante. Par recette gagnante, on entend rendements supérieurs à long terme. Tout ce qui compte c'est le style, disent certains (« *style is everything* »). La Société Synergy croit à l'importance des styles de gestion. Elle a lancé en début d'année une série de fonds d'actions canadiennes qui permettent à l'investisseur de profiter des différences de style. Il n'y a pas de style de gestion qui domine les autres styles. Dans bien des cas, il n'est pas aussi facile d'identifier le style d'un gestionnaire qu'on le pense; des gestionnaires se métamorphosent. Méfiez-vous de ceux qui changent continuellement de stratégie.

Pourquoi est-ce important de parler de style de gestion?

- Parce que chaque style a son propre profil risque-rendement.
- Une diversification par style est un complément à la diversification par secteur et à la diversification géographique.

David Picton, gestionnaire chez Synergy, affirme que le mélange de styles peut augmenter le rendement d'un portefeuille et en réduire le risque. Le message est assez clair : autant que possible, essayez de combiner les différents styles de gestion dans votre portefeuille.

Des chasseurs d'aubaines : l'approche valeur

Chasseurs d'aubaines à vos marques! Choisir l'approche valeur, c'est choisir la valeur intrinsèque d'une entreprise. Lorsqu'un gestionnaire choisit cette approche, il se concentre davantage sur les facteurs spécifiques à l'entreprise que sur l'environnement économique général. Si un titre est acheté, c'est parce que le gestionnaire est convaincu que le marché sous-estime le prix de l'action et que, tôt ou tard, on réalisera que le titre vaut plus. Le gestionnaire pense avoir vu ce que d'autres investisseurs ou gestionnaires n'ont pas vu. Lorsque d'autres investisseurs découvriront le titre, la demande augmentera, ce qui entraînera une augmentation du prix du titre. Le gestionnaire ne craindra pas d'acheter des titres au cours d'une période où l'activité économique ralentit, sachant très bien que ces entreprises ont un excellent potentiel de croissance à long terme.

Il est important pour le gestionnaire de ne pas se fier strictement aux chiffres et aux ratios financiers. Le gestionnaire ou son équipe visitera les entreprises et établira un diagnostic du potentiel de cette entreprise. Une fois le diagnostic établi, le gestionnaire porte un jugement : si la valeur est supérieure à celle établie par le marché, il achète. Les meilleurs gestionnaires réussissent à dénicher ces fameuses aubaines. Il y a quand même un risque important : si le marché a bien évalué le titre, la valeur du titre ne remontera pas et pourrait même baisser.

Si vous achetez un fonds géré avec l'approche valeur, ce sera pour le long terme, car rien ne nous dit qu'une entreprise verra sa valeur s'apprécier tout d'un coup, du jour au lendemain.

Des entreprises qui se distinguent : l'approche croissance

En adoptant l'approche croissance, le gestionnaire est prêt à payer le prix pour se procurer des titres d'entreprises rentables. Le gestionnaire anticipe une hausse de la croissance des bénéfices des entreprises. Le gestionnaire choisit des titres d'entreprises prêtes à investir afin de maintenir leur avantage concurrentiel. Il peut s'agir d'entreprises établies ou d'entreprises qui se distinguent par une croissance importante des ventes et des bénéfices et qui continueront sur cette lancée. Les ratios cours-bénéfice et cours-valeur au livre sont plus élevés pour un fonds géré avec cette approche comparativement aux fonds gérés avec l'approche valeur.

En achetant ce type de fonds, vous serez probablement en mesure de bénéficier immédiatement des choix du gestionnaire comparativement à l'approche valeur où il faut attendre un peu plus longtemps. Le roulement du portefeuille, soit les opérations de portefeuille ou les transactions, est un peu plus élevé avec une telle approche. Si les entreprises sélectionnées ont une croissance plus lente que prévu, alors leurs titres seront fortement pénalisés par le marché. C'est là le risque. De façon générale, les fonds gérés avec l'approche croissance fluctuent un peu plus que ceux gérés avec l'approche valeur.

Miser sur les tendances à court terme : l'approche *momentum*
Ce style de gestion est de plus en plus populaire aux États-Unis. Au Canada, peu de fonds utilisent cette approche. Derek Webb de GT Global et David Picton de Synergy constituent de rares exceptions. Il est à parier que le nombre de gestionnaires privilégiant cette approche augmentera. L'horizon de placement des gestionnaires qui adoptent cette approche est plus court que celui des gestionnaires qui privilégient l'approche valeur ou l'approche croissance.

Un gestionnaire *momentum* investira dans des titres dont les perspectives de rentabilité risquent de s'améliorer rapidement. En fait, on tente de profiter des tendances à court terme et à très court terme. Contrairement à l'approche valeur, le roulement de portefeuille est assez élevé. Si le gestionnaire ne se trompe pas, cette approche peut être très payante. En revanche, si les tendances à court terme sont mal identifiées, la perte risque alors d'être élevée. L'efficacité fiscale d'une telle approche est généralement inférieure à celle d'autres approches.

Choisir des secteurs gagnants : la rotation de secteurs

Cette approche est diamétralement opposée à l'approche valeur. On doit choisir les secteurs qui offrent un rendement potentiel important à court terme. On réajuste continuellement le portefeuille. Le fonds d'actions canadiennes Elliot and Page est un bon exemple.

Cette stratégie peut porter fruit si on choisit le ou les bons secteurs. Un mauvais choix peut s'avérer catastrophique, car c'est l'ensemble du portefeuille qui en souffrira. Il faut être un bon *market timer* pour avoir du succès.

Choisir plusieurs approches ou une seule?

C'est là la grande question. Les résultats des études sur la question sont contradictoires. Nous pensons que la meilleure chose à faire est de choisir des fonds complémentaires, c'est-à-dire des fonds ayant des styles de gestion différents.

Les fonds d'actions canadiennes

C'est une catégorie qui attire beaucoup l'attention. Il existe un peu plus de 400 fonds d'actions canadiennes. La majorité des fonds d'actions canadiennes investissent dans tous les secteurs de l'économie.

Les autres types de fonds favorisent un secteur en particulier : les métaux précieux, les services financiers, les produits de consommation, etc. Voici une liste des principaux secteurs de notre économie avec le poids relatif de chaque secteur dans la composition de l'indice TSE 300. Il est surprenant de constater le nombre de fonds d'actions canadiennes qui ne profitent pas de la possibilité d'investir 20 % à l'étranger.

Le tableau 18 montre la répartition par secteur de l'indice TSE 300. Les quatre premiers sous-secteurs constituent ce qu'il est convenu d'appeler le secteur des ressources, un secteur qui, jusqu'à la fin d'août 1998, a éprouvé plus que sa part d'ennuis. Les secteurs les plus sensibles aux variations de taux d'intérêt sont le secteur des services financiers, le secteur des conglomérats, le secteur des services publics, le secteur des pipelines et celui de l'immobilier.

Tableau 18

Indice TSE 300 : répartition

Secteur	Pondération
Mines et métaux	6,5 %
Or et argent	4,4 %
Pétrole et gaz	11,1 %
Papier et produits forestiers	2,4 %
Produits de consommation	6,2 %
Produits industriels	16,8 %
Immobilier	2,1 %
Transport	2,8 %
Pipelines	3,8 %
Services publics	11,4 %
Communications	3,8 %
Commerce	3,8 %
Services financiers	20,8 %
Conglomérats	4,0 %

Source : PALTrak, données du 30 septembre 1998.

Les fonds ne sont pas nécessairement investis à 100 %. En effet, lorsqu'on regarde les chiffres, on constate que l'encaisse moyenne (liquidités) des fonds d'actions canadiennes s'élevait à environ 11 % de l'actif, et ce, à la fin de septembre 1998. La portion actions canadiennes représentait 80 % de l'actif. Autre observation intéressante : en moyenne, le contenu étranger est de beaucoup inférieur à la limite permise de 20 %. À l'intérieur d'un fonds type, il n'y avait que 8 % de l'actif qui était détenu en actions étrangères. On peut comparer la répartition de l'indice à la répartition type de la portion actions canadiennes d'un fonds d'actions canadiennes.

Tableau 19

Fonds d'actions canadiennes : répartition par secteur

Secteur	Pondération
Mines et métaux	4,34 %
Or et argent	4,25 %
Pétrole et gaz	13,00 %
Papier et produits forestiers	3,15 %
Produits de consommation	7,09 %
Produits industriels	22,48 %
Immobilier	2,76 %
Transport	3,13 %
Pipelines	1,96 %
Services publics	6,69 %
Communications	5,21 %
Commerce	6,86 %
Services financiers	16,56 %
Conglomérats	2,45 %

Source : PALTrak, données du 30 septembre 1998.

Les fonds d'actions canadiennes ont moins investi dans le secteur des services financiers comparativement à son importance relative dans l'indice TSE 300. Par contre, ils ont une pondération supérieure dans le secteur des ressources (métaux précieux, mines et métaux, pétrole et gaz, papier et produits forestiers).

Choisir des gros joueurs :
les fonds d'actions canadiennes de grandes sociétés

Ces fonds choisissent des titres de grandes sociétés canadiennes. Plusieurs de ces titres sont des *Blue Chips*. La définition d'une grande société est relative. Ici, on se limite au marché canadien. Certaines grandes sociétés ne feraient pas partie de cette catégorie si on définissait leur taille par rapport au marché américain. Les fonds de grandes sociétés détiennent des titres de grandes banques et d'entreprises comme Bombardier ou Bell Canada. Il existe une centaine de fonds de grandes sociétés. Ces fonds sont en moyenne moins risqués que les fonds de petites sociétés. La majorité des gestionnaires mélangent les approches croissance et valeur.

«Small is beautiful» : parier sur les fonds de petites sociétés

Ici, le risque est plus grand. Les fonds de petites sociétés tentent de dénicher des entreprises qui sont en voie de s'affirmer dans leur secteur d'activité. Les titres de ces entreprises de plus petite taille ont tendance à s'apprécier rapidement lorsqu'ils décollent, mais peuvent aussi s'écrouler rapidement. Il faut en profiter lorsque la manne passe. Il y a une controverse en ce qui concerne le contenu de tels fonds. Certains affirment que des gestionnaires maintiennent dans leur portefeuille des titres qui ne sont plus des titres de petites sociétés. Si tel est le cas, votre fonds n'est plus nécessairement un fonds de petites sociétés.

Il semble que la majorité des gestionnaires de fonds de petites sociétés aient adopté l'approche croissance, quoique plusieurs d'entre eux aient opté pour un mélange croissance-valeur. Les fonds de petites sociétés ont connu leur part de problèmes au cours de la dernière année, chutant de près de 28 %. Il pourrait s'avérer intéressant d'y consacrer un petit pourcentage de son portefeuille présentement.

Un mélange de grandes et de petites tailles : les fonds d'actions canadiennes diversifiés

Ces fonds peuvent investir autant dans les petites sociétés que dans les grandes sociétés. La majorité des fonds d'actions canadiennes se trouvent dans cette catégorie. Le mélange des approches valeur et croissance prédomine pour cette sous-catégorie.

Des fonds spécialisés pour les téméraires

Certains fonds d'actions canadiennes favorisent systématiquement un secteur de l'économie. On a beaucoup entendu parler des fonds de métaux précieux lors de l'affaire BRE-X au printemps 1997. Un des fonds de la famille AIC (AIC Avantage) investit plus de 70 % de son capital dans le secteur des services financiers. Évidemment, ces fonds ne sont pas diversifiés et ne doivent pas constituer une partie importante de votre portefeuille.

Une préférence pour l'oncle Sam : les fonds d'actions américaines

On en fait une catégorie spéciale : le marché boursier américain est de loin le plus important : il représente à lui seul environ 35 % du marché boursier mondial. Plusieurs fonds d'actions mondiales ont une pondération américaine très élevée. Sans oublier que plusieurs fonds d'actions canadiennes investissent en partie aux États-Unis — ils ne peuvent investir plus de 20 % pour être éligibles au régime REER à 100 %.

On classe les fonds d'actions américaines en trois catégories, tout comme les fonds d'actions canadiennes. Nous avons mentionné un peu plus tôt que la taille du marché américain entraîne un changement de définition au niveau des catégories. La plupart des fonds d'actions américaines sont des fonds de grandes sociétés et des fonds de sociétés de taille moyenne. Pour cette dernière catégorie, la remarque sur les fonds d'actions canadiennes de taille moyenne s'applique. Un des avantages d'investir dans un fonds d'actions américaines, c'est que vous pouvez profiter, à l'occasion, de l'expertise de gestionnaires qui sont parmi les meilleurs aux États-Unis. Certains fonds d'actions américaines sont des copies de fonds qui existent déjà aux États-Unis. C'est une situation qui pourrait s'amplifier.

Les fonds d'actions internationales

Ce sont des fonds qui investissent dans toutes les régions du monde, avec *au moins 85 %* de leur actif à l'extérieur du Canada et des États-Unis. En général, ce type de fonds investit beaucoup en Europe.

Tableau 20

**Pondération européenne moyenne
d'un fonds d'actions internationales**

Région	Pondération
France	9,35 %
Allemagne	7,01 %
Grande-Bretagne	19,75 %
Reste de l'Europe	26,91 %
Europe	63,02 %

Source : PALTrak, données du 30 septembre 1998.

La géographie n'explique pas tout, car, bien qu'on identifie une entreprise à un marché particulier, il se peut fort bien que cette entreprise ait un gros pourcentage de ses ventes à l'extérieur du pays. Cela étant dit, *les mouvements des indices boursiers locaux dans les autres pays* nous donnent une bonne idée de la direction, à la hausse ou à la baisse, du prix des titres associés à une région particulière.

Les catégories de fonds

111

Les fonds d'actions mondiales

Dans cette catégorie, un minimum de 15 % de l'actif est investi au Canada et aux États-Unis. C'est là où l'on retrouve les fonds d'actions étrangères qui investissent davantage aux États-Unis qu'ailleurs dans le monde. On pense au fonds Trimark et au fonds Fidelity Portefeuille International, entre autres. La catégorie appelée actions globales inclut aussi le Canada, bien que le pourcentage investi au Canada soit faible. Il n'y a pas de règle précise quant aux choix des régions. Il faut cependant souligner que la pondération américaine est parfois élevée, puisque c'est le marché le plus important.

Choisir une région ou un pays : les fonds régionaux

Vous pensez que le marché boursier brésilien effectuera un retour en force? Vous êtes convaincu que la situation s'est beaucoup améliorée au Japon? Vous avez visité l'Europe récemment et vous voulez investir en France et en Allemagne? Vous trouverez la réponse à vos questions en achetant des parts de fonds de cette catégorie. Cette catégorie regroupe des fonds qui investissent dans une région particulière comme la région du Pacifique, l'Europe ou même l'Amérique latine. La diversification sera en général plus faible, comparativement aux fonds d'actions internationales, et certaines régions sont plus à risque que d'autres. Par exemple, la crise asiatique a frappé de plein fouet les fonds de la région du Pacifique. La piètre performance du marché brésilien a fait perdre beaucoup de valeur aux fonds d'Amérique latine. Par contre, jusqu'à la fin août 1998, les rendements des fonds d'actions européennes surpassaient les rendements des fonds de toutes les autres catégories au cours de la dernière année.

Si vous investissez dans un fonds des pays du Pacifique, assurez-vous d'obtenir l'information sur le pourcentage investi à

Ce que l'investisseur doit savoir

Hong Kong et au Japon. Ce sont des marchés plus développés que dans le reste de la région. Souvenez-vous qu'il est tout à fait possible d'avoir accès à plusieurs marchés boursiers en optant pour des fonds d'actions mondiales. Certains fonds régionaux investissent essentiellement dans un pays. C'est le cas des fonds japonais et des fonds allemands, par exemple.

Un goût d'Europe : les fonds d'actions européennes

C'est un gros marché avec quatre des pays du G7[8]. Nous croyons que les perpectives à long terme y sont très intéressantes, particulièrement dans le sud de l'Europe. Si vous investissez dans un fonds d'actions européennes, sachez que la définition du marché européen a changé. En effet, l'Europe de l'Est fait maintenant partie des régions où un gestionnaire de fonds peut investir lorsque vient le temps de choisir les titres. Cette inclusion tend à hausser le niveau de risque du fonds. La Grande-Bretagne, la France et l'Allemagne sont les destinations favorites des gestionnaires.

Prêtez attention à la répartition géographique. On peut vous vendre un fonds européen qui est investi à 15 % au Canada et à 15 % aux États-Unis. S'agit-il d'un fonds d'actions européennes? Oui et non.

Les fonds d'actions des marchés émergents : les économies de l'avenir?

Combinons la crise asiatique aux problèmes du marché brésilien et à la débâcle russe et vous comprendrez que les fonds de marchés émergents ont éprouvé plus que leur part de problèmes au cours de la dernière année.

Ces fonds ont un niveau de risque élevé. Ils investissent essentiellement dans trois grandes régions : l'Asie, surtout la région du

---

[8]   Groupe des économies les plus importantes. Le G7 est constitué des États-Unis, du Japon, de l'Allemagne, de la France, de la Grande-Bretagne, de l'Italie et du Canada.

Pacifique, l'Amérique latine, surtout au Brésil et au Mexique, ainsi que l'Europe de l'Est (anciennes économies socialistes). Ces fonds ne doivent pas constituer un gros pourcentage de votre portefeuille à moins d'avoir les nerfs très solides.

À long terme, les économies des pays émergents devraient occuper de plus en plus de place. La Chine, en particulier, deviendra un joueur important.

Les perspectives à court terme en Asie ne sont pas très roses, la plupart des pays sont en récession. La reprise en Asie est fortement liée à une amélioration de la situation économique au Japon. Pour l'instant, la plupart de ces pays sont en récession.

Il y a quand même des différences importantes entre les divers marchés de cette catégorie. L'écart de revenu par habitant est plus grand, par exemple, entre la Corée du Sud et la Chine qu'entre le Canada et l'Espagne.

Il faut également noter la faible représentation des pays d'Afrique. Cette faible représentation s'explique par la quasi-inexistence des marchés boursiers dans cette région, sauf pour l'Afrique du Sud. Enfin, notons que si vous voulez avoir accès à ces régions, vous pouvez également le faire en achetant des parts de fonds d'actions internationales.

Miser sur un secteur gagnant: les fonds spécialisés

Voilà une catégorie tout à fait hétéroclite. Ces fonds investissent dans un secteur de l'économie et pas nécessairement au Canada. Il y a des fonds de services financiers, de produits de consommation, de télécommunications, de santé, de métaux précieux hors-Canada. Il faut construire son portefeuille à l'aide de fonds diversifiés. On conseillera à l'investisseur d'acheter des parts de ce type de fonds après avoir investi dans des fonds diversifiés. Puisque l'on favorise un secteur, le risque est assez élevé. Les fonds du secteur des services financiers s'en sont bien tirés au cours des dernières années, particulièrement ceux de la famille AIC. L'apparition des fonds de santé et de science et technologie a créé un certain engouement. Nous pensons que les fonds sectoriels de télécommunications, de santé et des services financiers offrent des perspectives intéressantes à long terme. Il serait bon de jeter un coup d'oeil du côté des fonds de tendances, puisque vous y retrouverez, entre autres, des titres de ces trois secteurs.

Se simplifier la vie : les fonds indiciels

Souvenez-vous de la question posée un peu plus tôt : votre fonds bat-il l'indice? La majorité des fonds ne battent pas l'indice. Alors pourquoi chercher ailleurs? En fait, ce type de fonds est très populaire aux États-Unis. Pas étonnant puisque les gestionnaires américains battent moins souvent l'indice que ne le font les gestionnaires canadiens. Ces fonds reproduisent le contenu des indices. Pour vous donner une idée de ce que vous obtiendrez si vous achetez un fonds indiciel, regardez à nouveau le tableau 18 (p. 107). Beaucoup de fonds indiciels utilisent des produits dérivés afin de reproduire les indices voulus. Le marché se développe. La Banque Toronto Dominion et la CIBC sont les spécialistes des fonds indiciels au Canada.

La gestion de tels fonds est passive, mais les rendements étaient plus que respectables jusqu'à ce que le marché boursier subisse une baisse importante l'été dernier. Il faut quand même faire attention. L'indice est souvent plus risqué qu'un fonds particulier. D'ailleurs, les fonds d'actions canadiennes ont tendance à moins baisser durant une correction parce qu'ils gardent toujours une encaisse. Il n'y a pas si longtemps, les frais de gestion étaient élevés, ce qui éloignait les investisseurs. Depuis un an ces mêmes frais ont baissé, d'où un certain engouement.

Rechercher le juste milieu : les fonds équilibrés

Dernière catégorie, mais non la moindre. La popularité des fonds équilibrés s'est accrue depuis le début de l'année. Un fonds équilibré allouera le capital entre les actions, les obligations et les titres à très court terme, comme les bons du Trésor. Une forme de combinaison de fonds d'actions, de fonds d'obligations et de fonds du marché monétaire. Le problème, c'est que la répartition est vraiment différente d'un fonds à l'autre. Certains fonds équilibrés ont une pondération importante en actions, d'autres favorisent les obligations alors que les plus conservateurs misent sur les bons du Trésor. Cette différence au niveau de la composition rend la catégorie difficile à évaluer, puisque l'échantillon des fonds équilibrés révèle d'importantes différences au niveau de la composition. Il est pratiquement impossible de construire un indice risque-rendement pour ce type de fonds tellement la variance est grande. Comparativement aux fonds d'actions, ils sont moins risqués.

Nous pensons que ces fonds conviennent aux investisseurs qui n'ont jamais investi dans un fonds commun de placement et qui sont prêts à tenter l'aventure sans trop s'aventurer...

Voici la répartition type d'un fonds équilibré en date du 30 septembre 1998.

Tableau 21

**Fonds équilibrés canadiens :
répartition type par principale catégorie d'actif**

Catégorie	Pondération
Encaisse	14,20 %
Obligations canadiennes	34,66 %
Actions canadiennes	36,16 %
Actions étrangères	9,77 %

Source : PALTrak, données du 30 septembre 1998.

L'investisseur peut également opter pour les fonds équilibrés internationaux. Non seulement répartissent-ils les sommes investies par catégorie d'actif, mais vous pouvez également bénéficier des bienfaits de la répartition géographique. Nous estimons que ces fonds demeureront attrayants au cours de la prochaine année. Ils pourraient bénéficier d'une baisse mondiale des taux d'intérêt et d'une reprise des marchés boursiers. C'est une catégorie intéressante et méconnue.

On doit distinguer deux approches de gestion en ce qui concerne les fonds équilibrés : l'approche stratégique et l'approche tactique.

L'approche stratégique

Un gestionnaire qui utilise l'approche stratégique modifiera son portefeuille à moyen terme afin de profiter ou de se protéger des fluctuations économiques anticipées. Environ 80 % des fonds équilibrés utilisent cette approche.

L'approche tactique

Dans ce cas, on modifie la répartition d'actif à court terme et à moyen terme afin de profiter ou de se protéger des changements de la conjoncture économique. La gestion tactique est plus active que la gestion stratégique.

Ce que l'investisseur doit savoir

Chapitre VII

Des portefeuilles types pour votre stratégie d'investissement

On vous a présenté les catégories de fonds. On vous a parlé de risque et de rendement. Vous en avez appris un peu plus sur les frais de courtage. Bref, vous êtes presque prêt à faire votre sélection. Cependant, vous vous dites : de quelle façon dois-je construire mon portefeuille? Après tout, on peut bien vous présenter un menu et faire des suggestions mais reste que vous aimeriez bien qu'on vous indique quelques grandes lignes générales et même que l'on vous fasse quelques suggestions. C'est ce que nous allons tenter de faire dans ce chapitre. Chaque cas est différent et, au bout du compte, ce sont des milliers de portefeuilles qu'il faudrait élaborer. Nous avons essayé de respecter deux critères importants mentionnés un peu plus tôt : l'âge et le niveau de tolérance face au risque. Avant de présenter des portefeuilles fictifs, voici quelques grands principes qui sous-tendent une stratégie d'investissement orientée vers les fonds communs de placement.

Le long terme est rentable

Si vous achetez des fonds communs de placement, il doit s'agir d'un placement à long terme. Le *market timing* est une stratégie perdante. Bien peu d'investisseurs ont réussi à obtenir des performances satisfaisantes avec une telle stratégie. Il faut savoir encaisser quelques coups durs. L'indice TSE 300 a perdu environ 30 % de sa valeur entre son haut du 22 avril 1998 et la fin d'août 1998. La panique produit toujours des résultats désagréables. Pour utiliser un cliché, les investisseurs achètent haut et vendent bas. Ceux qui ont paniqué s'en sont mordu les doigts, puisque, deux mois plus tard, le marché avait progressé de 12 %. Bien sûr les gestionnaires font des ajustements de portefeuille, mais la plupart d'entre eux ne passent pas leur temps à essayer de prédire les fluctuations économiques. En investissant pour le long terme, vous vous fixez des objectifs et vous vous en tenez à une stratégie qui permet de rencontrer ces objectifs.

La diversification : un principe de base

À plusieurs reprises dans ce guide, on vous a parlé de diversification. *Diversifier signifie ne pas mettre tous ses oeufs dans le même panier.* C'est une évidence que l'on doit s'approprier. Les fonds communs de placement vous permettent d'avoir accès à plusieurs catégories d'actif, à plusieurs régions du monde et même à plusieurs styles de gestion. Pourquoi ne pas en profiter? La diversification réduit votre niveau de risque tout en maintenant votre rendement potentiel. Ce principe s'applique aussi pour un investissement dans votre REER. Malgré les limites imposées par le gouvernement fédéral, il est possible d'investir une partie de sa contribution à l'étranger. Lorsque vous investissez dans un fonds d'actions canadiennes par exemple, demandez au courtier quel est le contenu étranger du portefeuille. Un gestionnaire d'actions canadiennes peut investir jusqu'à 20 % du portefeuille à l'étranger, d'une certaine façon ceci lui permet de diversifier. Même si les marchés financiers sont de plus en plus intégrés, il est faux de prétendre que chaque région du globe et que chaque secteur de notre économie se comporte de façon identique. C'est pourquoi l'investisseur sera en mesure de profiter des bienfaits de la diversification.

Baisser votre coût moyen ou profiter des aubaines quand elles passent

Nous le répétons : il est impossible de prédire les hauts et les bas du marché. En investissant régulièrement, vous serez en mesure de profiter des baisses du marché lorsqu'elles se produisent en ajoutant des parts de fonds communs de placement à votre portefeuille. On dit alors que cela vous permet de baisser votre coût moyen. À long terme, et nous avons déjà mentionné qu'il faut investir pour le long terme, cette stratégie s'avérera payante surtout en ce qui a trait aux fonds d'actions. On le sait, les actions offrent un rendement plus intéressant à long terme que les autres classes d'actif.

Le rendement après impôt

Vaut mieux payer des impôts plus tard que tout de suite. Si vous investissez dans des fonds qui ont une efficacité fiscale plutôt faible, faites-le dans le cadre d'un compte REER. Voici un exemple bien simple. Vous avez acheté des parts de deux fonds communs de placement. Le premier verse des distributions alors que le gestionnaire du second a adopté une stratégie *Buy and Hold*. Un investisseur qui achète des parts du premier fonds hors-REER et des parts du second fonds à l'intérieur de son REER aura un rendement après impôt inférieur à celui de l'investisseur qui opte pour la stratégie inverse.

Les portefeuilles types

Bon, nous y voilà. Notre but n'est pas de faire une analyse poussée de répartition d'actif. Nous voulons faire quelques suggestions. Les portefeuilles sont définis en termes de trois grandes catégories d'actif, soit l'encaisse, les obligations et les actions. Pour chaque répartition nous allons suggérer des catégories de fonds communs qui peuvent vous permettre de reproduire le portefeuille type. Nous avons divisé nos portefeuilles types en deux groupes. Le premier groupe présente des suggestions pour ceux qui investissent dans leur REER alors que le second groupe conviendra davantage à ceux qui désirent investir à l'extérieur de leur REER. Pour chaque catégorie d'âge, nous suggérons un portefeuille type. *Dans chaque catégorie d'âge, les investisseurs plus conservateurs doivent augmenter la pondération en obligations et diminuer la pondération en actions. Pour les investisseurs plus téméraires, il faut diminuer la pondération en obligations et augmenter la pondération en actions.*

Tous nos portefeuilles REER profitent de la possibilité d'investir 20 % à l'étranger soit en actions et/ou en obligations. Nos catégories d'âge sont les suivantes :

• Milieu de la vingtaine
• Milieu de la trentaine
• Milieu de la quarantaine
• Milieu de la cinquantaine
• 60 ans et plus

Pour ceux qui investissent dans leur REER

L'investisseur du milieu de la vingtaine

Catégorie	Répartition
Encaisse et obligations canadiennes à court terme	5 %
Obligations canadiennes	5 %
Actions canadiennes	70 %
Obligations internationales	0 %
Actions étrangères	20 %

L'investisseur du milieu de la trentaine

Catégorie	Répartition
Encaisse et obligations canadiennes à court terme	5 %
Obligations canadiennes	15 %
Actions canadiennes	60 %
Obligations internationales	0 %
Actions étrangères	20 %

L'investisseur du milieu de la quarantaine

Catégorie	Répartition
Encaisse et obligations canadiennes à court terme	5 %
Obligations canadiennes	20 %
Actions canadiennes	55 %
Obligations internationales	5 %
Actions étrangères	15 %

L'investisseur du milieu de la cinquantaine

Catégorie	Répartition
Encaisse et obligations canadiennes à court terme	10 %
Obligations canadiennes	25 %
Actions canadiennes	45 %
Obligations internationales	10 %
Actions étrangères	10 %

L'investisseur de 60 ans et plus

Catégorie	Répartition
Encaisse et obligations canadiennes à court terme	15 %
Obligations canadiennes	30 %
Actions canadiennes	35 %
Obligations internationales	10 %
Actions étrangères	10 %

Le pourcentage obligations et encaisse tient compte du fait que certains fonds d'actions détiennent déjà de l'encaisse et parfois des obligations. Les investisseurs détiennent un peu plus d'encaisse qu'ils ne le pensent, puisque les fonds d'actions ont toujours un pourcentage d'encaisse, ne serait-ce que pour faire face aux possibilités de rachat. La règle du 64 % — celle du contenu minimal canadien — s'applique lorsque votre portefeuille REER est constitué de parts de fonds communs de placement. Cette règle implique que si vous investissez 1 000 dollars, vous pouvez investir 80 % du

Des portefeuilles types

montant dans un fonds canadien (d'actions ou d'obligations) et 20 % dans un fonds étranger. Mais n'oublions pas ce fait complémentaire : du 80 % que vous avez investi dans un fonds canadien (d'actions ou d'obligations), le gestionnaire peut en prélever 20 % pour l'investir à l'extérieur du Canada. La formule suivante va vous aider :

Formule 16

Le contenu étranger maximal du REER

> ## Contenue étranger maximal du REER =
> ## 20 % + (20 % x 80 %) = 36 %

Évidemment, 100 % - 36 % = 64 %, d'où le nom de la règle du contenu minimal canadien.

Pour ceux qui investissent à l'extérieur du REER

Avant de présenter les portefeuilles, une remarque s'impose. Le marché canadien ne représente que 3 % de la capitalisation boursière mondiale. Ce n'est donc pas étonnant que les pondérations suggérées en actions canadiennes soient relativement faibles. Après tout, pour bénéficier pleinement de la diversification de vos investissements, il faut profiter de toutes les opportunités offertes.

L'investisseur du milieu de la vingtaine

Catégorie	Répartition
Encaisse et obligations canadiennes à court terme	5 %
Obligations canadiennes	5 %
Actions canadiennes	10 %
Obligations internationales	15 %
Actions étrangères	65 %

L'investisseur du milieu de la trentaine

Catégorie	Répartition
Encaisse et obligations canadiennes à court terme	5 %
Obligations canadiennes	10 %
Actions canadiennes	10 %
Obligations internationales	15 %
Actions étrangères	60 %

L'investisseur du milieu de la quarantaine

Catégorie	Répartition
Encaisse et obligations canadiennes à court terme	5 %
Obligations canadiennes	10 %
Actions canadiennes	15 %
Obligations internationales	20 %
Actions étrangères	50 %

L'investisseur du milieu de la cinquantaine

Catégorie	Répartition
Encaisse et obligations canadiennes à court terme	10 %
Obligations canadiennes	15 %
Actions canadiennes	10 %
Obligations internationales	25 %
Actions étrangères	40 %

L'investisseur de 60 ans et plus

Catégorie	Répartition
Encaisse et obligations canadiennes à court terme	10 %
Obligations canadiennes	25 %
Actions canadiennes	15 %
Obligations internationales	25 %
Actions étrangères	25 %

Des portefeuilles types

Comment reproduire les portefeuilles types : combiner des fonds communs de placement

Voici maintenant comment vous pouvez reproduire ces portefeuilles avec des fonds communs de placement. En consultant la deuxième partie du guide, vous y trouverez de nombreuses suggestions. Plus vous êtes âgé, plus les fonds monétaires et les fonds d'obligations prendront de l'importance. *Si vous détenez déjà des obligations et des actions, vous devez alors ajuster les pondérations en conséquence.* Conséquemment, vous devrez y aller avec une pondération plus faible en fonds d'obligations si vous détenez déjà des obligations, et avec une pondération plus faible en fonds d'actions si vous détenez déjà des actions.

Pour obtenir De l'encaisse et des obligations à court terme,
Choisissez Un fonds monétaire et un fonds d'obligations canadiennes à court terme.

Pour obtenir Des obligations canadiennes,
Choisissez Un fonds d'obligations à moyen/long terme. L'échéance moyenne sera plus faible pour ceux qui ont une faible tolérance face au risque.

Vous pouvez aussi détenir deux fonds d'obligations canadiennes : un fonds à échéance plus courte et un à échéance plus longue.

Pour obtenir Des obligations internationales,
Choisissez Un fonds d'obligations internationales dont les obligations proviennent des pays de la Communauté européenne et des États-Unis. L'échéance moyenne sera plus faible pour ceux qui ont une faible tolérance face au risque.

Pour obtenir	Des actions canadiennes,
Choisissez	Un fonds de grandes sociétés et un fonds de petites sociétés ou un fonds d'actions canadiennes diversifiés.

Pour obtenir	Des actions étrangères,
Choisissez	Il y a beaucoup de possibilités. On s'en tiendra à ce qu'il y a de plus simple : un fonds d'actions mondiales avec une pondération d'au moins 35 % en actions américaines ou un fonds d'actions internationales et un fonds d'actions américaines.

On pourrait aussi reproduire un portefeuille type en investissant dans deux types de fonds équilibrés, soit un fonds équilibré canadien et un fonds équilibré mondial. Cependant, il est plus difficile dans ce dernier cas d'obtenir la répartition voulue.

D'autres investissements importants

Nous n'avons pas encore fait mention de deux investissements importants : l'achat d'une propriété et l'éducation. Nous savons tous que l'achat d'une maison constitue un investissement très important pour un individu, un couple ou une famille. Un bilan financier confirmera même qu'il s'agit de l'investissement le plus important. Nos stratégies et suggestions tiennent compte du fait que l'investisseur a déjà investi dans l'achat d'une propriété et que le reste de son épargne sera investi dans d'autres véhicules de placement. D'autre part, sachez qu'il est possible d'investir dans l'immobilier dans le cadre des fonds communs de placement. Vous n'achetez pas l'actif physique (duplex, triplex, immeuble, etc.) mais bien les revenus que procure cet actif physique.

Quant à l'éducation, toutes les études montrent que les travailleurs qualifiés ont des salaires plus élevés, de meilleures possibilités de promotion et un taux de chômage plus faible. En fait, c'est une forme de rendement sur le temps (années d'étude) et l'argent (frais de scolarité) investis. Sachez que vous êtes en mesure de financer les dépenses futures en éducation en investissant dès maintenant dans un régime enregistré d'épargne-études (REEE). Vous pouvez faire une contribution à un REEE en achetant des parts de fonds communs de placement tout comme vous le faites dans le cadre d'un contribution à votre REER. Les fonds communs de placement constituent un véhicule tout désigné afin de faire fructifier votre investissement et, du même coup, assurer un financement adéquat de l'éducation de vos enfants. Présentement, le gouvernement du Québec défraie environ 80 % du coût par étudiant au niveau universitaire. On prévoit que ce pourcentage diminuera dans le temps, d'où l'importance de mettre de l'argent de côté dès maintenant.

Ce que l'investisseur doit savoir

Chapitre VIII

Le contexte économique actuel

Lorsque vous choisissez un fonds commun de placement, il y a un facteur qui est primordial : le *contexte économique*. Nous savons tous que le contexte économique change continuellement. Nous pouvons identifier des tendances à long terme, mais le contexte à court terme est hautement imprévisible. Lorsque l'on vous parle de *conjoncture économique*, on vous parle plus souvent qu'autrement du contexte économique à court terme. Les firmes de gestion de portefeuilles, les grandes institutions financières et les gouvernements ont quand même besoin de faire des prévisions, puisque ces acteurs doivent prendre des décisions. On peut difficilement prédire l'évolution de l'économie à court terme, mais on peut identifier quelques tendances importantes à long terme qui affecteront d'une manière ou d'une autre la performance de vos fonds communs de placement. Nous en avons retenu deux : la *mondialisation et la démographie*. Nous avons aussi décidé de vous présenter une analyse qualitative de la conjoncture actuelle. Finalement, nous présenterons une brève analyse du comportement du marché boursier canadien lors des corrections et des reprises boursières ainsi qu'un scénario probable pour la prochaine année.

La mondialisation des économies : les tendances à long terme

Une époque nouvelle : des économies de plus en plus intégrées

La période de l'après-guerre a été caractérisée par des taux de croissance de la production nettement supérieurs à la moyenne historique. Les *trente glorieuses* (1945-1975), comme le disait si bien Jean Fourastié, ont permis aux pays industrialisés d'augmenter sensiblement le niveau de vie de leur population. La croissance économique et les gains de productivité ont ralenti chez les pays de l'Organisation de coopération et de développement économique (OCDE) depuis le milieu des années 70, mais d'autres économies ont profité à leur tour des bienfaits de la croissance économique. Il faut savoir que de 1945 jusqu'à 1973 nos économies évoluaient dans un univers de taux de change fixe. Aux accords de Bretton Woods, on a substitué un système de taux de change flexible. Ce fut probablement le signal de départ d'une intégration accrue des marchés financiers.

Nos journaux et d'autres médias font état jour après jour du phénomène de la mondialisation des marchés. La mobilité accrue du capital, mieux connue sous le nom d'*intégration des marchés financiers*, constitue un aspect important de cette mondialisation. La croissance spectaculaire du volume des échanges constitue l'autre aspect important du phénomène de cette mondialisation des économies.

La multiplication des échanges commerciaux

Nous vivons à une époque où les nouvelles technologies de l'information nous permettent de communiquer à un coût de plus en plus faible. Par analogie, vers la fin du 19ᵉ siècle et au début du 20ᵉ siècle, le développement des chemins de fer a permis la multiplication des échanges. Il y a donc une certaine suite historique dans ce que nous vivons présentement. Ce sont les deux guerres mondiales et la grande dépression qui ont ralenti cette intégration économique.

Au cours des 45 dernières années, le volume des échanges (exportations + importations) a été multiplié par 16 alors que la production mondiale était multipliée par 5. Le volume des exportations canadiennes est passé de 12 % du produit intérieur brut (PIB) à 30 % au cours de cette période. Les consommateurs achètent de plus en plus de biens étrangers, et un nombre grandissant de firmes fonctionnent à l'échelle internationale. La chute du mur de Berlin n'a fait que renforcer cette tendance.

Ce que l'investisseur doit savoir

Intégration accrue des marchés financiers

Il va sans dire que les chiffres précédents sont impressionnants. Les données disponibles au niveau de l'intégration des marchés financiers le sont tout autant, sinon plus. *Entre 1980 et 1996, le volume des transactions obligataires et boursières entre pays a augmenté en moyenne de 22 % par année. Pour la même période, le volume des transactions sur le marché des changes a aussi augmenté de 22 % par année.* D'ailleurs, la valeur quotidienne des transactions sur le marché des changes est d'environ 1 500 milliards de dollars (dollars US) par jour. Quant à l'investissement étranger, il a crû au rythme de 8 % par année comparativement à une croissance de 2,5 % par année de la production mondiale. Le contrôle des changes et le contrôle des mouvements de capitaux ont passablement diminué depuis le début des années 80.

Malgré tout, on est encore loin de l'intégration complète. Les différences entre les taux d'intérêt réels sur des obligations à long terme ayant un niveau de risque similaire persistent. La corrélation entre l'épargne et l'investissement est très forte, ce qui est contraire aux prédictions de la théorie économique des marchés financiers intégrés.

Intégration des marchés financiers et planification financière

Même si les marchés financiers sont de plus en plus intégrés, les investisseurs ne profitent pas assez des possibilités de la diversification. À long terme, cette ouverture de plus en plus grande procure des avantages intéressants. Bien sûr, certains prétendent que les performances boursières sont de plus en plus en étroite corrélation. Ils n'ont pas tort. Les performances des marchés boursiers des pays en voie de développement et celles des marchés boursiers des pays développés sont effectivement plus intimement liées (coefficient de corrélation d'environ 0,3) de nos jours, comparativement à il y a cinq ans. Malgré tout, les corrélations sont loin d'être parfaites. Burton Malkiel[9] est convaincu que l'investisseur type devrait détenir des parts d'un fonds commun de placement de marchés émergents. À tout le moins, on pourrait utiliser un substitut et investir dans des entreprises dont le marché est mondial plutôt que local.

Nous reproduisons ici un tableau de coefficients de corrélation entre le marché boursier canadien et les autres marchés boursiers du G7 pour la période 1970-1991. Plus le coefficient est élevé, plus les marchés financiers sont intégrés et plus il est difficile de diversifier. À la limite, lorsque le coefficient est égal à 1, la diversification géographique perd tout son sens.

Tableau 22

Intégration des marchés financiers et corrélations :
le Canada et les pays du G7

	États-Unis	Grande-Bretagne	France	Allemagne	Japon	Italie
Canada	0,63	0,36	0,50	0,14	0,37	0,32

Source : *Daiwa Institute of Research*, corrélations 1970-1991.

On constate sans surprise que les fluctuations des marchés boursiers canadien et américain sont en étroite corrélation. C'est normal, puisque les États-Unis constituent le plus grand partenaire commercial du Canada.

L'euro : une seule monnaie pour les Européens

Nous ne pouvons passer sous silence une transformation importante du système monétaire international, soit l'apparition d'une monnaie unique en Europe[10]. L'euro remplacera plusieurs monnaies, et, on pense qu'éventuellement il n'y aura qu'une seule monnaie en Europe. Plusieurs pays adopteront l'euro comme monnaie

[9] Burton MALKIEL et J.P. MEI, *Global Bargain Hunting*, New York, Simon & Schuster, 1998.
[10] Pour en savoir plus, on peut consulter l'ouvrage d'Yves Thibault de Silguy, *L'euro*, édition livre de poche références, collection économie, 1998, 446 pages.

Ce que l'investisseur doit savoir

en 1999. Ce ne sont pas tous les pays qui voient l'avènement de cette monnaie unique d'un bon oeil. Les Britanniques sont réticents tandis que d'autres pays craignent que dans les faits le mark allemand ne devienne l'euro. La monnaie unique réduira les coûts de transaction. Entre 30 et 40 % des obligations à l'échelle mondiale seront transigées en euro. L'euro remplacera un système de taux de change quasi fixe (Union monétaire européenne), et on se préoccupera moins des fluctuations monétaires.

Les crises financières : un rôle pour le Fonds monétaire international?

Le Fonds monétaire international (FMI) a tenté de venir à la rescousse des pays frappés par la crise monétaire et financière qui sévit en Asie, en Russie et au Brésil. Le FMI agit comme un prêteur de dernier recours, c'est-à-dire qu'il prête de l'argent lorsque plus personne ne veut en prêter. Son rôle est important, mais son intervention ne peut être que limitée étant donné l'ampleur des problèmes. Plusieurs pensent que la mobilité accrue du capital fait en sorte que les efforts du FMI ne sont qu'un cataplasme. D'autres signalent qu'en venant à la rescousse des institutions en difficulté le FMI les encourage à se comporter de la même manière, puisque ces institutions se disent qu'il y aura toujours quelqu'un pour ramasser les pots cassés.

Le situation est très complexe, nous en convenons. Nous pensons qu'un banquier de dernier recours demeure une institution essentielle. Nous pensons également qu'un contrôle des changes n'aura pas l'effet escompté (celui de limiter la mobilité des capitaux), car il serait facile avec les moyens de communication en place d'éviter ce contrôle. Plus que jamais, la coordination des politiques économiques aura un rôle important à jouer.

La démographie : son impact à long terme

Dans un ouvrage fascinant[11], les gestionnaires de portefeuille William Sterling et Stephen Waite font l'affirmation suivante : « Si j'avais à disparaître dans un coin perdu de la planète pendant 10 ans, sans aucune source d'information, je m'assurerais d'avoir l'information sur les tendances démographiques avant de partir ». La démographie n'explique pas tout, mais elle explique beaucoup de choses. Les cycles économiques ne disparaîtront pas. Il y aura à nouveau des récessions et des phases d'expansion économique. Ainsi, au cours des prochaines années, l'effet *baby boomer* se fera ressentir. Mais qui sont ces fameux *baby boomers* et pourquoi auront-ils un si grand impact sur le marché boursier? Voilà deux questions intéressantes, et nous allons tenter d'y répondre dans les lignes qui suivent.

Les *baby boomers* : qui sont-ils?

La grande dépression et la deuxième guerre mondiale avaient entraîné une forte diminution du taux de natalité. Les *baby boomers* sont les enfants de l'après-guerre. On ne s'entend pas sur une définition exacte, mais on parle ici d'un groupe d'individus nés entre 1945 et 1960. Certains diront de 1945 à 1964 en mentionnant que les derniers venus ont été moins favorisés par le marché du travail que les premiers. Toujours est-il que ce groupe constitue un peu plus du quart de la population nord-américaine et qu'il occupe dans bien des cas les postes-clés tant dans les entreprises privées que dans les institutions publiques. L'influence du nombre se fait sentir dans différents secteurs de notre économie et se prolongera pendant un bon bout de temps. C'est là son importance.

Nous ne voulons pas nous lancer dans une longue discussion qui analysera chacun des secteurs de notre économie. Nous voulons simplement identifier l'impact de cet effet démographique sur la valeur de vos fonds communs de placement à long terme.

[11] William STERLING et Stephen WAITE, *Boomernomics*, New York, Random House, 1998, 218 pages

Les *baby boomers* : impact sur l'épargne et sur le marché boursier

S'il y a une chose qui distingue les Nord-Américains des autres citoyens de la planète, c'est leur préférence pour le présent. Or, épargner signifie sacrifier la consommation présente en retour d'une consommation future. Nous ne sommes pas prêts à faire ce sacrifice autant que d'autres sociétés. Les Européens et les Asiatiques ont des taux d'épargne plus élevés. Nous devons faire appel à l'épargne étrangère plus souvent que les autres pays afin de combler nos besoins d'investissement. Cependant, les *baby boomers* entrent dans une période de leur vie où ils commencent à augmenter leur épargne. Des milliards et des milliards de dollars de nouvelle épargne. Résultat : le marché boursier sera le récipiendaire de sommes importantes. La demande de titres va augmenter et, quand la demande augmente, le prix augmente. Plusieurs pensent que l'effet *baby boomer* supportera le marché boursier pendant une bonne vingtaine d'années. C'est évidemment une prédiction, mais on peut comprendre que les familles de fonds communs de placement ne veulent pas regarder le train passer et que les planificateurs financiers tentent de profiter de cette nouvelle clientèle.

Il faut aussi être conscient que, lorsque cet effet s'estompera, on pourrait assister à un renversement majeur. Si les *baby boomers* achètent des actions et des parts de fonds communs de placement, c'est pour les revendre un jour. Après tout, ceux-ci voudront bénéficier des rendements obtenus sur leur épargne. Lorsqu'ils vendront, l'offre d'actions augmentera et le prix diminuera. Un marché baissier s'ensuivra.

Les secteurs à surveiller : la santé

Vaut mieux être pauvre et en santé que riche et malade, dit le vieux dicton. Toujours est-il que la demande pour les soins de santé ira en augmentant. Quiconque suit un peu l'actualité politique et économique au Québec réalise que la question de la santé est sur toutes les lèvres. Les *baby boomers* vont contribuer à augmenter la demande pour les soins de santé et les nouveaux médicaments. Vous vous souvenez de l'époque où l'on construisait des écoles ? Elles ont été construites parce qu'il y avait un nombre d'écoliers de plus en plus grand. Qui étaient ces écoliers ? Les *baby boomers* lorsqu'ils étaient enfants. Qui a bénéficié de cette forte demande ? Le secteur de la construction bien entendu.

Pas besoin de modèle économique élaboré pour comprendre que les entreprises du secteur de la santé bénéficieront de l'effet *baby boomer*. Un fonds du secteur de la santé : ça vous tente ?

Les secteurs à surveiller : produits de consommation

Ici on doit être prudent. Ce ne sont pas tous les sous-secteurs du secteur des produits de consommation qui en bénéficieront, mais plutôt les secteurs des biens et services qui aideront nos *baby boomers* à occuper leur temps de loisir. D'autant plus que certains d'entre eux pourraient prendre une retraite anticipée. Il s'agit de bien identifier les préférences des *baby boomers*. Seront-ils de grands voyageurs ? Y aura-t-il un plus grand nombre de golfeurs ? Se transformeront-ils en jardiniers ? Loisir rime avec plaisir, c'est ce qu'on doit retenir.

Les secteurs à surveiller : les services financiers

Vers qui nos *baby boomers* vont-ils se tourner quand ils commenceront à épargner davantage pour leurs vieux jours ? Vous aurez sans doute compris que les courtiers, compagnies d'assurances et planificateurs financiers tenteront de profiter de cette manne. Nous pensons que les familles de fonds communs de placement pourraient

Ce que l'investisseur doit savoir

être les grandes gagnantes au cours des prochaines années. Les *baby boomers* participent et participeront en plus grand nombre au marché boursier. Leur tolérance face au risque semble être un peu plus forte que celle des investisseurs des générations précédentes. Pas étonnant que les fonds de tendances démographiques attachent une grande importance au secteur des services financiers.

Les secteurs à surveiller : la haute technologie

Les *baby boomers* n'utilisaient pas les ordinateurs quand ils étaient jeunes, mais plusieurs les ont apprivoisés. L'effet favorisant le secteur de la haute technologie ne vient pas nécessairement de la demande accrue de produits informatiques, mais bien du fait que l'on substitue de plus en plus le capital au travail. Lorsque les *baby boomers* commenceront à quitter le marché du travail, la demande pour l'équipement de haute technologie capable de remplacer ces travailleurs augmentera parce que la génération suivante ne pourra remplacer tous les gens qui prendront leur retraite. Ce sera d'autant plus vrai si les plus jeunes n'ont pas les qualifications requises lorsque viendra le temps de remplacer les plus vieux.

Le Canada et la conjoncture économique

À quoi doit-on s'attendre au cours des prochains mois, de la prochaine année? Nul doute que si nous étions en mesure de prédire avec exactitude ce qui va survenir au cours des prochains mois nous pourrions devenir très riches. Voici donc quelques prédictions.

Croissance anticipée : pas de récession à l'horizon

Les dernières prévisions de la Banque Toronto Dominion et du Fonds monétaire international confirment le ralentissement de la croissance mondiale. On anticipe un taux de croissance de la production mondiale de l'ordre de 2 % pour 1999. Le tableau suivant reproduit quelques prédictions quant aux taux de croissance anticipés au cours de la prochaine année. Il s'agit d'une moyenne pondérée de différentes prévisions.

Tableau 23

Prévisions des taux de croissance

Pays	Taux de croissance 1998	Taux de croissance 1999
Canada	3,0 %	2,1 %
États-Unis	3,4 %	1,9 %
Allemagne	2,6 %	2,2 %
Grande-Bretagne	2,3 %	0,8 %
France	2,9 %	2,4 %
Japon	-2,3 %	-0,2 %
Italie	1,8 %	2,3 %
Suède	2,9 %	2,6 %
Suisse	2,0 %	1,8 %

Source : *The Economist*, octobre 1998.

La croissance économique ralentira en 1999. Il faut noter que les chiffres de 1998 masquent le ralentissement des derniers trimestres. Nous pensons qu'il est peu probable que le Canada entre dans une phase de récession en 1999. Par contre, un ralentissement plus prononcé de l'économie américaine se traduirait par une baisse du taux de croissance de la production au Canada.

Les taux d'intérêt et le taux de change

Nous pensons que les taux d'intérêt diminueront légèrement. Le responsable de la Réserve fédérale aux États-Unis, Alan Greenspan, interviendra probablement au moindre signe de ralentissement en baissant les taux d'intérêt américains, et la Banque du Canada suivra le mouvement si tel est le cas. Le dollar canadien pourrait reprendre de la vigueur, mais c'est loin d'être sûr. Tant et aussi longtemps que les économies asiatiques n'auront pas retrouvé le chemin de la croissance, le dollar canadien ne pourra s'apprécier de façon considérable.

Ce que l'investisseur doit savoir

Soit dit en passant, une baisse soutenue des taux d'intérêt aura un effet plus prononcé sur le marché obligataire et sur le marché boursier qu'une baisse soudaine. Si les taux d'intérêt baissent graduellement, les détenteurs de parts de fonds d'obligations en bénéficieront à coup sûr. Cette baisse devrait aussi aider le marché boursier, car les titres de plusieurs entreprises pourraient devenir attrayants pour les investisseurs et pour les gestionnaires de porte-feuille.

L'inflation

L'inflation est à peine présente dans notre économie. On anticipe un taux d'inflation d'environ 1,5 % pour 1999 au Canada. Tant et aussi longtemps que l'inflation se situera à ce niveau (incidemment, en bas de la moyenne historique), les taux d'intérêt resteront bas. Mais les taux d'intérêt réels (taux d'intérêt - inflation) restent tout de même assez élevés.

Le déficit

Le déficit, quel déficit nous direz-vous? Le ministre des Finances, Paul Martin, a sous-estimé les surplus à venir. Bien entendu, une récession viendrait tout chambarder. Reste qu'au moment d'écrire ces lignes on se dirige vers un surplus budgétaire d'une dizaine de milliards de dol-lars. Pour l'instant, le ministre est peu tenté de réduire l'impôt sur le revenu. Compte tenu de la faible progression des salaires au cours des 10 dernières années, le revenu réel après impôt a diminué pour bon nombre de citoyens. Espérons tout de même que l'on réduira le fardeau fiscal des ménages dans un avenir rapproché.

La crise asiatique et la conjoncture économique

Il nous faut parler un peu de la crise asiatique, car elle affecte l'économie mondiale. De plus, le risque de récession mondiale est intimement lié à ce qui va se passer au Japon et dans la région du Pacifique au cours des prochains mois.

Diagnostic et contagion?

Ce qui semblait une crise locale s'est finalement étendu à toute la région. Lorsque la Thaïlande a dévalué sa monnaie au début de juillet 1997, plusieurs étaient loin de s'attendre à ce que d'autres pays soient emportés dans la tourmente. Dévaluations, hausse vertigineuse des taux d'intérêt, faillites de grandes entreprises, crise du système bancaire, bref, c'est un portrait plutôt sombre.

Le modèle asiatique tant vanté n'a plus la faveur. En fait, nous sommes passés d'un extrême à l'autre, et il a fallu commencer à remettre les pendules à l'heure. D'abord, on a surestimé la performance de plusieurs de ces pays en utilisant l'expression miracle asiatique. Si les taux de croissance ont été impressionnants, c'est parce que ces pays ont beaucoup investi en équipement, en infrastructure et en éducation. Tôt ou tard, ça devait arriver : on ne pouvait continuer à croître à un tel rythme. Il est également faux de prétendre que le modèle ne vaut plus rien, car on a tout de même développé une expertise dans plusieurs secteurs, et le niveau d'éducation de la population dans plusieurs pays a progressé de façon remarquable. De plus, force est d'admettre que d'importantes différences culturelles font en sorte qu'on ne peut prévoir une transition vers un modèle nord-américain.

Mais pourquoi une telle crise? Notre explication tient en deux mots : mauvais projets. On a financé trop de projets non rentables, et ce n'était qu'une question de temps avant que la situation ne devienne explosive. La rentabilité des entreprises s'en est trouvée affectée, et, comme les banques avaient financé les projets, elles ont plongé avec les entreprises. De plus, les entreprises avaient emprunté en dollars américains alors que leurs revenus étaient en monnaie locale, ce qui a accentué la crise. Ce n'est pas une crise des finances publiques qui a causé la perte de ces économies, mais bien l'endettement et les mauvaises décisions des sociétés privées.

Ce que l'investisseur doit savoir

Cet état de chose nous amène à la deuxième question : qu'est-ce qui a causé la contagion? Nous pensons que la cas thaïlandais a sonné la fin de la récréation. Plusieurs investisseurs se sont mis à regarder autour et ont constaté une situation similaire dans d'autres pays (Malaisie, Indonésie, Corée et même Hong Kong). En réestimant les risques à la hausse, ces investisseurs ont retiré leur mise, et les monnaies locales sont devenues mûres pour des attaques spéculatives. Ces attaques spéculatives ont entraîné d'importantes dévaluations, de fortes hausses de taux d'intérêt et, conséquemment, des faillites et le début de récessions. Tout ça est très technique. Retenez ceci : l'Asie va s'en sortir, mais ce sera long.

Le Japon

Décembre 1989, l'indice Nikkei vient d'atteindre les 40 000 points. Les rendements du marché boursier japonais dépassent ceux des autres pays industrialisés. C'est le triomphe du modèle japonais. Septembre 1998, le Nikkei glisse sous la barre des 14 000 points : on ne parle plus de récession dans certains milieux, mais de dépression.

Les taux d'intérêt sont tellement bas au Japon qu'on ne peut penser que la politique monétaire relancera l'économie japonaise. Le problème est beaucoup plus profond. Le système financier japonais est vulnérable à d'autres faillites bancaires, et le gouvernement japonais n'a pas convaincu les investisseurs de la crédibilité de son programme de redressement. Ce ne sont pas toutes les entreprises japonaises qui sont en difficulté. En effet, celles qui exportent s'en tirent mieux que les autres. L'économie mondiale a besoin d'une relance au Japon. Si la situation se détériore, le risque de récession mondiale augmentera définitivement. Le Japon doit réformer son système bancaire, et les entreprises japonaises, sans se comporter comme les entreprises américaines, devront tout de même augmenter le rendement sur l'avoir des actionnaires.

Le marché boursier canadien

Le marché boursier canadien a été éclipsé par le marché boursier américain au cours des dernières années. En date du 30 septembre 1998, le rendement annuel composé de l'indice Standard & Poors 500 au cours des 10 dernières années est de 20 % contre 8,5 % pour l'indice TSE 300. Cette différence tient compte de la dépréciation du dollar canadien. Nous allons nous intéresser à deux sujets : la récente correction boursière et les perspectives du marché boursier canadien pour l'année qui vient.

Les corrections et les reprises boursières

La dernière correction (été 1998) a fait reculer l'indice TSE 300 d'environ 30 %. Au moment d'écrire ces lignes, le rattrapage était bien amorcé. En effet, l'indice TSE 300 a progressé de 19 % depuis le creux du début de septembre. Le tableau montre l'ampleur des corrections au cours des quarante dernières années ainsi que les rendements de l'indice dans l'année qui suit la correction.

Tableau 24

Les corrections boursières

Début	Fin	Rendement de l'indice TSE 300	Rendement du TSE 300 l'année suivante
1957-05	1957-12	-26,9 %	31,2 %
1959-07	1960-07	-14,6 %	38,6 %
1961-12	1962-09	-16,4 %	23,3 %
1966-01	1966-09	-15,1 %	25,8 %
1969-05	1970-06	-25,4 %	27,5 %
1973-10	1974-12	-33,1 %	18,5 %
1981-06	1982-06	-39,2 %	86,9 %
1983-12	1984-07	-14,4 %	34,6 %
1987-07	1987-11	-25,4 %	14,5 %
1989-08	1990-10	-19,9 %	18,6 %
1998-04	1998-09	-32,0 %	à venir

Source : Société Valorem, octobre 1998.

Ce que l'investisseur doit savoir

Attention lorsque vous comparez les baisses aux hausses. Si un fonds baisse de 10 %, il vous faut une hausse de plus de 10 % pour revenir à la case départ. C'est que la hausse est calculée à partir du nouveau prix, qui lui est plus bas. Prenons l'exemple des fonds d'actions canadiennes de petites sociétés qui ont reculé d'environ 30 % au cours de la dernière année. Si vous aviez investi 1 000 dollars, vos parts ne valaient plus que 700 dollars. Quelle est l'augmentation en pourcentage qui vous permettra de revenir à 1 000 dollars? Ce n'est pas 30 %, car 30 % de 700 dollars signifie 210 $. Or, il vous manquerait 90 dollars. Vous avez besoin d'une augmentation de 43 %. Comment calculer l'augmentation nécessaire?

Formule 17

Pourcentage d'augmentation nécessaire pour rattraper un pourcentage de baisse donné

$$\text{Augmentation nécessaire en pourcentage} = \left[\frac{\text{baisse (\%)}}{(100\ \% - \text{baisse (\%)})} \right] \times 100\ \%$$

$$\text{Exemple :} \left[\frac{30\ \%}{(100\ \% - 30\ \%)} \right] \times 100\ \% = 43\ \%$$

Comment les différents secteurs de notre économie se comportent-ils durant les corrections et les reprises boursières? Le tableau 25 nous permet d'en apprendre un peu plus. On y identifie la probabilité qu'un secteur produise un rendement supérieur à l'indice durant une correction et la probabilité qu'un secteur performe mieux que l'indice lors d'une reprise.

Tableau 25

**Comportement des différents secteurs pendant une
correction et une reprise boursière**

Secteur	Probalité d'un rendement supérieur durant	
	une correction	une reprise
Métaux précieux	70 %	30 %
Mines et métaux	20 %	70 %
Pétrole et gaz	30 %	30 %
Produits forestiers	60 %	30 %
Produits de consommation	80 %	70 %
Produits industriels	40 %	70 %
Immobilier	30 %	60 %
Transport	60 %	40 %
Pipelines	80 %	60 %
Services publics	90 %	20 %
Communications	70 %	70 %
Commerce de détail	40 %	90 %
Services financiers	50 %	80 %
Conglomérats	30 %	60 %

Source : Valorem, octobre 1998.

Le secteur des produits de consommation a ceci de particulier :
son indice baisse moins durant une correction et augmente plus
durant une reprise. Quant au secteur pétrole et gaz, il a tendance à
reculer davantage durant une correction et à moins augmenter
durant une reprise. Il faut faire attention : une reprise est associée à
une période d'environ quatre à douze mois.

Perspectives

Le scénario le plus probable pour la prochaine année devrait se
traduire par une hausse modérée de l'indice TSE 300.

Ce que l'investisseur doit savoir

Nous avons mentionné que l'économie avait ralenti et que l'on entrevoit un taux de croissance inférieur à l'échelle mondiale pour l'année 1999 comparativement à 1998, mais une récession mondiale nous semble peu probable à ce stade-ci. Combinons cet important facteur à une baisse potentielle des taux d'intérêt, à un taux d'inflation nettement en bas de la moyenne historique et à des finances publiques en meilleure santé. Fin octobre 1998, le TSE 300 se situe à 6 200 points. Vers la fin de 1999, vous devriez alors voir l'indice TSE 300 osciller autour des 7 000. C'est une prédiction, évidemment.

Chapitre IX

Où se situe le Québec dans l'industrie des fonds communs de placement?

Un marché particulier

Saviez-vous que la Société Altamira a vu le jour à Montréal en 1969? Saviez-vous que le plus gros fonds au Canada, Templeton Croissance, a aussi vu le jour à Montréal en 1954? Contrairement à ce que plusieurs prétendent, l'industrie des fonds communs de placement a des racines au Québec.

On sait que la Caisse de dépôt et placement du Québec gère l'épargne des Québécois et que l'actif sous gestion s'élève à environ 60 milliards de dollars. On admettra que c'est un chiffre impressionnant. Comme nous l'avons déjà mentionné, les Québécois ont investi environ 50 milliards de dollars dans les fonds communs de placement. Cependant, les Québécois y investissent moins que les autres Canadiens : avec 24 % de la population, le Québec s'accapare 15 % de la valeur des sommes investies dans les fonds communs de placement au Canada. D'où l'objectif de rattrapage. Les représentants de l'industrie l'ont bien compris.

Les budgets de publicité ont beaucoup augmenté au cours de la dernière campagne REER. La Caisse de dépôt et placement prévoit des hausses annuelles de 25 % au cours des cinq prochaines années, ce qui amènerait l'actif à plus de 150 milliards d'ici l'an 2003. Autrement dit, l'actif pourrait tripler au cours de cette période. Nul doute que les familles de fonds tenteront de profiter de cette manne. Pour réussir à long terme, elles devront comprendre que le marché est différent. Plusieurs d'entre elles l'ont déjà compris en établissant des bureaux au Québec. La Société Elliot and Page devrait avoir transféré des gestionnaires de Toronto à Montréal au début de 1999.

Des milliards de dollars investis dans des dépôts à terme viendront à échéance au cours des prochaines années. On rapporte déjà une croissance plus qu'intéressante des ventes au Québec chez plusieurs familles de fonds. Approximativement 16 % de l'actif sous gestion de la Société Mackenzie provient du Québec, et cette proportion a doublé au cours des 10 dernières années. Le Québec représente 15 % de l'actif sous gestion de la Société Fidelity au Canada. Depuis le début de l'année 1998, le marché québécois a été responsable de 19 % des nouvelles ventes de Fidelity au Canada.

Les Canadiens sont plus conservateurs que les Américains dans leurs décisions de placement. Jusqu'à maintenant les Québécois ont été parmi les plus conservateurs des investisseurs canadiens, mais les choses changent. Le marché québécois n'est pas homogène. Les particularités régionales sont importantes. Ainsi M. François Pintal, vice-président aux ventes de la Société Trimark, affirme que les investisseurs de la région de Québec sont plus conservateurs que les résidents de Chicoutimi. Les anglophones de Montréal quant à eux se comportent plutôt comme les investisseurs ontariens.

Chose certaine, l'avenir apparaît prometteur pour l'industrie au Québec. L'expertise est en place tant au niveau de la gestion que de la distribution, et les investisseurs démontrent un intérêt toujours grandissant pour l'industrie des fonds communs de placement.

Qui sont les promoteurs et les gestionnaires des fonds québécois?

Ce tableau reproduit une liste publiée lors de la dernière campagne REER, et nous l'avons mise à jour pour votre bénéfice.

Ce que l'investisseur doit savoir

Tableau 26

Promoteurs et gestionnaires*

Promoteur	Gestionnaire
@rgentum Gestion et Recherche	@rgentum Gestion et Recherche
Anchorage International	Conseillers en Placement A. Lambert
Banque Scotia	Montrusco & Associés
BNP Valeurs Mobilières	RT Capital Management
Conseillers en Investissement Gentrust	Conseillers en InvestissementGentrust
Corporation des Maîtres Électriciens du Québec	Bolton Tremblay
Cote 100 Inc.	Cote 100 Inc.
CSN Bâtirente	Conseillers Financiers du St-Laurent Addenda Capital Inc.
CTI	CTI Capital
Desjardins-Laurentienne Assurances	Canagex Inc.
Fédération des Médecins Omnipraticiens du Québec	Les Placements T.A.L. Inc.
Fiducie Desjardins	Canagex Inc.
Fonds Avix	Addenda Capital Inc. Jarislowsky Fraser
Fonds des Professionnels du Québec	Fonds des Professionnels du Québec
Fonds Orbit	Magna Vista
Gestion Placement TD	AMI Associés
Gestion de Placement TPR Inc.	Gestion de Placement TPR Inc.
Gestion Financière Talvest	Les Placements T.A.L. Inc.
Industrielle Alliance	Industrielle Alliance Cie d'Assurance
La Société Financière Azura	RT Capital Management et Montrusco et Associés
Montrusco & Associés	Montrusco & Associés
Optimum Placement Inc.	Conseillers Financiers du St-Laurent
Ordre des Ingénieurs du Québec	Les Placements T.A.L. Inc.
Pierre Lapointe	Pierre Lapointe
Placement Banque Nationale Inc.	Natcan
Placements CIBC	Les Placements T.A.L. Inc.
Sogefonds Inc.	Gestion de Placement TPR Inc.
SSQ Mutuelle d'Assurance	Valorem Gestion de Placement
Standard Life	Standard Life Portfolio Management
Valorem	Valorem Gestion de Placement
Value Contrarian	Value Contrarian Asset Management

*Gestionnaire principal
Source : Services financiers de la Caisse de dépôt et placement du Québec.

Il existe un peu plus d'une trentaine de firmes impliquées dans la gestion de fonds communs de placement au Québec. Malheureusement, la valeur de l'actif géré par ces firmes ne représente que 5,62 % de la valeur de l'actif sous gestion alors que les sommes investies par les Québécois représentent environ 15 % de la valeur totale de l'actif sous gestion au Canada. Il y a donc un écart considérable entre les sommes investies et les sommes gérées au Québec. Ces chiffres corroborent ceux de Rosaire Morin dont les études ont eu une grande influence dans le milieu[12]. Nous sommes confiant de voir cette proportion augmenter dans le temps.

À noter également que nous avons exclu le Fonds de solidarité des travailleurs du Québec (F.T.Q.) de la liste. Il est difficile d'évaluer ce fonds de la même façon que l'on évalue les autres fonds. Les objectifs du fonds de la F.T.Q. sont différents des objectifs des autres fonds communs de placement. Ceci étant dit, le Fonds de solidarité joue un rôle important dans l'économie du Québec. L'actif du fonds s'élève à 2 milliards 600 millions de dollars, ce qui en ferait le 20e plus gros fonds commun de placement au Canada. Les sociétés de capital de risque sont très actives au Québec. Si le Québec a 15 % du marché des fonds communs de placement au Canada, il détient 50 % du marché de capital de risque. Il y a donc de la place pour de bons projets.

Les entreprises québécoises et la gestion des fonds communs de placement

Le tableau qui suit présente d'importantes sociétés québécoises dont les titres sont détenus par différents fonds. Nous avons relevé le nombre de fonds qui détiennent des titres de chaque entreprise. Pour être recensé, le titre doit être l'un des 15 titres principaux du fonds. Il faut comprendre qu'on retrouve les titres québécois principalement dans les fonds d'actions canadiennes.

[12] Rosaire MORIN, «La déportation québécoise : les fonds mutuels», *L´Action Nationale*, Volume LXXXVI, numéro 8, octobre 1996.

Tableau 27

La présence des fonds d'actions dans des entreprises québécoises

Entreprise	Nombre de fonds
Abitibi Consolidated	10
Aciers Leroux	2
Air Canada	11
Alcan	74
BCE (Entreprises Bell Canada)	297
Biochem Pharma	12
Bombardier	102
CAE Inc.	13
Cambior	10
CGI	28
Cognicase	5
Domtar	4
Ericsson	8
Falconbridge	11
Financière Power	44
Groupe Laperrière Verrault	2
Hartco	6
Imasco	100
Intrawest	12
Jean Coutu	8
Lassonde	2
Maax	15
Métro Richelieu	9
Molson (Les Compagnies)	10
Banque Nationale	44
Noranda Inc.	30
Northern Telecom	162
Power Corporation	54
Provigo	6
Québécor (Les Imprimeries)	18
Radiomutuel	2
San Francisco (Les Boutiques)	4
Saputo (Le Groupe)	17
SNC Lavallin	6
Téléglobe	45
Unican	15
Van Houtte	14
Velan	8
Vidéotron	11

Source : PALTrak, 31 août 1998.

Le Québec et les Fonds communs de placement

Les gestionnaires québécois détiennent plus de titres d'entreprises québécoises comparativement aux gestionnaires canadiens qui travaillent à l'extérieur du Québec. Souhaitons que ces derniers modifient leur approche au cours des prochaines années. Les fonds Dynamic sont l'exception en offrant aux investisseurs le fonds Dynamic Québec. On dit des gestionnaires qu'ils ne sont pas émotifs et qu'ils investiront dans une entreprise si celle-ci offre des possibilités intéressantes. Cependant, on constate que les gestionnaires de fonds d'actions canadiennes détiennent un pourcentage assez faible d'actions d'entreprises québécoises. Bien que l'information abonde, un certain travail de terrain s'impose et les gestionnaires auraient avantage à passer un peu plus de temps au Québec ou à engager des consultants qui pourraient les aider.

Si on compare la valeur des titres d'entreprises québécoises détenus par les fonds communs de placement au Canada, force est de constater que ce pourcentage demeure relativement faible. Il ne s'agit pas de favoriser systématiquement un type d'entreprise aux dépens d'un autre mais bien d'indiquer que de bonnes occasions d'investissement existent lorsqu'on regarde l'éventail des titres québécois et que plusieurs gestionnaires *sous-pondèrent* les entreprises québécoises dans leur portefeuille. Théoriquement, un gestionnaire n'a pas de parti pris. Théoriquement... bien entendu.

La gestion : le Québec par rapport au reste du Canada

Cette section reproduit les résultats d'une étude comparative que nous avons menée sur les fonds d'actions canadiennes, durant l'été 1998. Pendant trois semaines, le *Journal de Montréal*, sous la plume de M. Jean-Philippe Décarie, a présenté et analysé les résultats d'études portant sur des catégories importantes de fonds telles les fonds d'actions canadiennes, les fonds d'obligations et les fonds équilibrés. Le but était de comparer la performance de la gestion québécoise à celle des autres gestionnaires canadiens pour des

Ce que l'investisseur doit savoir

catégories de fonds importantes. L'étude s'est limitée aux trois dernières années, puisqu'auparavant l'échantillon des fonds gérés au Québec était trop petit. Nous nous sommes intéressé aux fonds d'actions canadiennes, et ce, pour deux bonnes raisons. D'abord, les fonds d'actions canadiennes représentent à eux seuls environ 30 % de la valeur de l'actif sous gestion. De plus, il est beaucoup plus facile de comparer les performances des gestionnaires pour cette catégorie.

Nous avons utilisé les données de PALTrak en date du 30 juin 1998. Notre échantillon comptait 320 fonds, dont 36 gérés au Québec. La valeur moyenne de l'actif sous gestion des fonds gérés au Québec s'élevait à 179 millions de dollars contre 321,6 millions de dollars pour les fonds d'actions canadiennes gérés à l'extérieur du Québec. L'échantillon montre que les frais de gestion sont inférieurs en ce qui a trait aux fonds d'actions canadiennes gérés au Québec. En moyenne ces frais s'élevaient à 1,97 % au Québec comparativement à 2,23 % pour ce qui est des fonds gérés à l'extérieur de la province. La répartition moyenne de l'actif sous gestion d'un fonds géré au Québec était la suivante : 86 % d'actions canadiennes, 7,9 % de liquidités, 3,2 % d'actions étrangères. La pondération en actions du secteur des ressources était inférieure chez les fonds gérés au Québec.

Le tableau suivant — il a été publié dans la chronique des fonds communs de placement du *Journal de Montréal* — montre que les gestionnaires québécois avaient mieux fait que leurs compatriotes canadiens au cours des trois dernières années. Les rendements sur 1 an, 2 ans et 3 ans étaient supérieurs, l'écart étant plus élevé au cours de la dernière année. Si on tient compte du fait que les gestionnaires québécois investissent moins à l'extérieur du Canada comparativement aux gestionnaires du reste du pays, cette performance est d'autant plus impressionnante, car le marché boursier canadien a produit des rendements inférieurs aux marchés boursiers américains et européens. Or, il s'avère que lorsque les gestionnaires canadiens investissent à l'étranger, c'est surtout dans ces deux régions du globe.

Tableau 28

Une comparaison des performances des gestionnaires québécois par rapport aux gestionnaires du reste du Canada

Statistique	Rendement 1 an	Rendement 2 ans	Rendement 3 ans
Moyenne des fonds gérés au Québec	20,00 %	20,19 %	20,78 %
Moyenne des fonds gérés à l'extérieur du Québec	13,30 %	15,52 %	17,96 %
Moyenne des fonds d'actions canadiennes	14,20 %	16,10 %	18,30 %
Moyenne des fonds d'actions canadiennes de grandes sociétés	17,40 %	20,50 %	19,40 %
Moyenne des fonds d'actions canadiennes de petites sociétés	9,70 %	10,20 %	17,70 %
Indice TSE 300	20,80 %	22,40 %	21,80 %
Indice Nesbitt-Burns petites sociétés	2,10 %	5,60 %	12,80 %

Les gestionnaires québécois et canadiens au cours de la dernière correction boursière

La dernière correction boursière a été importante. En fait, les mois de mai, juin, juillet et surtout le mois d'août ont fait fondre une partie de l'actif sous gestion des firmes de fonds communs de placement et des maisons de courtage. Les choses se sont replacées depuis. L'indice TSE 300 a progressé de 12 % au cours des mois de septembre et octobre 1998. Nous nous sommes intéressé à ce qui s'était passé durant ce marché baissier, car il faut l'appeler ainsi. Nous avons voulu vérifier la performance des gestionnaires québécois comparativement à celle des gestionnaires canadiens à l'extérieur du Québec.

Quelques explications avant de passer à l'analyse. Chaque tableau contient cinq statistiques. Une moyenne, une médiane qui sépare les fonds 50-50, à savoir 50 % au-dessus de la médiane et 50 % au-dessous de la médiane. Dans ce contexte, l'écart-type est une mesure de dispersion. Un écart-type élevé signifie que le rendement de plusieurs fonds s'éloigne de la moyenne autant au-dessus qu'en deçà. Le maximum est le rendement le plus élevé qu'a obtenu un fonds durant cette période alors que le minimum est le rendement le plus bas obtenu durant cette période.

Le Canada dans son ensemble

Tableau 29

Le comportement des fonds d'actions canadiennes lors du récent marché baissier*

Statistique	Rendement
Moyenne	-25,63 %
Médiane	-25,92 %
Écart-type	5,64 %
Maximum	2,27 %
Minimum	-38,40 %

*30 avril au 31 août 1998

On voit qu'en moyenne les fonds d'actions canadiennes ont reculé de près de 26 % pendant ce marché baissier. C'est un peu moins que l'indice TSE 300, qui lui a reculé de près de 30 % au cours de cette période. Le rendement d'environ 2/3 des fonds se situait entre -20 % et -31 % au cours de cette période. La meilleure performance revient au fonds canadien Protégé, géré par Jean-Pierre Fruchet. C'est un fonds défensif qui absorbe bien les chocs mais qui ne produira pas de gros rendements en marché haussier, donc un fonds peu volatil. Le fonds ayant subi les plus grosses pertes au cours de cette période aura été Cambridge Croissance de la compagnie Sagit.

Les fonds gérés par les gestionnaires du Québec et par les gestionnaires du reste du Canada

Les tableaux 30 et 31 nous permettent de comparer les performances des gestionnaires québécois à celles des gestionnaires du reste du Canada durant la baisse de marché.

Tableau 30
Le comportement des fonds d'actions canadiennes gérés par les gestionnaires du Québec lors du récent marché baissier*

Statistique	Rendement
Moyenne	-25,71 %
Médiane	-25,98 %
Écart-type	4,16 %
Maximum	-15,70 %
Minimum	-35,65 %

*30 avril au 31 août 1998

Tableau 31
Le comportement des fonds d'actions canadiennes gérés par les gestionnaires canadiens de l'extérieur du Québec lors du récent marché baissier*

Statistique	Rendement
Moyenne	-25,60 %
Médiane	-25,86 %
Écart-type	5,80 %
Maximum	2,27 %
Minimum	-38,40 %

*30 avril au 31 août 1998

Comme on peut le constater, la baisse moyenne des fonds gérés au Québec est comparable à la baisse moyenne des fonds gérés à l'extérieur du Québec. À noter l'écart-type un peu plus faible comparativement au reste du Canada, ce qui signifie qu'il y a moins d'écart de performance entre les meilleurs et les moins bons

Ce que l'investisseur doit savoir

fonds gérés au Québec, comparativement aux fonds gérés à l'extérieur du Québec. Le rendement d'environ 2/3 des fonds gérés au Québec se situait entre 22 % et 30 % au cours de cette période. La meilleure performance revient au fonds Value Contrarian, la pire performance à Montrusco Croissance Sélect.

Il s'agit d'un seul épisode, il faut donc être prudent. Mais il est intéressant de constater la similarité des rendements moyens des deux groupes de gestionnaires dans le récent marché baissier.

Un mot sur quelques gestionnaires québécois

Nous avons pensé que vous seriez intéressé à en savoir un peu plus sur certains gestionnaires québécois. Nous en avons choisi cinq : quatre gestionnaires d'actions canadiennes et un gestionnaire d'obligations canadiennes. Chacun de ces gestionnaires gère un fonds qui fait partie de notre sélection en deuxième partie. Ces gestionnaires sont également des figures bien connues de l'industrie québécoise de la gestion de portefeuilles et ils y obtiennent beaucoup de succès.

Denis Ouellet

Denis Ouellet est un vétéran de l'industrie. M. Ouellet a plus de 20 ans d'expérience. Avant de se joindre à l'équipe de T.A.L., M. Ouellet était à l'emploi de Montrusco où il gérait le fonds d'actions canadiennes Scotia Excelsior Croissance. M. Ouellet a aussi géré la portion actions nord-américaines de la Caisse de retraite des policiers de la C.U.M. et il a également été à l'emploi de la Caisse de dépôt et placement du Québec où il a géré des portefeuilles d'actions canadiennes, d'actions américaines et d'actions européennes. M. Ouellet préfère les entreprises ayant un potentiel de croissance intéressant, ce qui en fait un gestionnaire avec un penchant pour l'approche croissance. Il privilégie l'analyse fondamentale afin de développer des critères de sélection. Denis Ouellet n'a pas de préférence en ce qui concerne la taille des entreprises. Il gère, entre autres, le fonds croissance d'actions canadiennes chez Talvest. Son fonds d'actions canadiennes détient entre 40 et 50 titres. M. Ouellet est responsable de l'équipe de gestion d'actions canadiennes chez Talvest.

Sébastien Van Berkom

Sébastien Van Berkom a aussi une longue expérience dans l'industrie de la gestion de portefeuilles. Depuis un peu plus de 26 ans, M. Van Berkom gère des portefeuilles. Sa spécialité, ce sont les petites sociétés. M. Van Berkom est président de Van Berkom & Associés. Cette entreprise a un actif sous gestion qui dépasse le milliard de dollars. Sébastien Van Berkom gère la portion petites sociétés de fonds de retraite ainsi que le fonds d'actions de petites sociétés canadiennes chez Talvest. M. Van Berkom est lui aussi partisan de l'analyse fondamentale. Il s'applique donc à analyser les forces et les faiblesses des petites sociétés. Il ne sélectionne pas en fonction des fluctuations économiques à court et à moyen terme. Il affectionne particulièrement les entreprises qui sont à un stage de croissance établi et non pas les toutes nouvelles entreprises. Sébastien Van Berkom a été nommé gestionnaire par excellence dans la catégorie fonds de petites sociétés pour l'année 1997.

Christine Décarie

On entend de plus en plus parler de Christine Décarie, et c'est tant mieux. Mme Décarie s'est jointe à l'équipe de Montrusco & Associées en 1986. Elle est gestionnaire principale du fonds Croissance Québec depuis 1993. Elle est également membre de l'équipe de gestion des actions canadiennes chez Montrusco. Montrusco gère plus de 9 milliards de dollars pour différents clients au Canada. Mme Décarie sélectionne de 40 à 45 entreprises pour son fonds. Ce sont de petites et moyennes sociétés, en majorité établies au Québec et qui y font affaire. Elle a mis l'accent sur le secteur des services et sur celui de la haute technologie. Comme la plupart des gestionnaires de fonds de petites sociétés, Mme Décarie privilégie l'approche croissance.

Guy Leblanc

Auteur d'une lettre financière bien connue et de l'ouvrage *La Bourse ou la Vie*, Guy Leblanc est avant tout un gestionnaire de fonds communs de placement. M. Leblanc a fondé sa propre société en 1992, les Fonds Cote 100. De ses bureaux de Saint-Bruno, M. Leblanc et son équipe ont adopté la devise *Prévoyance,*

Prudence et Patience. M. Leblanc croit mordicus au principe d'investir en bourse. L'investisseur sera récompensé à long terme, affirme-t-il. Pour Guy Leblanc, il faut être raisonnable et ne pas anticiper des rendements de 20 % année après année. Le gestionnaire des Fonds Cote 100 n'est pas de ceux qui changeront leur approche afin de produire des résultats à court terme. Le roulement de ses portefeuilles est faible, l'efficacité fiscale s'en trouvant très élevée.

Carmand Normand

M. Normand a une feuille de route impressionnante. Président fondateur de Addenda Capital inc., M. Normand fut également le président fondateur des Conseillers Financiers du St-Laurent et Premier vice-président, Revenu Variable, pour la Caisse de dépôt et placement du Québec. M. Normand est l'un des meilleurs gestionnaires d'obligations au Canada. Addenda Capital gère présentement un peu plus de 3 milliards de dollars pour différents clients, dont un bon nombre de caisses de retraite. Les services de l'équipe de M. Normand ont été retenus par des promoteurs québécois de fonds communs de placement. Pour Carmand Normand, il est possible d'obtenir des rendements intéressants en investissant dans les obligations si on adopte une gestion active et si l'on privilégie une approche basée sur les anticipations de taux d'intérêt plutôt que sur une stratégie passive où le gestionnaire se contente d'encaisser les rendements promis. On peut dire de lui que jusqu'à présent c'est mission accomplie. Par ailleurs, M. Normand est également le coauteur d'un ouvrage intitulé *Caisses de Retraite et Placements*[13]. Un ouvrage clair et informatif qui, nous pensons, devrait être utilisé davantage dans les universités québécoises.

---

[13] Jean-Jacques PELLETIER et Carmand NORMAND, *Caisse de Retraite et Placements,* Montréal, Édition Sciences et Culture, 1994, 444 pages.

DEUXIÈME PARTIE

SÉLECTION ET ÉVALUATION DE FONDS

Sélection et évaluation de fonds

Lorsque le menu comporte 1 200 suggestions, il n'est pas facile de choisir. C'est d'autant plus difficile lorsque que la sélection se fait à un moment donné dans le temps et que les fluctuations économiques et boursières viennent compliquer l'exercice. Qui aurait pu prévoir que la crise monétaire en Asie du Sud-Est allait se transformer en crise économique et affecter un si grand nombre de pays? Y a-t-il beaucoup d'investisseurs qui savaient que la correction boursière allait faire reculer l'indice TSE 300 de 30 %? Qui peut se vanter de connaître parfaitement les anticipations des investisseurs quant à l'évolution des prix des titres de haute technologie au cours du prochain mois? L'information est limitée. Ce sont là quelques considérations qui nous amènent à dire que nos prédictions demeureront toujours imparfaites.

Cela étant dit, on doit utiliser du mieux que l'on peut l'information disponible afin de faire un choix éclairé. L'information retenue est essentielle à la prise de décision. Vous retrouverez cette information dans chaque évaluation. Mais qu'on le veuille ou non, force est d'admettre qu'il y aura toujours un important élément de subjectivité. *Les évaluations présentées constituent un point de départ pour l'investisseur.* Ce dernier doit forcément s'assurer qu'une suggestion est compatible avec ses objectifs.

Soixante-dix fonds ont été sélectionnés. On aurait pu en choisir davantage. Quoi qu'il en soit, nous estimons que cette liste offre un nombre suffisant de suggestions et que la sélection saura répondre aux besoins de plusieurs catégories d'investisseurs. Plusieurs fonds à haut contenu canadien ont été retenus. La raison est simple : beaucoup d'utilisateurs du guide sont à la recherche de véhicules de placement pour leur REER.

La première étape du processus de sélection fut d'éliminer les fonds non disponibles au Québec. Dans un deuxième temps, nous avons repéré des fonds qui offraient un excellent rapport risque-rendement. Puis nous avons ajouté des critères supplémentaires tels que la performance anticipée d'un fonds, son efficacité fiscale, la constance des rendements dans le temps et, évidemment, la qualité du ou des gestionnaires. Les rendements passés n'étant pas garants de l'avenir, on peut quand même les utiliser afin de s'approcher de la performance anticipée; après tout, c'est l´une des informations importantes dont on dispose.

Avant de passer aux évaluations, nous allons brièvement fournir des explications sur les renseignements fournis pour chacun des choix. Par la suite, une liste des fonds apparaîtra avec la catégorie. La source d'information principale demeure la banque de données PALTrak, édition du 30 septembre 1998. Nous tenons à remercier PALTrak, et de façon particulière M. Justin Cohen, de nous avoir permis de reproduire leurs données. PALTrak demeure une source précieuse de renseignements pour ceux qui doivent analyser les fonds communs de placement et construire des portefeuilles de fonds.

Contrairement à d'autres guides, nos analyses tiennent compte des effets de la correction boursière de l'été 1998. Nous devions choisir une date, et le 30 septembre 1998 était vraiment une date limite dans les circonstances. Bien entendu, l'historique de certains fonds est court. Le choix d'une date peut donc affecter les résultats. Lorsque vous commencerez *votre magasinage*, vous allez probablement disposer des résultats des mois d'octobre, de novembre et de décembre. Si un conseiller financier vous montre des résultats qui datent, demandez-lui alors des résultats un peu plus à jour, car ces chiffres ne refléteront pas ce qui est arrivé au cours des derniers mois. Les choses changent vite dans le monde des fonds communs de placement.

Explications pertinentes à l'analyse de chaque fonds

Chaque tableau contient des renseignements qualitatifs, des renseignements quantitatifs, les rendements annuels, les rendements annuels composés, une évaluation générale et des commentaires. On retrouve les renseignements qualitatifs dans la section des renseignements généraux et à la fin de chaque tableau, là où il est question de risque et d'efficacité fiscale. Nous nous sommes limités aux 10 dernières années. Nous considérons que c'est une période assez longue pour constater l'impact des cycles économiques. Pour plusieurs fonds, l'historique est plus court : cette industrie a vraiment pris son envol durant les années 90.

Renseignements généraux

Voici ce qui apparaîtra dans la première partie du tableau.

- **Date d'implantation :** le mois et l'année.
- **Investissement minimal :** le montant minimal requis pour souscrire au fonds.
- **Gestionnaire :** le nom du ou des gestionnaires et la date d'entrée en fonction lorsqu'elle est disponible.
- **Famille de fonds :** la famille responsable de la distribution des fonds, par exemple : Fidelity, AIC.
- **Fréquence des distributions :** la périodicité des versements (mensuel, trimestriel, annuel). Ce renseignement est particulièrement important pour les fonds de revenus. Les fonds d'actions, à part quelques exceptions, ne font qu'une seule distribution par année, et ce, vers la fin du mois de décembre.

- **Éligibilité au REER :** le contenu d'un fonds canadien est éligible à 100 % alors qu'un fonds étranger est éligible à 20 %, à de rares exceptions près.

- **Frais :** il serait bon de revoir dans la première partie la section sur les frais de souscription. Si l'intermédiaire réclame des frais, ce seront des frais à l'entrée ou à la sortie. Vous verrez l'expression *frais à l'entrée ou à la sortie, si l'intermédiaire en réclame* apparaître pour bon nombre de fonds recensés dans ce guide.

- **Valeur de l'actif du fonds :** la valeur au marché de l'actif du fonds. Le plus gros fonds est le fonds Templeton Croissance dont l'actif est d'environ 10 milliards de dollars.

- **Ratio des frais de gestion :** le pourcentage de l'actif utilisé pour couvrir les frais de gestion. Ainsi, des frais de gestion de 2,5 % pour un fonds d'actions de petites sociétés canadiennes sont supérieurs à la moyenne qui se situe à environ 2,31 %. Des frais de gestion de 1 % pour un fonds de marché monétaire est aussi supérieur à la moyenne qui se situe à un peu moins de 1 %.

- **Meilleure année et moins bonne année :** le fonds doit alors avoir au moins deux ans d'existence. Il s'agit de la meilleure et de la moins bonne année au cours des 10 dernières années.

- **Rendement depuis 6 mois :** indicateur de la performance récente d'un fonds. La période correspondante est du 31 mars 1998 au 30 septembre 1998.

Rendements annuels

- **Rendement annuel :** du 30 septembre au 30 septembre de l'année suivante.

- **Quartile :** il faut un minimum de 20 fonds pour produire une statistique sur les quartiles. Cette donnée vous donne en termes de rendement, sans tenir compte du risque, le classement relatif d'un fonds par rapport aux autres membres de sa catégorie. S'il n'y a pas de quartile, c'est que l'échantillon est inférieur à 20 fonds.

- **Rendement annuel moyen de la catégorie :** chaque fonds appartient à une catégorie. La moyenne est calculée même si l'échantillon est petit. Un échantillon minimum de 10 fonds est requis afin de calculer une moyenne.
- **Indice de référence :**
  - L'indice Scotia McLeod Univers est ajouté aux évaluations de fonds d'obligations à moyen et à long terme.
  - Le rendement de l'indice TSE 300 apparaît pour les fonds d'actions canadiennes de grandes sociétés et les fonds d'actions canadiennes diversifiés (mélange de petites, moyennes et grandes sociétés).
  - Le rendement de l'indice Nesbitt Burns Petites Sociétés est présenté pour les fonds d'actions canadiennes de petites sociétés.
  - L'indice de référence Standard and Poor's 500 est utilisé pour tous les fonds d'actions américaines. Bien qu'il apparaisse pour tous les fonds d'actions américaines, le Standard and Poor's 500 est un meilleur indice de référence pour les fonds de grandes sociétés.
  - L'indice Russell 2000 apparaît dans l'évaluation d'un fonds de petites sociétés américaines.

Rendements annuels composés

- **Rendement annuel composé :** sur 1 an, 2 ans, 3 ans, 5 ans et 10 ans. Tout dépend de l'année d'implantation.
- **Quartile :** tout comme pour les rendements annuels, on peut établir un classement relatif en ce qui a trait aux rendements annuels composés. Un minimum de 20 fonds par catégorie est nécessaire si on veut produire la statistique.
- **Rendement annuel composé moyen :** chaque fonds appartient à une catégorie. Le rendement annuel composé moyen est calculé même si l'échantillon est petit.

Explications pertinentes à l'analyse de chaque fonds

- **Indice de référence** : les rendements annuels composés sur 1 an, 2 ans, 3 ans, 5 ans et 10 ans de l'indice de référence pertinent apparaissent. Tout dépend de l'année d'implantation.

Risque et efficacité fiscale

Ce sont deux données subjectives. On utilise de l'information quantitative et qualitative afin d'en arriver à des mesures de risque et d'efficacité fiscale.

- **Risque** : on combine la volatilité sur plusieurs périodes ainsi que le contenu du gestionnaire; parfois on y ajoute aussi l'expérience du gestionnaire. Notre mesure est qualitative et imparfaite. Nous avons évalué le risque par rapport aux autres fonds de la catégorie. Il y a huit grandes catégories. Les catégories utilisées afin d'évaluer le risque sont :

  - **Les fonds de revenus** : cette catégorie regroupe les fonds monétaires, les fonds hypothécaires, les fonds d'obligations canadiennes à court terme, les fonds d'obligations canadiennes à moyen et à long terme, les fonds d'obligations étrangères, les fonds de dividendes.

  - **Les fonds d'actions canadiennes** : on retrouve dans cette catégorie les fonds d'actions canadiennes de petites sociétés, les fonds d'actions canadiennes de grandes sociétés, les fonds d'actions canadiennes diversifiés ainsi que les fonds spécialisés.

  - **Les fonds d'actions américaines** : compte tenu de l'importance du marché américain, on regroupe les fonds d'actions américaines dans une catégorie spéciale. On y retrouve des fonds de petites sociétés américaines et des fonds de grandes sociétés américaines. Nous avons également ajouté un fonds d'actions nord-américaines.

- **Les fonds d'actions mondiales et les fonds d'actions internationales :** le risque est évalué par rapport à l'ensemble de ces deux catégories.
- **Les fonds régionaux :** cette catégorie regroupe les fonds de marchés émergents, les fonds d'Amérique latine, les fonds d'actions européennes, les fonds d'actions de la région du Pacifique et les fonds d'actions japonaises.
- **Les fonds spécialisés :** pour cette catégorie, le risque est évalué par rapport à l'ensemble des fonds communs de placement.
- **Les fonds équilibrés canadiens :** le risque est évalué par rapport à l'ensemble des fonds équilibrés canadiens, ceux qui ont adopté l'approche stratégique et ceux qui favorisent l'approche tactique.
- **Les fonds équilibrés mondiaux :** le risque est évalué par rapport à l'ensemble des fonds équilibrés mondiaux, ceux qui ont adopté l'approche stratégique et ceux qui favorisent l'approche tactique.

Les degrés de risque sont :

faible, au-dessous de la moyenne, moyen, au-dessus de la moyenne, élevé, très élevé.

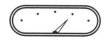

- **Efficacité fiscale :** plus l'efficacité fiscale est élevée, plus votre rendement après impôt se rapprochera du rendement avant impôt. L'efficacité fiscale est évaluée par rapport à l'ensemble des fonds. Les fonds de revenus ont une efficacité fiscale inférieure aux fonds d'actions. Les fonds monétaires ont l'efficacité fiscale la plus faible.

À ce sujet, un fonds recevra l'une des six notes suivantes:

faible, au-dessous de la moyenne, moyenne, au-dessus de la moyenne, élevée, très élevée.

Évaluation générale et commentaires

Évaluation générale : compte tenu de l'information dont on dispose, nous avons donné une note entre 0 et 5 à chaque fonds, 5 étant la note la plus élevée. La note d'un fonds doit être comparée aux notes données aux autres fonds de la même catégorie. Si, à l'intérieur d'une même catégorie, les notes sont faibles c'est que la catégorie nous apparaît moins attrayante (pour l'instant). C'est encore le cas cette année des fonds de la région du Pacifique mais aussi des fonds de marchés émergents et d'Amérique latine.

Commentaires : des commentaires et observations viennent s'ajouter à l'ensemble des informations.

Liste des catégories de fonds

Fonds de revenus

1. Fonds du marché monétaire : 1 à 4

2. Fonds hypothécaire : 5

3. Fonds d'obligations canadiennes : 6 à 9

4. Fonds d'obligations étrangères : 10 et 11

5. Fonds de dividendes : 12 à 14

Fonds d'actions canadiennes

1. Fonds d'actions canadiennes de petites sociétés : 15 à 19

2. Fonds d'actions canadiennes de grandes sociétés : 20 à 23

3. Fonds indiciel : 24

4. Fonds d'actions canadiennes diversifiés : 25 à 32

5. Fonds d'actions canadiennes spécialisés : 33 à 35

Fonds d'actions américaines

1. Fonds d'actions américaines de petites sociétés : 36

2. Fonds d'actions américaines de grandes sociétés : 37 à 42

Fonds d'actions nord-américaines : 43

Fonds d'actions mondiales : 44 à 49

Fonds d'actions internationales : 50 et 51

Fonds régionaux

1. Fonds de marchés émergents : 52
2. Fonds d'Amérique latine : 53
3. Fonds d'actions européennes : 54 à 58
4. Fonds région du Pacifique : 59
5. Fonds d'actions japonaises : 60

Fonds spécialisés

1. Santé : 61
2. Télécommunications : 62 et 63
3. Science et technologie : 64

Fonds équilibrés

1. Canadiens : 65 à 68
2. Mondiaux : 69 et 70

Liste des fonds

1. Talvest Marché Monétaire
2. Maxxum Monétaire
3. Scudder Marché Monétaire
4. C.I. Marché Monétaire Américain
5. Banque de Montréal Hypothécaire
6. Talvest Revenu
7. Bâtirente Secteur Obligations
8. C.I. Obligations Canadiennes
9. Altamira Obligations Canadiennes
10. Altamira Obligations Mondiales

11. Guardian Revenu Étranger

12. BPI Revenu de Dividendes

13. AGF Dividendes

14. Royal Dividendes

15. Talvest Actions Canadiennes Faible Capitalisation

16. Fidelity Expansion Canada

17. Cote 100 EXP

18. Croissance Québec (Montrusco)

19. Cundill Sécurité

20. Atlas Croissance Grandes Sociétés Canadiennes

21. Ivy Canadien

22. Spectrum United Investissement Canadien

23. Trimark Canadien

24. CIBC Fonds Indice Boursier Canadien

25. AIM GT Croissance Canada

26. Optimum Actions

27. Cote 100 REER

28. AIC Canada Diversifié

29. Talvest Croissance Actions Canadiennes

30. Universal Croissance Canada

31. Fidelity Frontière Nord

32. Scudder Actions Canadiennes

33. Valorem Tendances Démographiques

34. AIC Fonds Avantage I

35. Desjardins Environnement

36. BPI Petites Sociétés Américaines

37. AGF Croissance Américaine

38. Fidelity Croissance Américaine

39. Ligne Verte (Banque TD) Indice Américain

40. BPI Américaines Valeur

41. Spectrum United Actions Américaines
42. Elliott & Page Croissance Américaine
43. AIC Fonds Valeur
44. Fonds Trimark
45. Fidelity Portefeuille International
46. BPI Mondial Valeur Réelle
47. Fonds Mondial C.I.
48. Ivy Actions Étrangères
49. AIC Actions Mondiales
50. Templeton Croissance
51. Fonds REER Indice International Boursier CIBC
52. Scudder Marchés Émergents
53. Scotia Excelsior Amérique Latine
54. Aim Europa
55. Dynamique Europe
56. Fidelity Croissance Europe
57. Universal Occasions Européennes
58. AGF Allemagne
59. Fidelity Extrême-Orient
60. CIBC Fonds d'Actions Japonaises
61. AIM Global Sciences de la Santé
62. Clarington Communications Mondiales
63. C.I. Télécommunications Mondiales
64. Fonds C.I. Technologies Mondiales
65. Atlas Équilibré Canadien
66. Fidelity Répartition d'Actif Canadien
67. Stratégie Globale Multi Revenu
68. Ivy Croissance et Revenu
69. Fidelity Répartition Mondiale
70. AIM GT Revenu et Croissance Mondial

Fonds 1

Fonds de revenus : fonds du marché monétaire

Talvest Marché Monétaire

Renseignements généraux

Mois et année d'implantation : mars 1986
Investissement minimal : 500 $
Gestionnaire : Steve Dubrovsky, depuis le début
Famille de fonds : Talvest
Fréquence des distributions : mensuelle
Éligibilité au REER : 100 %
Frais : à l'entrée ou à la sortie, si l'intermédiaire en réclame

Renseignements quantitatifs au 30 septembre 1998

Valeur de l'actif du fonds :	135,3 millions
Ratio des frais de gestion :	0,77 %
Meilleure année : 89-90	12,76 %
Moins bonne année : 96-97	2,97 %
Rendement 6 mois :	2,02 %

Rendements annuels et quartiles

Année (Septembre à septembre)	Rendement (%)	Quartile	Rendement moyen de la catégorie (%)
97-98	3,60	2	3,5
96-97	2,97	1	2,6
95-96	5,34	1	4,8
94-95	6,44	1	6,0
93-94	4,59	1	4,1
92-93	5,41	2	5,1
91-92	7,44	1	6,6
90-91	10,64	1	10,2
89-90	12,76	1	12,1
88-89	11,27	2	10,5

Rendements composés et quartiles

Période	Rendement annuel composé (%)	Quartile	Rendement annuel composé moyen de la catégorie (%)
1 an	3,60	2	3,5
2 ans	3,29	2	3,1
3 ans	3,96	2	3,6
5 ans	4,58	1	4,2
10 ans	7,00	1	6,5

Rendement annuel composé depuis le début : 6,95 %

Efficacité fiscale : faible

Risque : faible

Évaluation générale : 🐷🐷🐷🐷 ½

Commentaires

On ne saurait considérer l'achat de parts de fonds monétaires comme étant un investissement à long terme. L'investisseur achète des parts de fonds monétaires parce que cet achat lui procure de la liquidité et aussi parce qu'il attend que de bonnes occasions d'investissement se présentent. Le fonds Talvest Marché Monétaire a l'avantage de procurer un rendement supérieur à la moyenne de sa catégorie. Le gestionnaire, Steve Dubrovsky, diversifie bien son portefeuille entre les différents véhicules de placement du marché monétaire. M. Dubrovsky est en place depuis 12 ans et est à juste titre considéré comme l'un des meilleurs gestionnaires de fonds monétaires. Environ 25 % du fonds est investi en bons du Trésor du gouvernement fédéral. Le fonds a une pondération élevée en titres à court terme du secteur privé tels que le papier commercial et les acceptations bancaires, ce qui a très bien servi le gestionnaire. Les frais de gestion, qui sont en bas de la moyenne, constituent un autre avantage. Un des très bons fonds monétaires sur le marché.

Fonds de revenus : fonds du marché monétaire

Maxxum Monétaire

Renseignements généraux

Mois et année d'implantation : octobre 1986
Investissement minimal : 500 $
Gestionnaire : Douglas Crawford
Famille de fonds : Maxxum (London Life)
Fréquence des distributions : mensuelle
Éligibilité au REER :100 %
Frais : aucuns

Renseignements quantitatifs au 30 septembre 1998

Valeur de l'actif du fonds :	51,3 millions
Ratio des frais de gestion :	0,84 %
Meilleure année : 89-90	12,59 %
Moins bonne année : 96-97	3,14 %
Rendement 6 mois :	2,08 %

Rendements annuels et quartiles

Année (Septembre à septembre)	Rendement (%)	Quartile	Rendement moyen de la catégorie (%)
97-98	3,76	2	3,5
96-97	3,14	1	2,6
95-96	5,27	1	4,8
94-95	6,27	2	6,0
93-94	4,58	1	4,1
92-93	5,43	1	5,1
91-92	7,35	1	6,6
90-91	10,81	1	10,2
89-90	12,59	2	12,1
88-89	10,70	3	10,5

Rendements composés et quartiles

Période	Rendement annuel composé (%)	Quartile	Rendement annuel composé moyen de la catégorie (%)
1 an	3,76	2	3,5
2 ans	3,45	2	3,1
3 ans	4,05	2	3,6
5 ans	4,60	1	4,2
10 ans	6,95	1	6,5

Rendement annuel composé depuis le début : 7,18 %

Efficacité fiscale : faible

Risque : faible

Évaluation générale :

Commentaires

Le groupe des fonds Maxxum est affilié à la London Life depuis quelques années. Le gestionnaire du fonds monétaire était en poste avant ce changement. Maxxum Monétaire a un net penchant pour des véhicules de placement à court terme du secteur privé. En fait, les autres véhicules de placement tels que les bons du Trésor, par exemple, ont un poids tout à fait négligeable. C'est un petit fonds et il n'y a pas de frais de courtage.

Fonds 3

Fonds de revenus : fonds du marché monétaire

Scudder Marché Monétaire

Renseignements généraux

Mois et année d'implantation : juin 1997
Investissement minimal : 1 000 $
Gestionnaire : Debra Hanson
Famille de fonds : Scudder
Fréquence des distributions : mensuelle
Éligibilité au REER : 100 %
Frais : aucuns

Renseignements quantitatifs au 30 septembre 1998

Valeur de l'actif du fonds :	80,6 millions
Ratio des frais de gestion :	0,15 %
Rendement 6 mois :	2,33 %

Rendement annuel composé depuis le début : 4,23 %

Efficacité fiscale : faible

Risque : faible

Évaluation générale : ½

Rendements annuels et quartiles

Année (Septembre à septembre)	Rendement (%)	Quartile	Rendement moyen de la catégorie (%)
97-98	4,44	1	3,5

Rendements composés et quartiles

Période	Rendement annuel composé (%)	Quartile	Rendement annuel composé moyen de la catégorie (%)
1 an	4,44	1	3,5

Commentaires

Les fonds Scudder prennent de plus en plus leur place dans le portefeuille des Canadiens et des Québécois. À l'été 1997, Scudder a lancé ce fonds monétaire. C'est le secteur privé qui domine la répartition de l'actif au niveau des véhicules de placement à très court terme avec une pondération de près de 50 %. Les bons du Trésor du gouvernement fédéral représentent environ 25 % du portefeuille. La particularité de ce fonds monétaire, ce sont les très faibles frais de gestion, nettement en deçà de la moyenne. Ces faibles frais lui permettent d'offrir un des rendements les plus élevés sur le marché dans sa catégorie.

Fonds de revenus : fonds du marché monétaire

C.I. Marché Monétaire Américain

Renseignements généraux

Mois et année d'implantation : janvier 1993
Investissement minimal : 1 000 $
Gestionnaire : John Zechner
Famille de fonds : Les Fonds C.I.
Fréquence des distributions : mensuelle
Éligibilité au REER : 20 %
Frais : à l'entrée ou à la sortie, si l'intermédiaire en réclame

Renseignements quantitatifs au 30 septembre 1998

Valeur de l'actif du fonds :	38,1 millions
Ratio des frais de gestion :	0,5 %
Capitalisation moyenne :	9 milliards
Meilleure année : 95-96	4,9 %
Moins bonne année : 97-98 ou 96-97	4,86 %
Rendement 6 mois :	2,38 %

Rendements annuels et quartiles

Année (Septembre à septembre)	Rendement (%)	Quartile	Rendement moyen de la catégorie (%)
97-98	4,86	*	4,6
96-97	4,86	*	4,4
95-96	4,90	*	4,4

Rendements composés et quartiles

Période	Rendement annuel composé (%)	Quartile	Rendement annuel composé moyen de la catégorie (%)
1 an	4,86	*	4,6
2 ans	4,86	*	4,5
3 ans	4,87	*	4,5

*Échantillon trop petit.

Rendement annuel composé depuis le début : 5,13 %

Efficacité fiscale : faible

Risque : faible

Évaluation générale : 🐷🐷🐷½

Commentaires

Pourquoi suggérer un fonds monétaire en dollars américains? Après tout, vous êtes payé en dollars canadiens et vous dépensez des dollars canadiens. Mais au cours de la dernière année, le dollar canadien s'est fortement déprécié par rapport au dollar américain. Cette dépréciation a permis au fonds monétaire C.I. d'obtenir un rendement supérieur à ce qui aurait été obtenu si on avait investi dans un fonds monétaire canadien. Loin de nous l'idée de suggérer l'utilisation d'un tel fonds pour fin de spéculation. Un fonds monétaire en dollars américains, c'est comme posséder un compte bancaire en dollars américains qui vous rapporte plus qu'un compte en banque canadien. Le fonds C.I. Marché Monétaire Américain a un ratio de frais de gestion très bas, ce qui le rend attrayant. Les bons du Trésor du gouvernement des États-Unis constituent de loin la pondération la plus importante du fonds.

Fonds 5

Banque de Montréal Hypothécaire

Renseignements généraux

Mois et année d'implantation : juin 1974
Investissement minimal : 500 $
Gestionnaire : Mary Jane Yule
Famille de fonds : Banque de Montréal
Fréquence des distributions : trimestrielle
Éligibilité au REER : 100 %
Frais : aucuns (vendu par le réseau de la Banque de Montréal)

Renseignements quantitatifs au 30 septembre 1998

Valeur de l'actif du fonds :	1 316,1 millions
Ratio des frais de gestion :	1,41 %
Meilleure année : 91-92	16,7 %
Moins bonne année : 93-94	3,9 %
Rendement 6 mois :	3,4 %

Rendements annuels et quartiles

Année (Septembre à septembre)	Rendement (%)	Quartile	Rendement moyen de la catégorie (%)
97-98	3,9	3	4,1
96-97	5,7	3	6,0
95-96	9,7	1	8,5
94-95	9,9	2	9,2
93-94	3,4	2	3,4
92-93	5,2	*	7,1
91-92	16,7	*	13,2
90-91	16,2	*	14,8
89-90	9,8	*	9,1
88-89	11,3	*	11,4

Rendements composés et quartiles

Période	Rendement annuel composé (%)	Quartile	Rendement annuel composé moyen de la catégorie (%)
1 an	3,9	3	4,1
2 ans	4,8	3	5,0
3 ans	6,4	2	6,2
5 ans	6,5	2	6,2
10 ans	9,1	*	8,5

*Échantillon trop petit.

Rendement annuel composé depuis le début : 10,2 %

Efficacité fiscale : faible

Risque : au-dessous de la moyenne

Évaluation générale :

Commentaires

C'est le plus gros fonds hypothécaire au Canada. La gestion a été confiée à la firme Jones Heward qui gère aussi d'autres fonds pour la Banque de Montréal. Ce fonds intéressera l'investisseur conservateur ou celui qui ne veut pas trop risquer à court terme. Les rendements sont respectables et le frais de gestion en bas de la moyenne. Le fonds est essentiellement constitué d'hypothèques de premier rang et la pondération en bons du Trésor est faible. Le niveau de risque est légèrement supérieur à la moyenne de sa catégorie. Ce fonds a un rendement annuel composé de 10,2 % depuis son lancement, ce qui est fort acceptable. À noter que les courtiers ne distribuent pas ce fonds. Vous devez passer par la Banque de Montréal pour acheter des parts.

Fonds de revenus : obligations canadiennes à court terme

Talvest Revenu

Renseignements généraux

Mois et année d'implantation : avril 1974
Investissement minimal : 500 $
Gestionnaire John Braive, depuis 1985
Famille de fonds : Talvest
Fréquence des distributions : mensuelle
Éligibilité au REER : 100 %
Frais : à l'entrée ou à la sortie, si l'intermédiaire en réclame

Renseignements quantitatifs au 30 septembre 1998

Valeur de l'actif du fonds :	97,6 millions
Ratio des frais de gestion :	1,69 %
Meilleure année : 95-96	10,5 %
Moins bonne année : 93-94	2,0 %
Rendement 6 mois :	2,6 %

Rendements annuels et quartiles

Année (Septembre à septembre)	Rendement (%)	Quartile	Rendement moyen de la catégorie (%)
97-98	4,2	2	4,09
96-97	6,7	2	5,80
95-96	10,5	*	9,36
94-95	9,4	*	10,41
93-94	2,0	*	1,47
92-93	10,3	*	*
91-92	10,3	*	*
90-91	16,1	*	*
89-90	6,6	*	*
88-89	9,7	*	*

Rendements composés et quartiles

Période	Rendement annuel composé (%)	Quartile	Rendement annuel composé moyen de la catégorie (%)
1 an	4,2	2	4,09
2 ans	5,4	2	4,93
3 ans	7,1	*	6,59
5 ans	6,5	*	6,26
10 ans	8,5	*	*

*Échantillon trop petit.

Rendement annuel composé depuis le début : 9,7 %

Efficacité fiscale : faible

Risque : au-dessous de la moyenne

Évaluation générale :

Commentaires

Nous avions sélectionné ce fonds l'an dernier et nous récidivons cette année. Le fonds Talvest Revenu est l'un des plus vieux fonds d'obligations à court terme. Le gestionnaire John Braive est en poste depuis fort longtemps. Malgré un ratio de frais de gestion plus élevé que la moyenne, le fonds a procuré à ses détenteurs un rendement supérieur à la moyenne. Le fonds n'a pas perdu d'argent au cours des 10 dernières années. Comme il s'agit d'un fonds d'obligations à court terme, le risque de perte de capital est plus faible que s'il s'agissait d'un fonds d'obligations à long terme. Cette situation se réalise lorsqu'il y a hausse des taux d'intérêt. À l'inverse, le gain de capital sera moindre si les taux d'intérêt baissent. Le fonds détient des obligations dont les échéances varient entre 1 an et 5 ans, l'échéance moyenne étant de 3,7 ans. Le gros du portefeuille est investi en obligations à court terme du secteur privé. Ce sont des obligations de grandes sociétés ayant un niveau de risque plutôt faible.
C'est un bon choix pour un investissement à court terme si vous avez une faible tolérance au risque.

Fonds 7

Bâtirente Secteur Obligations

Renseignements généraux

Mois et année d'implantation : janvier 1988
Gestionnaire : Carmand Normand (Addenda) depuis le début
Famille de fonds : Bâtirente (distribué par la C.S.N)
Investissement minimal : 500 $
Fréquence des distributions : mensuelle
Éligibilité au REER : 100 %
Frais : aucuns

Renseignements quantitatifs au 30 septembre 1998

Valeur de l'actif du fonds :	42,4 millions
Ratio des frais de gestion :	1,5 %
Meilleure année : 90-91	22,8 %
Moins bonne année : 93-94	-0,5 %
Rendement 6 mois :	3,5 %

Rendements annuels et quartiles

Année (Septembre à septembre)	Rendement (%)	Quartile	Rendement moyen de la catégorie (%)	Scotia Mcleod (%)
97-98	8,0	2	7,06	8,8
96-97	14,9	1	11,80	13,6
95-96	12,8	1	10,27	12,7
94-95	15,9	1	12,74	14,4
93-94	-0,5	2	-1,40	0,7
92-93	15,0	1	11,86	14,0
91-92	15,0	2	13,54	14,6
90-91	22,8	1	19,11	22,8
89-90	0,4	4	3,85	4,0
88-89	12,2	1	10,07	11,1

Rendements composés et quartiles

Période	Rendement annuel composé (%)	Quartile	Rendement annuel composé moyen de la catégorie (%)	Scotia Mcleod (%)
1 an	8,0	2	7,06	8,8
2 ans	11,4	1	9,41	11,2
3 ans	11,8	1	9,76	11,7
5 ans	10,0	1	8,16	9,9
10 ans	11,4	1	9,88	11,5

Rendement annuel composé depuis le début : 11,0 %

Efficacité fiscale : élevée

Risque : moyen

Évaluation générale :

Commentaires

Dans le milieu de la gestion des obligations, tout le monde connaît Carmand Normand. M. Normand jouit d'une excellente réputation. Il gère ce fonds depuis fort longtemps. En regardant les chiffres, on peut voir que le rendement a été excellent au cours des 10 dernières années. M. Normand a recours à une stratégie d'anticipation des taux d'intérêt. Le portefeuille est ajusté pour tenir compte d'un scénario quant à l'évolution des taux d'intérêt. La firme de M. Normand porte le nom Addenda, synonyme de valeur ajoutée. Sa gestion active lui permet de devancer régulièrement ses compétiteurs. De plus, même si le niveau de risque du fonds est un peu plus élevé que la moyenne, le rapport risque-rendement est l'un des meilleurs de la catégorie. La pondération en obligations du gouvernement du Québec est beaucoup plus élevée comparativement aux autres fonds d'obligations, ce qui est loin d'avoir nui au fonds. Pour l'instant, ce sont les membres affiliés à la C.S.N. qui ont accès à ce fonds. On nous a indiqué que d'autres investisseurs y auront bientôt accès, ce qui justifie que nous l'ayons inclus dans notre guide. Ce fonds devenant plus accessible, de nombreux investisseurs pourront profiter de l'expertise de M. Normand. C'est une excellente nouvelle.

Fonds de revenus : Obligations canadiennes à moyen/long terme

C.I. Obligations Canadiennes

Renseignements généraux

Mois et année d'implantation : janvier 1993
Investissement minimal : 500 $
Gestionnaire : John Zechner
Famille de fonds : Les Fonds C.I.
Fréquence des distributions : mensuelle
Éligibilité au REER : 100 %
Frais : à l'entrée ou à la sortie, si l'intermédiaire en réclame

Renseignements quantitatifs au 30 septembre 1998

Valeur de l'actif du fonds :	193,9 millions
Ratio des frais de gestion :	1,66 %
Meilleure année : 89-90	14,5 %
Moins bonne année : 96-97	-1,5 %
Rendement 6 mois :	2,7 %

Rendements annuels et quartiles

Année (Septembre à septembre)	Rendement (%)	Quartile	Rendement moyen de la catégorie (%)	Scotia Mcleod (%)
97-98	7,8	2	7,06	8,8
96-97	14,5	1	11,80	13,6
95-96	13,7	1	10,27	12,7
94-95	13,4	2	12,74	14,4
93-94	-1,5	3	-1,40	0,7

Rendements composés et quartiles

Période	Rendement annuel composé (%)	Quartile	Rendement annuel composé moyen de la catégorie (%)	Scotia Mcleod (%)
1 an	7,8	2	7,06	8,8
2 ans	11,1	1	9,41	11,2
3 ans	12,0	1	9,76	11,7
5 ans	9,4	1	8,16	9,9

Rendement annuel composé depuis le début : 9,6 %

Efficacité fiscale :
au-dessous de la moyenne

Risque : moyen

Évaluation générale :

Commentaires

Ce fonds est géré par John Zechner qui gère également le fonds de marché monétaire américain de C.I. Le fonds investit surtout dans des obligations du gouvernement fédéral, mais environ 20 % de la portion obligations se trouve investie en obligations du secteur privé, ce qui est supérieur à la moyenne mais comparable à l'indice obligataire Scotia McLeod. Même si le fonds a un pourcentage assez élevé d'obligations à court terme, l'échéance moyenne des obligations de ce fonds est d'environ 9,5 ans. La volatilité du fonds est en bas de la moyenne et le rapport risque-rendement est bon. Comme nous l'avons mentionné l'an dernier, le fonds est probablement moins vulnérable à une hausse des taux d'intérêt comparativement à d'autres fonds d'obligations dont l'échéance moyenne est similaire.

Fonds 9

Altamira Obligations Canadiennes

Renseignements généraux

Mois et année d'implantation : novembre 1987
Gestionnaire : Robert Marcus
Famille de fonds : Altamira
Investissement minimal : 1 000 $
Fréquence des distributions : trimestrielle
Éligibilité au REER : 100 %
Frais : aucuns

Renseignements quantitatifs au 30 septembre 1998

Valeur de l'actif du fonds :	471,4 millions
Ratio des frais de gestion :	1,29 %
Meilleure année : 94-95	21,6 %
Moins bonne année : 93-94	-6,7 %
Rendement 6 mois :	7,9 %

Rendements annuels et quartiles

Année (Septembre à septembre)	Rendement (%)	Quartile	Rendement moyen de la catégorie (%)	Scotia McLeod (%)
97-98	18,3	1	7,06	8,8
96-97	19,7	1	11,80	13,6
95-96	11,1	2	10,27	12,7
94-95	21,6	1	12,74	14,4
93-94	-6,7	4	-1,40	0,7
92-93	17,4	1	11,86	14,0
91-92	17,0	1	13,54	14,6
90-91	19,6	3	19,11	22,8
89-90	4,6	2	3,85	4,0
88-89	9,6	3	10,07	11,1

Rendements composés et quartiles

Période	Rendement annuel composé (%)	Quartile	Rendement annuel composé moyen de la catégorie (%)	Scotia McLeod (%)
1 an	18,3	2	7,06	8,8
2 ans	19,0	1	9,41	11,2
3 ans	16,3	1	9,76	11,7
5 ans	12,3	1	8,16	9,9
10 ans	12,9	1	9,88	11,5

Rendement annuel composé depuis le début : 12,3 %

Efficacité fiscale :
très élevée

Risque : au-dessus
de la moyenne

Évaluation générale :

Commentaires

Robert Marcus est le spécialiste des portefeuilles obligataires chez Altamira. Altamira a éprouvé plus que sa part d'ennuis au cours des deux dernières années, mais cette situation n'a pas affecté la performance de M. Marcus. Son fonds en est un de premier quartile et il se distingue des autres fonds à quelques égards. D'abord et avant tout, Robert Marcus profite pleinement de la possibilité d'investir à l'étranger. M. Marcus a investi 20 % de l'actif dans des obligations étrangères, ce qui est unique pour un fonds d'obligations canadiennes. De plus, les obligations canadiennes sont surtout des obligations à long terme ayant une échéance supérieure à 10 ans. Il n'est donc pas surprenant que l'échéance moyenne des obligations détenues soit de 14 ans. Comme on anticipe de plus en plus une baisse de taux d'intérêt, on peut affirmer que le fonds d'obligations canadiennes d'Altamira en profitera assurément.

Fonds de revenus : fonds d'obligations étrangères

Altamira Obligations Mondiales

Renseignements généraux

Mois et année d'implantation : mai 1993
Investissement minimal : 1 000 $
Gestionnaire : Robert Marcus
Famille de fonds : Altamira
Fréquence des distributions : trimestrielle
Éligibilité au REER : 100 %
Frais : aucuns

Renseignements quantitatifs au 30 septembre 1998

Valeur de l'actif du fonds :	43 millions
Ratio des frais de gestion :	1,84 %
Meilleure année : 97-98	22,6 %
Moins bonne année : 93-94	-5,6 %
Rendement 6 mois :	18,4 %

Rendements annuels et quartiles

Année (Septembre à septembre)	Rendement (%)	Quartile	Rendement moyen de la catégorie (%)
97-98	22,6	1	12,6
96-97	6,0	2	6,4
95-96	7,5	2	8,3
94-95	12,9	2	10,4
93-94	-5,6	3	-3,5

Rendements composés et quartiles

Période	Rendement annuel composé (%)	Quartile	Rendement annuel composé moyen de la catégorie (%)
1 an	22,6	1	12,6
2 ans	14,0	1	9,5
3 ans	11,8	1	9,0
5 ans	8,3	1	6,8

Rendement annuel composé depuis le début : 8,4 %

Efficacité fiscale : moyenne

Risque : au-dessus de la moyenne

Évaluation générale :

Commentaires

Robert Marcus n'a pas mis tous ses oeufs dans le même panier. Si le fonds d'obligations canadiennes d'Altamira détient surtout des obligations à long terme, celui-ci détient davantage d'obligations à court terme. Le fonds achète des obligations émises en devises étrangères par des grandes sociétés canadiennes, par le gouvernement fédéral et par les provinces. Le fonds étant de source canadienne, il devient éligible au REER. Le fonds détient environ 20 % de son actif en obligations émises par des organismes supranationaux comme la Banque Mondiale par exemple. Le fonds a la possibilité d'investir jusqu'à 35 % de son actif dans ce type d'obligation. Vous ne trouverez pas dans ce fonds des obligations de pays émergents si cela peut vous rassurer. Les fonds d'obligations étrangères ont été parmi les rares à ne pas perdre du terrain pendant la correction de 1998. Le fonds Altamira Obligations Étrangères en a pleinement profité. On a tendance à oublier cette catégorie lorsqu'on construit son portefeuille. Dommage...

Fonds 11

Fonds de revenus : fonds d'obligations étrangères

Guardian Revenu Étranger

Renseignements généraux

Mois et année d'implantation : juin 1994
Investissement minimal : 500 $
Gestionnaire : Laurence Linklater
Famille de fonds : Les Fonds Guardian
Fréquence des distributions : trimestrielle
Éligibilité au REER : 100 %
Frais : à l'entrée, si l'intermédiaire en réclame

Renseignements quantitatifs au 30 septembre 1998

Valeur de l'actif du fonds :	16,5 millions
Ratio des frais de gestion :	1,68 %
Meilleure année : 97-98	22,4 %
Moins bonne année : 95-96	10,4 %
Rendement 6 mois :	15,0 %

Rendement annuel composé depuis le début : 12,6 %

Efficacité fiscale : moyen

Risque : au-dessus de la moyenne

Évaluation générale :

Rendements annuels et quartiles

Année (Septembre à septembre)	Rendement (%)	Quartile	Rendement moyen de la catégorie (%)
97-98	22,4	1	12,6
96-97	10,6	1	6,4
95-96	10,4	1	8,3
94-95	11,1	2	10,4

Rendements composés et quartiles

Période	Rendement annuel composé (%)	Quartile	Rendement annuel composé moyen de la catégorie (%)
1 an	22,4	1	12,6
2 ans	16,4	1	9,5
3 ans	14,3	1	9,0

Commentaires

Les études et analyses sur les portefeuilles d'obligations étrangères tendent à démontrer que les fluctuations de taux de change expliquent une bonne partie du rendement supplémentaire que ces portefeuilles peuvent procurer aux investisseurs. Laurence Linklater, le gestionnaire du fonds, en est convaincu. M. Linklater gère d'importants portefeuilles d'obligations pour la Banque Dresdner. Le fonds Guardian achète des obligations libellées en dollars américains et en devises européennes. Environ 2/3 des obligations du fonds sont des obligations en devises américaines alors que le reste est détenu en obligations libellées en devises européennes (en livres, en francs et surtout en marks). Évidemment, le fonds a fortement profité de la dépréciation du dollar canadien au cours des deux dernières années. Le fonds est éligible à 100 % au REER, puisqu'il détient des obligations d'entreprises canadiennes émises en devises étrangères ainsi que des obligations d'organisations supranationales.

Fonds de revenus : fonds de dividendes

BPI Revenus de Dividendes

Renseignements généraux

Mois et année d'implantation : novembre 1976
Investissement minimal : 500 $
Gestionnaire : Eric Bushell, depuis 1994
Famille de fonds : Les Fonds BPI
Fréquence des distributions : mensuelle
Éligibilité au REER : 100 %
Frais : à l'entrée ou à la sortie, si l'intermédiaire en réclame

Renseignements quantitatifs au 30 septembre 1998

Valeur de l'actif du fonds :	603 millions
Ratio des frais de gestion :	1,22 %
Meilleure année : 96-97	26,4 %
Moins bonne année : 89-90	-2,9 %
Rendement 6 mois :	-7,3 %

Rendements annuels et quartiles

Année (Septembre à septembre)	Rendement (%)	Quartile	Rendement moyen de la catégorie (%)
97-98	1,9	1	-5,4
96-97	26,4	3	30,1
95-96	17,6	2	17,4
94-95	14,7	1	9,1
93-94	4,7	2	5,3
92-93	4,8	*	15,6
91-92	3,9	*	6,0
90-91	16,2	*	13,7
89-90	-2,9	*	-6,9
88-89	8,2	*	12,4

Rendements composés et quartiles

Période	Rendement annuel composé (%)	Quartile	Rendement annuel composé moyen de la catégorie (%)
1 an	1,9	1	-5,4
2 ans	13,5	2	11,7
3 ans	14,8	2	13,8
5 ans	12,7	2	10,9
10 ans	9,2	*	9,3

*Échantillon trop petit.

Rendement annuel composé depuis le début : 9,3 %

Efficacité fiscale : moyenne

Risque : au-dessous de la moyenne

Évaluation générale :

Commentaires

Le fonds AGF Dividendes détient environ 85 % de son portefeuille en actions ordinaires, surtout des titres de grandes sociétés. C'est le secteur des services financiers qui domine l'allocation sectorielle du fonds. Les gestionnaires ont adopté une approche combinant les styles croissance et valeur. Le niveau de risque du fonds est relativement élevé lorsqu'il est comparé aux autres fonds de dividendes. Cependant, les investisseurs ont été récompensés par des rendements supérieurs comme en témoignent les rendements à moyen et à long terme. On note également que l'efficacité fiscale est très élevée comparativement aux autres fonds de dividendes. Notre remarque de l'année dernière s'applique à nouveau : le fonds ne convient pas à un investisseur qui désire obtenir un revenu de dividendes important car la majeure partie du rendement est attribuable à l'appréciation du capital.

Fonds 13

AGF Dividendes

Renseignements généraux

Mois et année d'implantation : décembre 1985
Investissement minimal : 500 $
Gestionnaires : Gordon MacDougall et Martin Gerber
Famille de fonds : AGF
Fréquence des distributions : mensuelle
Éligibilité au REER : 100 %
Frais : à l'entrée ou à la sortie, si l'intermédiaire en réclame

Renseignements quantitatifs au 30 septembre 1998

Valeur de l'actif du fonds :	2 074 millions
Ratio des frais de gestion :	1,87 %
Meilleure année : 96-97	42,1 %
Moins bonne année : 89-90	-7,2 %
Rendement 6 mois :	15,4 %

Rendements annuels et quartiles

Année (Septembre à septembre)	Rendement (%)	Quartile	Rendement moyen de la catégorie (%)
97-98	-5,3	3	-5,4
96-97	42,1	1	30,1
95-96	17,0	3	17,4
94-95	13,4	1	9,1
93-94	9,0	1	5,3
92-93	17,5	*	15,6
91-92	4,7	*	6,0
90-91	14,8	*	13,7
89-90	-7,2	*	-6,9
88-89	17,1	*	12,4

Rendements composés et quartiles

Période	Rendement annuel composé (%)	Quartile	Rendement annuel composé moyen de la catégorie (%)
1 an	-5,3	3	-5,4
2 ans	16,0	1	11,7
3 ans	16,3	1	13,8
5 ans	14,3	1	10,9
10 ans	11,6	*	9,3

*Échantillon trop petit.

Rendement annuel composé depuis le début : 10,9 %

Efficacité fiscale :
très élevée

Risque : élevé

Évaluation générale :

Commentaires

Ce fonds de dividendes ne vous procurera pas le rendement le plus élevé, mais son niveau de risque est relativement faible. Une grande part du rendement du fonds s'explique par les revenus qu'il procure. Le fonds détient un pourcentage élevé d'actions privilégiées, ce qui n'est pas nécessairement le cas pour les autres fonds de dividendes. En passant, le revenu de dividendes est imposé à un taux inférieur comparativement au revenu d'intérêt. Un fonds à suggérer si vous cherchez un revenu régulier (les versements sont mensuels). Ce fonds convient particulièrement aux investisseurs conservateurs.

Fonds de revenus : fonds de dividendes

Royal Dividendes

Renseignements généraux

Mois et année d'implantation : janvier 1993
Investissement minimal : 1 000 $
Gestionnaire : John Kellet
Fréquence des distributions : trimestrielle
Famille de fonds : Banque Royale
Éligibilité au REER : 100 %
Frais : aucuns (Distribué par le réseau de la Banque Royale)

Renseignements quantitatifs au 30 septembre 1998

Valeur de l'actif du fonds :	1 864 millions
Ratio des frais de gestion :	1,77 %
Meilleure année : 96-97	44,1 %
Moins bonne année : 97-98	-0,9 %
Rendement 6 mois :	-16,7 %

Rendements annuels et quartiles

Année (Septembre à septembre)	Rendement (%)	Quartile	Rendement moyen de la catégorie (%)
97-98	-0,9	2	-5,4
96-97	44,1	1	30,1
95-96	19,8	2	17,4
94-95	10,4	2	9,1
93-94	5,2	2	5,3

Rendements composés et quartiles

Période	Rendement annuel composé (%)	Quartile	Rendement annuel composé moyen de la catégorie (%)
1 an	-0,9	1	-5,4
2 ans	19,5	1	11,7
3 ans	19,6	1	13,8
5 ans	14,7	1	10,9

Rendement annuel composé depuis le début : 15,4 %

Efficacité fiscale : élevée

Risque : moyen

Évaluation générale : 🐷🐷🐷🐷 ½

Commentaires

Un fonds offert par le réseau de la Banque Royale. Pour l'instant, la Royale ne laisse pas d'autres intermédiaires distribuer ses produits. Comme par hasard, le secteur dominant du fonds est celui des services financiers. Environ 35 % de l'actif du fonds est investi dans ce secteur; suivent dans l'ordre les secteurs des services publics et des pipelines. Environ 10 % de l'actif du fonds est présentement investi en obligations, ce qui s'approche de la moyenne de la catégorie. Il est intéressant de noter que le fonds Royal Dividendes a une pondération élevée en actions pri-vilégiées, ce qui signifie que les détenteurs de parts peuvent s'attendre à ce que la portion revenu du rendement soit quand même assez élevée. N'est-ce pas le but d'un fonds de dividendes?

Fonds 15

Talvest Actions Canadiennes Faible Capitalisation

Renseignements généraux

Mois et année d'implantation : janvier 1994
Investissement minimal : 500 $
Gestionnaire : Sébastien Van Berkom, depuis le début
Famille de fonds : Talvest
Fréquence des distributions : semestrielle
Éligibilité au REER : 100 %
Frais : à l'entrée ou à la sortie, si l'intermédiaire en réclame

Renseignements quantitatifs au 30 septembre 1998

Valeur de l'actif du fonds :	203,7 millions
Ratio des frais de gestion :	2,62 %
Capitalisation moyenne :	0,44 milliard
Meilleure année : 96-97	59,3 %
Moins bonne année : 97-98	-30,3 %
Rendement 6 mois :	-28,9 %

Rendements annuels et quartiles

Année (Septembre à septembre)	Rendement (%)	Quartile	Rendement moyen de la catégorie (%)	Nesbitt Burns (%)
97-98	-30,3	3	-27,9	-35,3
96-97	59,3	1	30,1	24,3
95-96	23,2	3	28,6	22,7
94-95	12,9	2	10,2	5,2

Rendements composés et quartiles

Période	Rendement annuel composé (%)	Quartile	Rendement annuel composé moyen de la catégorie (%)	Nesbitt Burns (%)
1 an	-30,3	3	-27,9	-35,3
2 ans	5,4	1	-4,3	-10,3
3 ans	11,0	2	5,2	-0,5

Rendement annuel composé depuis le début : 5,9 %

Efficacité fiscale : très élevée

Risque : élevé

Évaluation générale :

Commentaires

Le fonds de Sébastien Van Berkom n'a pas été épargné par la dernière correction boursière, le fonds ayant reculé de 30 %. Cependant, on doit savoir que les titres des petites sociétés canadiennes qui se transigent en bourse ont perdu en moyenne 39,4 % de leur valeur depuis septembre 1997. Il n'est donc pas surprenant que la catégorie fonds d'actions canadiennes de petites sociétés affiche une performance médiocre depuis l'an dernier. M. Van Berkom en a vu d'autres et il n'a pas changé son approche. Il choisit des entreprises qui entrent dans leur cycle de croissance établie et n'attache pas trop d'importance aux fluctuations économiques à court terme. Le secteur préféré de M. Van Berkom est celui des produits industriels; suivent dans l'ordre : le secteur des produits de consommation et le secteur pétrole et gaz. Le gestionnaire a adopté une approche croissance comme en témoigne le ratio cours-bénéfice assez élevé du fonds.

Il n'est pas exagéré de dire que les fonds de petites sociétés n'ont pas la faveur du public par les temps qui courent. Peut-être est-ce le temps d'être *contrarian*?

Fonds d'actions canadiennes : petites sociétés

Fidelity Expansion Canada

Renseignements généraux

Mois et année d'implantation : juin 1994
Investissement minimal : 500 $
Gestionnaire : Alan Radlo, depuis le début
Famille de fonds : Fidelity
Fréquence des distributions : annuelle
Éligibilité au REER : 100 %
Frais : à l'entrée ou à la sortie, si l'intermédiaire en réclame

Renseignements quantitatifs au 30 septembre 1998

Valeur de l'actif du fonds :	1 344,8 millions
Ratio des frais de gestion :	2,45 %
Capitalisation moyenne :	1,12 milliard
Meilleure année : 96-97	40,2 %
Moins bonne année : 97-98	-12,1 %
Rendement 6 mois :	-17,6 %

Rendements annuels et quartiles

Année (Septembre à septembre)	Rendement (%)	Quartile	Rendement moyen de la catégorie (%)	Nesbitt Burns (%)
97-98	-12,1	1	-27,9	-35,3
96-97	40,2	2	30,1	24,3
95-96	22,0	3	28,6	22,7
94-95	23,9	1	10,2	5,2

Rendements composés et quartiles

Période	Rendement annuel composé (%)	Quartile	Rendement annuel composé moyen de la catégorie (%)	Nesbitt Burns (%)
1 an	-12,1	1	-27,9	-35,3
2 ans	11,0	1	-4,3	-10,3
3 ans	14,5	1	5,2	-0,5

Rendement annuel composé depuis le début : 16,7 %

Efficacité fiscale : élevée

Risque : moyen

Évaluation générale : 🐷🐷🐷🐷🐷½

Commentaires

Voilà un gestionnaire qui n'a pas peur d'acheter des titres d'entreprises québécoises. Récemment, Alan Radlo a décidé d'augmenter sa pondération en titres de Télé-Métropole. Fidelity est aussi l'un des plus gros actionnaires de Métro-Richelieu. Si la vague de fusions se poursuit dans le secteur de l'alimentation, ce fonds en profitera. C'est une approche basée sur la valeur qu'a adoptée Alan Radlo. Le secteur préféré de M. Radlo demeure celui des produits industriels. L'encaisse est plus élevée comparativement au fonds type de la catégorie et il en va de même pour la pondération en actions étrangères. On a souvent accusé Alan Radlo de ne pas vraiment gérer un fonds de petites sociétés. Cependant, les résultats sont là. Qui plus est, le risque est inférieur à celui des autres fonds de petites sociétés.

Fonds 17

Fonds d'actions canadiennes : petites sociétés

Cote 100 EXP

Renseignements généraux

Mois et année d'implantation : avril 1994
Investissement minimal : 5 000 $
Gestionnaire : Guy Leblanc, depuis le début
Famille de fonds : Cote 100
Fréquence des distributions : annuelle
Éligibilité au REER : 100 %
Frais : aucuns

Renseignements quantitatifs au 30 septembre 1998

Valeur de l'actif du fonds :	36,5 millions
Ratio des frais de gestion :	2,60 %
Meilleure année : 96-97	34,0 %
Moins bonne année : 97-98	-20,5 %
Capitalisation moyenne :	0,96 milliard
Rendement 6 mois :	-26,3 %

Rendements annuels et quartiles

Année (Septembre à septembre)	Rendement (%)	Quartile	Rendement moyen de la catégorie (%)	Nesbitt Burns (%)
97-98	-20,5	2	-27,9	-35,3
96-97	34,0	2	30,1	24,3
95-96	29,6	2	28,6	22,7
94-95	17,4	1	10,2	5,2

Rendements composés et quartiles

Période	Rendement annuel composé (%)	Quartile	Rendement annuel composé moyen de la catégorie (%)	Nesbitt Burns (%)
1 an	-20,5	2	-27,9	-35,3
2 ans	3,2	2	-4,3	-10,3
3 ans	11,3	2	5,2	-0,5

Rendement annuel composé depuis le début : 12,6 %

Efficacité fiscale :
très élevée

Risque : moyen

Évaluation générale :

Commentaires

Guy Leblanc est à la barre depuis le tout début. Il gère le fonds avec un mélange des approches croissance et valeur. Tout comme d'autres gestionnaires établis au Québec, Guy Leblanc connaît très bien les petites sociétés québécoises. M. Leblanc est un investisseur qui vise le long terme. Il a augmenté son encaisse au cours des derniers mois. Environ 80 % de l'actif du fonds est investi en actions canadiennes. La capitalisation moyenne du fonds est supérieure à celle de ses concurrents. Le secteur des produits industriels est de loin celui qui domine la répartition du portefeuille. Le rapport cours-bénéfice moyen du fonds est bas. Il faut savoir que depuis un an les fonds de petites sociétés ont perdu en moyenne 27 %. Cote 100 EXP s'en est mieux tiré au cours de cette même période malgré une baisse de quelque 20 %. Notons que les entreprises retenues par le gestionnaire vendent beaucoup à l'étranger, critère important pour Guy Leblanc.

Si vous achetez ce fonds, vous serez pénalisé si vous vendez vos parts à l'intérieur d'une période d'un an. En achetant des parts du fonds Cote 100 EXP, il faut avoir en tête le long terme.

Fonds d'actions canadiennes : petites sociétés

Croissance Québec (Montrusco)

Renseignements généraux

Mois et année d'implantation : février 1987
Investissement minimal : 1 000 $
Gestionnaire : Christine Décarie
Famille de fonds : Montrusco
Fréquence des distributions : annuelle
Éligibilité au REER : 100 %
Frais : à l'entrée ou à la sortie, si l'intermédiaire en réclame

Rendement annuel composé depuis le début : 4,5 %

Efficacité fiscale :
très élevée

Risque : élevé

Évaluation générale : 🐷🐷🐷🐷

Renseignements quantitatifs au 30 septembre 1998

Valeur de l'actif du fonds : 23,4 millions
Ratio des frais de gestion : 2,00 %
Meilleure année : 96-97 64,1 %
Moins bonne année : 89-90 -50,0 %
Capitalisation moyenne : 1,2 milliard
Rendement 6 mois : -16,7 %

Rendements annuels et quartiles

Année (Septembre à septembre)	Rendement (%)	Quartile	Rendement moyen de la catégorie (%)	Nesbitt Burns (%)
97-98	-3,5	1	-27,9	-35,3
96-97	64,1	1	30,1	24,3
95-96	18,5	3	28,6	22,7
94-95	6,4	3	10,2	5,2
93-94	-7,4	4	1,8	3,4
92-93	41,2	*	55,5	46,5
91-92	43,3	*	8,3	7,7
90-91	48,3	*	7,1	13,2
89-90	-50,0	*	-12,8	-25,2
88-89	50,0	*	18,8	12,9

Rendements composés et quartiles

Période	Rendement annuel composé (%)	Quartile	Rendement annuel composé moyen de la catégorie (%)	Nesbitt Burns (%)
1 an	-20,5	1	-27,9	-35,3
2 ans	3,2	1	-4,3	-10,3
3 ans	11,3	1	5,2	-0,5
5 ans	13,1	1	4,2	1,4
10 ans	15,3	*	7,2	4,9

*Échantillon trop petit.

Commentaires

Christine Décarie, la gestionnaire de ce fonds, a obtenu d'excellents résultats au cours des dernières années. Durant la récente correction, le fonds a perdu moins de terrain que les autres fonds de sa catégorie. Le nom du fonds nous indique que les titres d'entreprises québécoises ont la faveur de la gestionnaire. On y retrouve des titres comme les Boutiques San Francisco, Jean Coutu, Maax et Van Houtte. Vous ne retrouverez pas beaucoup de titres du secteur des ressources dans ce fonds, ce qui a contribué à l'obtention d'un rendement supérieur. La gestionnaire a une préférence pour les secteurs du commerce de détail et des produits industriels. Le rapport risque-rendement du fonds est l'un des meilleurs de sa catégorie. C'est un fonds qui devrait attirer de plus en plus d'investisseurs.

Fonds 19

Cundill Sécurité

Renseignements généraux

Mois et année d'implantation : décembre 1980
Investissement minimal : 2 500 $
Gestionnaire : Peter Cundill
Famille de fonds : Peter Cundill (Mackenzie)
Fréquence des distributions : annuelle
Éligibilité au REER : 100 %
Frais : à l'entrée, si l'intermédiaire en réclame

Renseignements quantitatifs au 30 septembre 1998

Valeur de l'actif du fonds :	28 millions
Ratio des frais de gestion :	2,04 %
Meilleure année : 92-93	31,8 %
Moins bonne année : 91-92	-12,1 %
Capitalisation moyenne : non disponible	
Rendement 6 mois :	-9,8 %

Rendements annuels et quartiles

Année (Septembre à septembre)	Rendement (%)	Quartile	Rendement moyen de la catégorie (%)	Nesbitt Burns (%)
97-98	4,2	1	-27,9	-35,3
96-97	25,8	3	30,1	24,3
95-96	12,4	4	28,6	22,7
94-95	15,2	2	10,2	5,2
93-94	18,0	1	1,8	3,4
92-93	31,8	*	55,5	46,5
91-92	-12,1	*	8,3	7,7
90-91	-2,4	*	7,1	13,2
89-90	-10,6	*	-12,8	-25,2
88-89	13,2	*	18,8	12,9

Rendements composés et quartiles

Période	Rendement annuel composé (%)	Quartile	Rendement annuel composé moyen de la catégorie (%)	Nesbitt Burns (%)
1 an	4,2	1	-27,9	-35,3
2 ans	14,5	1	-4,3	-10,3
3 ans	13,8	1	5,2	-0,5
5 ans	14,9	1	4,2	1,4
10 ans	8,6	*	7,2	4,9

*Échantillon trop petit.

Rendement annuel composé depuis le début : 9,8 %

Efficacité fiscale : moyenne

Risque : faible

Évaluation générale :

Commentaires

Peter Cundill n'aime pas imiter ses confrères. Le fonds avait déjà une encaisse importante avant le début de la correction boursière, ce qui l'a très bien servi. En fait, l'encaisse représentait environ 30 % de l'actif du fonds en date du 30 septembre 1998 et cette pondération restera élevée au cours des prochains mois. Autre différence importante : un contenu étranger élevé, ce qui est peu courant pour un fonds de petites sociétés. Peter Cundill a aussi investi un pourcentage supérieur à la moyenne dans le secteur des produits forestiers, bien que le secteur du commerce de détail demeure son favori. Si vous voulez acheter des parts de ce fonds, vous devez acheter la série B puisque la série A est fermée aux nouveaux investisseurs. Peter Cundill s'en est mieux tiré avec son fonds d'actions canadiennes qu'avec son fonds d'actions internationales où il avait misé sur le Japon.

Fonds d'actions canadiennes : grandes sociétés

Atlas Croissance Grandes Sociétés Canadiennes

Renseignements généraux

Mois et année d'implantation : octobre 1985
Investissement minimal : 500 $
Gestionnaire : Fred Pynn, depuis 1994
Famille de fonds : Atlas
Fréquence des distributions : annuelle
Éligibilité au REER : 100 %
Frais : à l'entrée ou à la sortie, si l'intermédiaire en réclame

Renseignements quantitatifs au 30 septembre 1998

Valeur de l'actif du fonds :	540 millions
Ratio des frais de gestion :	2,44 %
Capitalisation moyenne :	5,33 milliards
Meilleure année : 96-97	43,5 %
Moins bonne année : 97-98	-15,2 %
Rendement 6 mois :	-22,1 %

Rendements annuels et quartiles

Année (Septembre à septembre)	Rendement (%)	Quartile	Rendement moyen de la catégorie (%)	TSE 300 (%)
97-98	-15,2	1	-18,1	-19,0
96-97	43,5	1	33,5	35,4
95-96	21,1	1	16,6	19,4
94-95	9,0	1	6,0	6,5
93-94	6,5	3	7,8	11,7
92-93	9,8	4	21,0	24,6
91-92	-2,4	4	3,6	0,7
90-91	14,8	2	12,0	11,6
89-90	-14,2	2	-14,7	-16,9
88-89	19,1	4	21,6	24,5

Rendements composés et quartiles

Période	Rendement annuel composé (%)	Quartile	Rendement annuel composé moyen de la catégorie (%)	TSE 300 (%)
1 an	-15,2	1	-18,1	-19,0
2 ans	10,3	1	4,6	4,8
3 ans	13,8	1	8,5	9,4
5 ans	11,3	1	7,8	9,3
10 ans	8,0	2	7,7	8,5

Rendement annuel composé depuis le début : 6,9 %

Efficacité fiscale : très élevée

Risque : au-dessous de la moyenne

Évaluation générale :

Commentaires

On dit qu'un gestionnaire peut faire la différence. C'est le cas du fonds de grandes sociétés canadiennes de la famille de fonds Atlas. Depuis que Fred Pynn est en poste, le fonds se classe toujours parmi les meilleurs de sa catégorie. La volatilité du fonds est en bas de la moyenne, ce qui est intéressant puisque le gestionnaire favorise l'approche croissance. À l'occasion, le gestionnaire peut ajouter quelques titres de sociétés de taille moyenne. Les secteurs des produits industriels et des services financiers sont les secteurs préférés de M. Pynn. Comme pour beaucoup d'autres fonds d'actions canadiennes, on note une hausse de la pondération de l'encaisse depuis l'an dernier. En achetant des parts de ce fonds de la série Atlas, vous pourrez profiter de l'expertise de gestion de Bissett and Associates.

Un bon choix pour un investisseur qui cherche une croissance à long terme sans pour autant prendre de risque excessif.

Fonds 21

Ivy Canadien

Renseignements généraux

Mois et année d'implantation : octobre 1992
Investissement minimal : 500 $
Gestionnaire : Jerry Javasky, depuis juillet 1997
Famille de fonds : Ivy (Mackenzie)
Fréquence des distributions : annuelle
Éligibilité au REER : 100 %
Frais : à l'entrée ou à la sortie, si l'intermédiaire en réclame

Renseignements quantitatifs au 30 septembre 1998

Valeur de l'actif du fonds :	5 025 millions
Ratio des frais de gestion :	2,32 %
Capitalisation moyenne :	9,82 milliards
Meilleure année : 96-97	27,2 %
Moins bonne année : 97-98	-2,5 %
Rendement 6 mois :	-11,4 %

Rendements annuels et quartiles

Année (Septembre à septembre)	Rendement (%)	Quartile	Rendement moyen de la catégorie (%)	TSE 300 (%)
97-98	-2,5	1	-18,1	-19,0
96-97	27,2	4	33,5	35,4
95-96	17,1	2	16,6	19,4
94-95	12,6	1	6,0	6,5
93-94	8,1	3	7,8	11,7

Rendements composés et quartiles

Période	Rendement annuel composé (%)	Quartile	Rendement annuel composé moyen de la catégorie (%)	TSE 300 (%)
1 an	-2,5	1	-18,1	-19,0
2 ans	11,4	1	4,6	4,8
3 ans	13,2	1	8,5	9,4
5 ans	12,1	1	7,8	9,3

Rendement annuel composé depuis le début : 11,7 %

Efficacité fiscale : très élevée

Risque : faible

Évaluation générale :

Commentaires

C'est le plus gros fonds d'actions canadiennes. Acheter des parts de ce fonds c'est comme acheter des titres de grandes sociétés et c'est aussi comme détenir une encaisse importante. Le fonds s'en est bien tiré pendant la tourmente de l'été 1998, si bien qu'on le retrouve parmi les meilleurs fonds d'actions canadiennes pour l'année se terminant le 30 septembre 1998. Le niveau de risque du fonds est nettement inférieur à la moyenne, ce qui n'est pas surprenant compte tenu de la pondération importante de l'encaisse. Pour le niveau de risque encouru, le fonds a procuré aux détenteurs de parts de très bons rendements au cours des dernières années. Certains craignaient que le départ de Gerald Coleman puisse affecter la performance du fonds, mais son successeur, Jerry Javasky, s'en est bien tiré jusqu'à présent. C'est un fonds qui préconise l'approche valeur. Le ratio cours-bénéfice de ce fonds est un des plus bas, se situant en bas du ratio cours-bénéfice de l'indice. Ce fonds convient particulièrement aux investisseurs les plus conservateurs, mais pourrait aussi faire partie de n'importe quel portefeuille.

Fonds d'actions canadiennes : grandes sociétés

Spectrum United Investissement Canadien

Renseignements généraux

Mois et année d'implantation : novembre 1932
Investissement minimal : 500 $
Gestionnaire : Kim Shannon, depuis 1995
Famille de fonds : Spectrum United
Fréquence des distributions : trimestrielle
Éligibilité au REER : 100 %
Frais : à l'entrée ou à la sortie, si l'intermédiaire en réclame

Rendement annuel composé depuis le début : 8,6 %

Efficacité fiscale : élevée

Risque : au-dessous de la moyenne

Évaluation générale :

Renseignements quantitatifs au 30 septembre 1998

Valeur de l'actif du fonds :	279,6 millions
Ratio des frais de gestion :	2,33 %
Capitalisation moyenne :	7,35 milliards
Meilleure année : 96-97	37,1 %
Moins bonne année : 97-98	-15,8 %
Rendement 6 mois :	-15,8 %

Rendements annuels et quartiles

Année (Septembre à septembre)	Rendement (%)	Quartile	Rendement moyen de la catégorie (%)	TSE 300 (%)
97-98	-5,9	1	-18,1	-19,0
96-97	37,1	2	33,5	35,4
95-96	20,2	1	16,6	19,4
94-95	7,4	2	6,0	6,5
93-94	5,7	3	7,8	11,7
92-93	12,4	4	21,0	24,6
91-92	-1,5	4	3,6	0,7
90-91	8,1	4	12,0	11,6
89-90	-15,2	3	-14,7	-16,9
88-89	24,5	1	21,6	24,5

Rendements composés et quartiles

Période	Rendement annuel composé (%)	Quartile	Rendement annuel composé moyen de la catégorie (%)	TSE 300 (%)
1 an	-5,9	1	-18,1	-19,0
2 ans	13,6	1	4,6	4,8
3 ans	15,8	1	8,5	9,4
5 ans	12,0	1	7,8	9,3
10 ans	8,3	2	7,7	8,5

Commentaires

C'est le plus vieux fonds commun de placement au Canada. Lancé en 1932, en pleine dépression, le fonds Spectrum United Investissement Canadien est maintenant géré avec une approche valeur. La gestionnaire a complètement changé l'orientation du fonds en 1995. Il faut donc en tenir compte lorsque l'on regarde les rendements historiques du fonds. On dit de la gestionnaire, Kim Shannon, qu'elle ne déteste pas être *contrarian*. Comme beaucoup de gestionnaires, Mme Shannon a augmenté l'encaisse du fonds cet été. Son secteur préféré est celui des services financiers. Vous trouverez également dans ce fonds des titres comme Bell Canada, Imasco, Barrick et Trans-Canada Pipelines. Les entrées de fonds ont augmenté de 100 % depuis l'an dernier, ce dont peu de fonds de cette taille peuvent se vanter. Un fonds qui continuera d'attirer de nouveaux investisseurs. Un fonds relativement conservateur somme toute.

Fonds 23

Fonds d'actions canadiennes : grandes sociétés

Trimark Canadien

Renseignements généraux

Mois et année d'implantation : juillet 1981
Investissement minimal : 500 $
Fréquence des distributions : annuelle
Gestionnaire : Vito Maida
Famille de fonds : Trimark
Éligibilité au REER : 100 %
Frais : à l'entrée, si l'intermédiaire en réclame

Renseignements quantitatifs au 30 septembre 1998

Valeur de l'actif du fonds :	1 791,7 millions
Ratio des frais de gestion :	1,52 %
Capitalisation moyenne :	2,42 milliards
Meilleure année : 96-97	26,1 %
Moins bonne année : 97-98	-15,6 %
Rendement 6 mois :	-16,8 %

Rendements annuels et quartiles

Année (Septembre à septembre)	Rendement (%)	Quartile	Rendement moyen de la catégorie (%)	TSE 300 (%)
97-98	-15,6	2	-18,1	-19,0
96-97	26,1	4	33,5	35,4
95-96	14,7	3	16,6	19,4
94-95	3,8	3	6,0	6,5
93-94	17,2	1	7,8	11,7
92-93	25,2	2	21,0	24,6
91-92	12,0	1	3,6	0,7
90-91	16,9	1	12,0	11,6
89-90	-15,4	2	-14,7	-16,9
88-89	25,6	1	21,6	24,5

Rendements composés et quartiles

Période	Rendement annuel composé (%)	Quartile	Rendement annuel composé moyen de la catégorie (%)	TSE 300 (%)
1 an	-15,6	2	-18,1	-19,0
2 ans	3,2	3	4,6	4,8
3 ans	6,9	3	8,5	9,4
5 ans	8,2	2	7,8	9,3
10 ans	10,0	1	7,7	8,5

Rendement annuel composé depuis le début : 12,3 %

Efficacité fiscale :
au-dessous de la moyenne

Risque : au-dessous
de la moyenne

Évaluation générale :

Commentaires

Cette sélection peut surprendre. Certains conseillers financiers semblent avoir perdu confiance en Trimark, et on a même dit que certains gros courtiers avaient éliminé ce fonds de leur liste de recommandations. Le fonds Trimark Canadien connaît une période difficile, nous en convenons. Trimark n'a pas profité des rendements intéressants qu'a offerts le secteur des services financiers avant la correction. Le gestionnaire, Vito Maida, mise sur le retour en force du secteur des ressources car le fonds a une pondération nettement supérieure à la moyenne dans les secteurs métaux précieux, mines et métaux ainsi que pétrole et gaz. Au moment de préparer nos évaluations, nous constatons que l'efficacité fiscale est relativement faible. Cette situation s'explique par le fait que M. Maida s'est débarrassé de plusieurs titres lorsqu'il a amorcé son virage vers le secteur des ressources. Le fonds détient des titres d'entreprises qui ont fait l'objet de fusions et des titres d'entreprises qui ont été achetées. Le gestionnaire a d'ailleurs réalisé des rendements intéressants sur ces titres. On s'attend donc à une faible efficacité fiscale cette année.
Nous sommes optimiste et considérons qu'un investisseur y trouvera son compte à long terme.

Fonds d'actions canadiennes : fonds indiciel

CIBC Fonds Indice Boursier Canadien

Renseignements généraux

Mois et année d'implantation : juin 1996
Investissement minimal : 500 $
Gestionnaire : Isabella De Menezes
Famille de fonds : CIBC
Fréquence des distributions : annuelle
Éligibilité au REER : 100 %
Frais : aucuns

Renseignements quantitatifs au 30 septembre 1998

Valeur de l'actif du fonds :	317,6 millions
Ratio des frais de gestion :	0,9 %
Capitalisation moyenne :	8,57 milliards
Meilleure année : 96-97	34,3 %
Moins Bonne année : 97-98	-19,3 %
Rendement 6 mois :	-25,4 %

Rendements annuels et quartiles

Période	Rendement annuel composé (%)	Quartile	Rendement annuel composé moyen de la catégorie (%)	TSE 300 (%)
97-98	-19,3	3	-18,1	-19,0
96-97	34,1	2	33,5	35,4

Rendements composés et quartiles

Période	Rendement annuel composé (%)	Quartile	Rendement annuel composé moyen de la catégorie (%)	TSE 300 (%)
1 an	-19,3	3	-18,1	-19,0
2 ans	4,0	3	4,6	4,8

Rendement annuel composé depuis le début : 5,7 %

Efficacité fiscale : non-disponible

Risque : au-dessus de la moyenne

Évaluation générale :

Commentaires

Rien de compliqué. Il s'agit d'un fonds calqué sur l'indice TSE 300. On achète donc les titres constituant l'indice avec les mêmes pondérations. Le gestionnaire peut aussi avoir recours aux produits dérivés. Plusieurs diront que la majorité des gestionnaires ne battent pas l'indice, alors pourquoi se casser la tête? Nous avons vu en première partie que ce n'est pas nécessairement le but recherché par certains gestionnaires.

Le ratio des frais de gestion a beaucoup diminué, ce qui aidera l'investisseur à obtenir un meilleur rendement. Mentionnons à nouveau que les fonds indiciels sont très populaires aux États-Unis, mais que leur part de marché n'est pas très grande au Canada et au Québec.

Fonds 25

AIM GT Croissance Canada

Renseignements généraux

Mois et année d'implantation : janvier 1995
Investissement minimal : 500 $
Gestionnaire : Derek Webb, depuis le début
Famille de fonds : AIM GT
Fréquence des distributions : annuelle
Éligibilité au REER : 100 %
Frais : à l'entrée ou à la sortie, si l'intermédiaire en réclame

Renseignements quantitatifs au 30 septembre 1998

Valeur de l'actif du fonds :	648 millions
Ratio des frais de gestion :	2,42 %
Capitalisation moyenne :	7,04 milliards
Meilleure année : 95-96	47,7 %
Moins bonne année : 97-98	-21,0 %
Rendement 6 mois :	-21,9 %

Rendements annuels et quartiles

Année (Septembre à septembre)	Rendement (%)	Quartile	Rendement moyen de la catégorie (%)	TSE 300 (%)
97-98	-21,0	3	-19,3	-19,0
96-97	20,4	4	32,5	35,4
95-96	47,7	1	20,4	19,4

Rendements composés et quartiles

Période	Rendement annuel composé (%)	Quartile	Rendement annuel composé moyen de la catégorie (%)	TSE 300 (%)
1 an	-21,0	3	-19,3	-19,0
2 ans	-2,5	4	2,5	4,8
3 ans	12,0	1	7,5	9,4

Rendement annuel composé depuis le début : 11,8 %

Efficacité fiscale : élevée

Risque : élevé

Évaluation générale : ½

Commentaires

Le secteur de la gestion de portefeuille n'est pas à l'abri des fusions. C'est le cas de ce fonds qui faisait autrefois partie de la famille GT Global. La Société AIM a acquis GT Global au cours de la dernière année. Jusqu'à tout récemment, le fonds AIM GT Croissance Canada portait le nom GT Global Croissance Canada. Changement de nom mais aucun changement de gestionnaire. Derek Webb est toujours en poste. M. Webb est l'un des rares gestionnaires à favoriser l'approche momentum. Il serait préférable d'acheter ce fonds pour votre compte REER puisque le roulement de portefeuille est relativement élevé, ce qui est une conséquence du style de gestion privilégié par M. Webb. Une reprise du marché boursier favorisera ce fonds à court terme. La volatilité du fonds est supérieure à la moyenne. En ce moment, les secteurs préférés de M. Webb sont les secteurs des produits industriels et des services publics. À noter que le gestionnaire profite pleinement de la limite permise de 20 % quant au contenu étranger : c'est un avantage. Le fonds détient des titres de sociétés bien connues des Québécois telles Imasco, Téléglobe et Saputo.

Fonds d'actions canadiennes : diversifié

Optimum Actions

Renseignements généraux

Mois et année d'implantation : février 1994
Investissement minimal : 1 000 $
Gestionnaire : Conseillers du St-Laurent
Famille de fonds : Groupe Optimum
Fréquence des distributions : mensuelle
Éligibilité au REER : 100 %
Frais : aucuns

Renseignements quantitatifs au 30 septembre 1998

Valeur de l'actif du fonds :	4,2 millions
Ratio des frais de gestion :	1,62 %
Capitalisation moyenne :	7,7 milliards
Meilleure année : 96-97	38,5 %
Moins bonne année : 97-98	-11,7 %
Rendement 6 mois :	-18,7 %

Rendements annuels et quartiles

Année (Septembre à septembre)	Rendement (%)	Quartile	Rendement moyen de la catégorie (%)	TSE 300 (%)
97-98	-11,7	1	-19,3	-19,0
96-97	38,5	1	32,5	35,4
95-96	16,8	3	20,4	19,4
94-95	5,5	3	6,4	6,5

Rendements composés et quartiles

Période	Rendement annuel composé (%)	Quartile	Rendement annuel composé moyen de la catégorie (%)	TSE 300 (%)
1 an	-11,7	1	-19,3	-19,0
2 ans	10,6	1	2,5	4,8
3 ans	12,6	1	7,5	9,4

Rendement annuel composé depuis le début : 7,30 %

Efficacité fiscale : moyenne

Risque : moyen

Évaluation générale :

Commentaires

Ce fonds est géré par les conseillers du St-Laurent qui, soit dit en passant, gèrent les autres fonds du groupe Optimum. Quatre-vingt-dix pour cent de l'actif du fonds est investi en actions canadiennes, l'encaisse étant inférieure à la moyenne. Le fonds a une bonne répartition sectorielle. Les préférences vont aux secteurs des services financiers, des services publics et des produits industriels. Le gestionnaire mélange les styles croissance et valeur, mais les ratios cours-bénéfice et cours-valeur au livre nous amènent à penser que c'est presqu'un fonds valeur. À noter que le rapport risque-rendement est intéressant : il se situe au-dessus de la moyenne de sa catégorie. Les frais de gestion sont en bas de la moyenne même s'il s'agit d'un petit fonds. Le Groupe Optimum a sa propre lettre financière qui est très bien conçue et qui contient de l'information très pertinente pour l'investisseur.

Fonds 27

Fonds d'actions canadiennes : diversifié

Cote 100 REER

Renseignements généraux

Mois et année d'implantation : octobre 1992
Investissement minimal : 2 000 $
Gestionnaire : Guy Leblanc, depuis le début
Famille de fonds : Les Fonds Cote 100
Fréquence des distributions : annuelle
Éligibilité au REER : 100 %
Frais : aucuns

Renseignements quantitatifs au 30 septembre 1998

Valeur de l'actif du fonds :	33,4 millions
Ratio des frais de gestion :	1,41 %
Capitalisation moyenne :	1,41 milliard
Meilleure année : 96-97	37,4 %
Moins bonne année : 97-98	-22,1 %
Rendement 6 mois :	-29,1 %

Rendements annuels et quartiles

Année (Septembre à septembre)	Rendement (%)	Quartile	Rendement moyen de la catégorie (%)	TSE 300 (%)
97-98	-22,1	3	-19,3	-19,0
96-97	37,4	2	32,5	35,4
95-96	27,3	1	20,4	19,4
94-95	12,3	1	6,4	6,5
93-94	-4,7	4	7,3	11,7

Rendements composés et quartiles

Période	Rendement annuel composé (%)	Quartile	Rendement annuel composé moyen de la catégorie (%)	TSE 300 (%)
1 an	-22,1	3	-19,3	-19,0
2 ans	3,5	2	2,5	4,8
3 ans	10,9	2	7,5	9,4
5 ans	7,8	2	6,8	9,3

Rendement annuel composé depuis le début : 15,1 %

Efficacité fiscale :
très élevée

Risque : moyen

Évaluation générale :

Commentaires

Le fonds Cote 100 REER a été le tout premier fonds lancé par cette famille de fonds. Le fonds ressemble au fonds Cote 100 EXP, mais détient un peu plus de titres de grandes entreprises. C'est donc un fonds d'actions canadiennes diversifié, bien que la capitalisation moyenne soit relativement basse. Le nombre de titres sélectionnés (environ une vingtaine) est petit, ce qui signifie que la pondération des titres principaux est relativement importante comparativement à d'autres fonds d'actions canadiennes. Chez Cote 100, on limite le roulement de portefeuille pour arriver à une efficacité fiscale très élevée. Le gestionnaire est un partisan de la stratégie *Buy and Hold* et il mélange les approches valeur et croissance. Les titres principaux n'ont pas vraiment changé depuis l'an dernier. M. Leblanc a cependant augmenté la pondération de l'encaisse à environ 13 % de l'actif. Les secteurs du commerce de détail et des produits industriels dominent de loin le portefeuille. C'est un fonds d'actions canadiennes diversifié, mais il ressemble à un fonds d'actions de petites sociétés, car sa capitalisation moyenne est de beaucoup inférieure à la moyenne de sa catégorie.

Fonds d'actions canadiennes : diversifié

AIC Canada Diversifié

Renseignements généraux

Mois et année d'implantation : décembre 1994
Investissement minimal : 250 $
Gestionnaires : Jonathan Wellum,
Michael Lee-Chin et Neil Murdoch
Fréquence des distributions : annuelle
Éligibilité au REER : 100 %
Frais : à l'entrée ou à la sortie, si l'intermédiaire en réclame

Renseignements quantitatifs au 30 septembre 1998

Valeur de l'actif du fonds :	1 936,6 millions
Ratio des frais de gestion :	2,39 %
Capitalisation moyenne :	7,31 milliards
Meilleure année : 96-97	57,6 %
Moins bonne année : 97-98	-3,2 %
Rendement 6 mois :	-15,6 %

Rendements annuels et quartiles

Année (Septembre à septembre)	Rendement (%)	Quartile	Rendement moyen de la catégorie (%)	TSE 300 (%)
97-98	-3,2	1	-19,3	-19,0
96-97	57,6	1	32,5	35,4
95-96	50,6	1	20,4	19,4

Rendements composés et quartiles

Période	Rendement annuel composé (%)	Quartile	Rendement annuel composé moyen de la catégorie (%)	TSE 300 (%)
1 an	-3,2	1	-19,3	-19,0
2 ans	23,5	1	2,5	4,8
3 ans	31,9	1	7,5	9,4

Rendement annuel composé depuis le début : 30,2 %

Efficacité fiscale : très élevée

Risque : au-dessus de la moyenne

Évaluation générale : 🐷🐷🐷🐷½

Commentaires

Alors que l'indice TSE 300 reculait de 19 % au cours de la dernière année, le fonds AIC Canada Diversifié ne reculait que de 3,2 %. En achetant des parts de ce fonds, vous obtiendrez une bonne représentation dans le secteur canadien des services financiers sans pour autant en faire un fonds de services financiers. Entre 40 et 45 % de la portion actions canadiennes est investie dans le secteur des services financiers, ce qui en fait le secteur dominant du fonds. Le deuxième secteur en importance est celui des produits industriels. Les gestionnaires ne veulent pas détenir plus de 40 titres dans leur portefeuille et prévoient détenir chaque titre pour une période de 10 à 15 ans. Il est aussi intéressant de constater que le fonds investit un peu plus à l'étranger que les autres fonds d'actions canadiennes, ce qui est un avantage. Un fonds qui conviendra à un plus grand nombre d'investisseurs que le fonds AIC Avantage. La croissance de l'actif sous gestion a été phénoménale au cours des trois dernières années, mais cette croissance ne semble pas avoir affecté les rendements.

Fonds 29

Talvest Croissance Actions Canadiennes

Renseignements généraux

Mois et année d'implantation : janvier 1997
Investissement minimal : 500 $
Gestionnaire : Denis Ouellet
Famille de fonds : Talvest
Fréquence des distributions : semestrielle
Éligibilité au REER : 100 %
Frais : à l'entrée ou à la sortie, si l'intermédiaire en réclame

Renseignements quantitatifs au 30 septembre 1998

Valeur de l'actif du fonds :	328,1 millions
Ratio des frais de gestion :	2,62 %
Capitalisation moyenne :	5,51 milliards
Rendement 6 mois :	-23,1 %

Rendements annuels et quartiles

Année (Septembre à septembre)	Rendement (%)	Quartile	Rendement moyen de la catégorie (%)	TSE 300 (%)
97-98	-18,1	2	-19,3	-19,0

Rendements composés et quartiles

Période	Rendement annuel composé (%)	Quartile	Rendement annuel composé moyen de la catégorie (%)	TSE 300 (%)
1 an	-18,1	2	-19,3	-19,0

Rendement annuel composé depuis le début : 1,8 %

Efficacité fiscale : non disponible

Risque : moyen

Évaluation générale :

Commentaires

Lancé en janvier 1997, le fonds Talvest Actions Canadiennes Croissance a vite attiré l'attention des investisseurs qui avaient choisi la famille de fonds Talvest. Vétéran de l'industrie, Denis Ouellet est responsable de l'équipe de gestionnaires des fonds d'actions canadiennes chez T.A.L. Ancien de Montrusco, il y avait obtenu d'excellents résultats avec le fonds d'actions canadiennes Scotia Excelsior. L'information se limite au rendement sur un an, ce qui inciterait des analystes à ne pas le considérer (plusieurs attendent trois ans avant d'évaluer un fonds). Nous osons croire que l'expérience acquise dans l'industrie peut servir de critère lorsque vient le temps de sélectionner un fonds. Nous récidivons cette année en le sélectionnant à nouveau.

Denis Ouellet n'a pas de préférence pour les grandes ou les petites entreprises. Présentement, les secteurs privilégiés par le gestionnaire sont ceux des services financiers et des produits industriels. M. Ouellet évite le secteur des métaux précieux qu'il considère trop imprévisible. Contrairement à d'autres gestionnaires, M. Ouellet n'a pas augmenté l'encaisse du fonds cet été, ce qui s'est traduit par des gains intéressants en septembre et en octobre. Nous sommes toujours confiant de voir ce fonds se classer parmi les meilleurs au cours des prochaines années.

Fonds d'actions canadiennes : diversifié

Universal Croissance Canada

Renseignements généraux

Mois et année d'implantation : août 1995
Investissement minimal : 500 $
Gestionnaire : Dina Degeer
Famille de fonds : Universal (Mackenzie)
Fréquence des distributions : annuelle
Éligibilité au REER : 100 %
Frais : à l'entrée ou à la sortie, si l'intermédiaire en réclame

Renseignements quantitatifs au 30 septembre 1998

Valeur de l'actif du fonds :	1 768,7 millions
Ratio des frais de gestion :	2,34 %
Capitalisation moyenne :	4,35 milliards
Meilleure année : 96-97	41,6 %
Moins bonne année : 97-98	-9,6 %
Rendement 6 mois :	-15,6 %

Rendements annuels et quartiles

Année (Septembre à septembre)	Rendement (%)	Quartile	Rendement moyen de la catégorie (%)	TSE 300 (%)
97-98	-9,6	1	-19,3	-19,0
96-97	41,6	1	32,5	35,4
95-96	13,2	4	20,4	19,4

Rendements composés et quartiles

Période	Rendement annuel composé (%)	Quartile	Rendement annuel composé moyen de la catégorie (%)	TSE 300 (%)
1 an	-9,6	1	-19,3	-19,0
2 ans	13,1	1	2,5	4,8
3 ans	13,2	1	7,5	9,4

Rendement annuel composé depuis le début : 11,2 %

Efficacité fiscale : au-dessus de la moyenne

Risque : au-dessous de la moyenne

Évaluation générale :

Commentaires

Le fonds est géré par Dina Degeer de Bluewater Management. Mme Degeer gérait auparavant pour Trimark où elle avait obtenu beaucoup de succès. Mackenzie lui a offert de gérer le fonds d'actions canadiennes, le plus important de la série Universal. Les investisseurs qui achètent des parts de ce fonds choisissent un fonds dont le niveau de risque est inférieur à la moyenne. Le rapport risque-rendement est excellent. L'encaisse du fonds est élevée, ce qui en fait un fonds assez défensif, mais cette stratégie permet en même temps à Mme Degeer d'acquérir des titres intéressants. La gestionnaire entend détenir entre 20 et 25 titres et investir à l'étranger dans les limites permises. C'est le secteur des services publics qui domine la portion actions canadiennes du portefeuille. Nous recommandons ce fonds à des investisseurs assez conservateurs. Il faut s'attendre à ce que la pondération de l'encaisse diminue au cours des prochains mois. À moins qu'il n'y ait une nouvelle correction.

Fonds 31

Fonds d'actions canadiennes : diversifié

Fidelity Frontière Nord

Renseignements généraux

Mois et année d'implantation : septembre 1996
Investissement minimal : 500 $
Gestionnaire : Alan Radlo, depuis le début
Famille de fonds : Fidelity
Fréquence des distributions : trimestrielle
Éligibilité au REER : 100 %
Frais : à l'entrée ou à la sortie, si l'intermédiaire en réclame

Renseignements quantitatifs au 30 septembre 1998

Valeur de l'actif du fonds :	1 202,3 millions
Ratio des frais de gestion :	2,49 %
Capitalisation moyenne :	3,24 milliards
Meilleure année : 96-97	37,4 %
Moins bonne année : 97-98	-14,3 %
Rendement 6 mois :	-19,1 %

Rendements annuels et quartiles

Année (Septembre à septembre)	Rendement (%)	Quartile	Rendement moyen de la catégorie (%)	TSE 300 (%)
97-98	-14,3	2	-19,3	-19,0
96-97	37,4	2	32,5	35,4

Rendements composés et quartiles

Période	Rendement annuel composé (%)	Quartile	Rendement annuel composé moyen de la catégorie (%)	TSE 300 (%)
1 an	-14,3	2	-19,3	-19,0
2 ans	8,5	1	2,5	4,8

Rendement annuel composé depuis le début : 8,5 %

Efficacité fiscale : non disponible

Risque : moyen

Évaluation générale :

Commentaires

Après le départ de Veronica Hirsh, la plus grosse société de fonds communs de placement au monde s'est tournée vers Alan Radlo, et ne l'a pas regretté. M. Radlo gère un actif d'environ 3 milliards de dollars pour la Société Fidelity et a obtenu du succès avec les fonds Fidelity Expansion Canada et Fidelity Répartition d'Actif. Le fonds a moins perdu que la moyenne des fonds pendant la récente correction et se maintient parmi les meilleurs de sa catégorie depuis le début de l'année. Pour l'instant, M. Radlo privilégie le secteur des produits industriels et celui des télécommunications. Les principaux titres du fonds sont la Financière Power, Bell Canada, le Canadien National et la Banque de Montréal. M. Radlo a aussi ajouté des titres de petites sociétés, ce qui en fait un fonds diversifié. M. Radlo utilise un mélange des approches valeur et croissance.

La réputation d'Alan Radlo n'est plus à faire : de son bureau de Boston, il demeure l'un des bons gestionnaires d'actions canadiennes.

Fonds d'actions canadiennes : diversifié

Scudder Actions Canadiennes

Renseignements généraux

Mois et année d'implantation : octobre 1995
Investissement minimal : 1 000 $
Gestionnaire : Phil Fortuna, depuis le début
Famille de fonds : Les Fonds Scudder
Fréquence des distributions : annuelle
Éligibilité au REER : 100 %
Frais : aucuns

Renseignements quantitatifs au 30 septembre 1998

Valeur de l'actif du fonds :	243,8 millions
Ratio des frais de gestion :	1,25 %
Meilleure année : 96-97	56,9 %
Moins bonne année : 97-98	-10,1 %
Capitalisation moyenne :	3,49 milliards
Rendement 6 mois :	-21,1 %

Rendements annuels et quartiles

Année (Septembre à septembre)	Rendement (%)	Quartile	Rendement moyen de la catégorie (%)	TSE 300 (%)
97-98	-10,1	1	-19,3	-19,0
96-97	56,9	1	32,5	35,4

Rendements composés et quartiles

Période	Rendement annuel composé (%)	Quartile	Rendement annuel composé moyen de la catégorie (%)	TSE 300 (%)
1 an	-10,1	1	-19,3	-19,0
2 ans	18,7	1	2,5	4,8

Rendement annuel composé depuis le début : 20,4 %

Efficacité fiscale : non disponible

Risque : moyen

Évaluation générale :

Commentaires

C'est le vaisseau amiral de la Société Scudder qui tente de percer le marché canadien depuis 1995. De son bureau de San Francisco, le gestionnaire Phil Fortuna utilise une approche quantitative dans la sélection de titres. Le fonds est caractérisé par une diversification sectorielle intéressante et par des frais de gestion nettement en bas de la moyenne de la catégorie. Phil Fortuna a retenu l'approche valeur, mais l'application d'un modèle d'évaluation de stocks le distingue des autres gestionnaires ayant adopté cette approche. La pondération de l'encaisse n'est à peine que de 3 % et ce sont les secteurs du commerce de détail et des services financiers qui sont les préférés du gestionnaire. Plusieurs investisseurs ont découvert ce fonds au cours de la dernière année.

Malheureusement, comme l'ensemble des fonds d'actions canadiennes, le fonds a reculé au printemps et à l'été dernier. Le fonds reste cependant l'un de nos favoris et nous croyons que l'investisseur qui vise le long terme y trouvera son compte.

Fonds 33

Valorem Tendances Démographiques

Renseignements généraux

Mois et année d'implantation : janvier 1997
Investissement minimal : 500 $
Gestionnaire : André D'Amours
Famille de fonds : Valorem
Fréquence des distributions : semestrielle
Éligibilité au REER : 20 %
Frais : à l'entrée ou à la sortie, si l'intermédiaire en réclame

Rendement annuel composé depuis le début : 11,9 %

Efficacité fiscale : non disponible

Risque : moyen

Évaluation générale :

Renseignements quantitatifs au 30 septembre 1998

Valeur de l'actif du fonds :	7,2 millions
Ratio des frais de gestion :	2,00 %
Capitalisation moyenne :	2,78 milliards
Rendement 6 mois :	-19,9 %

Rendements annuels et quartiles

Année (Septembre à septembre)	Rendement (%)	Quartile	Rendement moyen de la catégorie (%)	TSE 300 (%)
97-98	-7,1	1	-19,3	-19,0

Rendements composés et quartiles

Période	Rendement annuel composé (%)	Quartile	Rendement annuel composé moyen de la catégorie (%)	TSE 300 (%)
1 an	-7,1	1	-19,3	-19,0

Commentaires

Ce fonds mise sur un concept cher aux sociologues et aux économistes : la démographie. Il est important d'identifier les tendances démographiques, comme nous l'avons vu au chapitre VIII. Elles ont une influence importante sur l'évolution des marchés boursiers à long terme. Valorem mise sur ces tendances en investissant dans des secteurs qui en profiteront comme la santé, les télécommunications et les services financiers. Environ le tiers de l'actif du fonds est investi dans le secteur de la santé. La majorité des titres sont des titres d'entreprises canadiennes : nous avons donc choisi d'inclure ce fonds parmi les fonds d'actions canadiennes. C'est une situation qui pourrait changer, car 30 % de l'actif du fonds est investi aux États-Unis. Si vous croyez au concept, regardez le fonds de plus près.

Fonds d'actions canadiennes : spécialisé

AIC Fonds Avantage I

Renseignements généraux

Mois et année d'implantation : septembre 1985
Investissement minimal : 250 $
Gestionnaire : Jonathan Wellum, depuis 1990
Famille de fonds : Les fonds AIC
Fréquence des distributions : annuelle
Éligibilité au REER : 100 %
Frais : à l'entrée ou à la sortie, si l'intermédiaire en réclame

Rendement annuel composé depuis le début : 17,0 %

Efficacité fiscale :
très élevée

Risque : élevé

Évaluation générale :

Renseignements quantitatifs au 30 septembre 1998

Valeur de l'actif du fonds : 2 321,4 millions
Ratio des frais de gestion : 2,31 %
Capitalisation moyenne : 5,45 milliards
Meilleure année : 96-97 82,0 %
Moins bonne année : 89-90 -26,1 %
Rendement 6 mois : -22,6 %

Rendements annuels et quartiles

Année (Septembre à septembre)	Rendement (%)	Quartile	Rendement moyen de la catégorie (%)
97-98	-18,4	1	-37,2
96-97	82,0	1	2,3
95-96	59,6	1	41,9
94-95	18,7	1	-0,3
93-94	6,2	*	7,4
92-93	43,6	*	74,7
91-92	18,5	*	18,3
90-91	31,7	*	-9,6
89-90	-26,1	*	-3,1
88-89	22,4	*	14,4

Rendements composés et quartiles

Période	Rendement annuel composé (%)	Quartile	Rendement annuel composé moyen de la catégorie (%)
1 an	-18,4	1	-37,2
2 ans	21,8	1	-22,1
3 ans	33,3	1	-5,8
5 ans	24,5	*	-2,4
10 ans	19,7	*	5,2

*Échantillon trop petit.

Commentaires

L'an dernier nous avions suggéré le fonds AIC Avantage II parce que le fonds AIC Avantage était fermé aux nouveaux investisseurs. AIC a décidé de rouvrir son fonds AIC Avantage. Pour ceux qui désirent miser sur le secteur des services financiers au Canada, c'est le fonds à choisir. Environ 65 % de la portion actions canadiennes est investie dans le secteur des services financiers. AIC a misé très tôt sur la croissance de ce secteur non pas en achetant des titres bancaires, mais bien en investissant dans des sociétés de fonds communs de placement, dans des compagnies d'assurances et dans d'autres entreprises du secteur des services financiers. Chez AIC, on a adopté la philosophie de Warren Buffett — une figure légendaire de l'industrie — une philosophie qui privilégie le long terme et qui fait fi des fluctuations économiques à court terme. Le fonds détient des titres de Berkshire Hathaway, société contrôlée par Warren Buffett. Son style de gestion s'approche davantage de l'approche croissance que de l'approche valeur bien que ce ne soit pas assez évident à première vue. Sachez également que chez AIC, comme on vise le long terme, le roulement de portefeuille est faible. Par conséquent, l'efficacité fiscale s'en trouve élevée. L'encaisse du fonds est d'environ 15 %, ce qui laisse de la place aux gestionnaires pour faire un certain nombre d'acquisitions.

Le risque est un peu plus élevé que dans d'autres fonds d'actions car il est moins diversifié au niveau sectoriel. De plus, il est vulnérable à une hausse continue des taux d'intérêt, mais bénéficiera d'une baisse des taux plus que d'autres fonds, étant donné que son secteur principal est plus sensible aux fluctuations des taux d'intérêt.

Un fonds intéressant à ajouter à votre portefeuille si vous détenez des fonds diversifiés car le risque est plus élevé. Après tout, c'est un fonds sectoriel.

Fonds 35

Desjardins Environnement

Renseignements généraux

Mois et année d'implantation : septembre 1990
Investissement minimal : 1 000 $
Gestionnaire : Canagex
Famille de fonds : Desjardins
Fréquence des distributions : trimestrielle
Éligibilité au REER : 100 %
Frais : aucuns

Renseignements quantitatifs au 30 septembre 1998

Valeur de l'actif du fonds :	110,6 millions
Ratio des frais de gestion :	2,07 %
Capitalisation moyenne :	4,17 milliards
Meilleure année : 96-97	44,5 %
Moins bonne année : 97-98	-18,4 %
Rendement 6 mois :	-24,2 %

Rendements annuels et quartiles

Année (Septembre à septembre)	Rendement (%)	Quartile	Rendement moyen de la catégorie (%)	TSE 300 (%)
97-98	-18,4	2	-19,3	-19,0
96-97	44,5	1	32,5	35,4
95-96	12,1	4	20,4	19,4
94-95	6,6	2	6,4	6,5
93-94	9,9	2	7,3	11,7
92-93	10,6	4	21,0	24,6
91-92	3,3	3	3,6	0,7

Rendements composés et quartiles

Période	Rendement annuel composé (%)	Quartile	Rendement annuel composé moyen de la catégorie (%)	TSE 300 (%)
1 an	-18,4	2	-19,3	-19,0
2 ans	8,6	1	2,5	4,8
3 ans	9,7	2	7,5	9,4
5 ans	9,1	2	6,8	9,3

Rendement annuel composé depuis le début : 7,8 %

Efficacité fiscale :
au-dessus de la moyenne

Risque : moyen

Évaluation générale :

Commentaires

L'objectif du fonds est d'investir dans des titres d'entreprises canadiennes et québécoises qui ont un comportement environnemental exemplaire. Le fonds n'a presque pas d'encaisse. Les secteurs du commerce de détail et des produits industriels sont les préférés du gestionnaire. L'actif du fonds a progressé de 50 % au cours de la dernière année, ce qui montre un certain intérêt pour ce genre de produits. Il faut dire que les rendements ont été respectables depuis le lancement du fonds comparativement à beaucoup d'autres fonds d'actions canadiennes. De plus, le rapport risque-rendement se situe au-dessus de la moyenne. Il n'y a pas beaucoup de fonds du genre au Québec. Probablement que la demande ira en augmentant. Présentement, le fonds Desjardins Environnement n'a pas vraiment de compétiteur.

Fonds d'actions américaines : petites sociétés

BPI Petites Sociétés Américaines

Renseignements généraux

Mois et année d'implantation : septembre 1986
Investissement minimal : 500 $
Gestionnaire : Thomas Sudyka, depuis 1997
Famille de fonds : BPI
Fréquence des distributions : annuelle
Éligibilité au REER : 20 %
Frais : à l'entrée ou à la sortie, si l'intermédiaire en réclame

Renseignements quantitatifs au 30 septembre 1998

Valeur de l'actif du fonds :	128,7 millions
Ratio des frais de gestion :	2,59 %
Meilleure année : 92-93	63,0 %
Moins bonne année : 97-98	-20,3 %
Rendement 6 mois :	-22,6 %

Rendements annuels et quartiles

Année (Septembre à septembre)	Rendement (%)	Quartile	Rendement moyen de la catégorie (%)	Russell 2000 (%)	S & P 500 (%)
97-98	-20,3	4	4,9	-4,5	20,4
96-97	44,0	1	34,5	35,1	42,5
95-96	15,6	3	15,6	14,7	22,0
94-95	27,3	2	22,6	*	30,0
93-94	7,3	1	1,8	*	4,0
92-93	63,0	1	23,6	*	20,6
91-92	11,0	4	15,0	*	22,5
90-91	30,1	2	28,9	*	28,3
89-90	-12,0	2	-15,2	*	-10,7
88-89	2,0	4	24,6	*	28,7

Rendements composés et quartiles

Période	Rendement annuel composé (%)	Quartile	Rendement composé annuel de la catégorie (%)	Russell 2000 (%)	S & P 500 (%)
1 an	-20,3	4	4,9	-4,5	20,4
2 ans	7,1	4	18,6	13,6	31,0
3 ans	9,9	4	17,5	14,0	27,9
5 ans	12,6	3	15,0	*	23,1
10 ans	14,4	2	14,2	*	19,9

*Donnée non disponible.

Rendement annuel composé depuis le début : 12,5 %

Efficacité fiscale :
au-dessous de la moyenne

Risque : élevé

Évaluation générale :

Commentaires

Thomas Sudyka gère ce fonds. Tout comme les titres de petites sociétés canadiennes, les titres de petites sociétés américaines ont perdu beaucoup de valeur depuis le début de l'année 1998. On estime que plusieurs titres de petites sociétés sont présentement sous-évalués. Si c'est le cas, nul doute que l'on peut profiter présentement d'aubaines intéressantes. Les secteurs des produits de consommation et des télécommunications sont présentement les préférés des gestionnaires. La pondération en titres de haute technologie n'est pas aussi forte que celle d'autres fonds de ce type. Le nombre de titres détenus oscille entre 50 et 80. Le fonds n'a pas augmenté son encaisse au cours des derniers mois. Les gestionnaires de fonds de petites sociétés ont tendance à tenir une encaisse minimale de toute façon. M. Sudyka a étudié à l'Université de Nebraska, tout près de chez Warren Buffett. Espérons que M. Sudyka subira son influence.

Ce fonds, tout comme les autres fonds de sa catégorie d'ailleurs, ne doit pas constituer une partie importante de votre portefeuille.

Fonds 37

Fonds d'actions américaines : grandes sociétés

AGF Croissance Américaine

Renseignements généraux

Mois et année d'implantation : avril 1957
Investissement minimal : 1 000 $
Gestionnaire : Stephen Rogers, depuis 1993
Famille de fonds : AGF
Fréquence des distributions : annuelle
Éligibilité au REER : 20 %
Frais : à l'entrée ou à la sortie, si l'intermédiaire en réclame

Renseignements quantitatifs au 30 septembre 1998

Valeur de l'actif du fonds : 663,1 millions
Ratio des frais de gestion : 2,78 %
Meilleure année : 96-97 38,9 %
Moins bonne année : 89-90 -15,7 %
Rendement 6 mois : 5,5 %

Rendements annuels et quartiles

Année (Septembre à septembre)	Rendement (%)	Quartile	Rendement moyen de la catégorie (%)	S & P 500 (%)
97-98	22,7	1	4,9	20,4
96-97	38,9	2	34,5	42,5
95-96	20,0	1	15,6	22,0
94-95	28,7	2	22,6	30,0
93-94	1,3	3	1,8	4,0
92-93	26,5	2	23,6	20,6
91-92	12,8	3	15,0	22,5
90-91	20,4	4	28,9	28,3
89-90	-15,7	3	-15,2	-10,7
88-89	25,7	2	24,6	28,7

Rendements composés et quartiles

Période	Rendement annuel composé (%)	Quartile	Rendement annuel composé moyen de la catégorie (%)	S & P 500 (%)
1 an	22,7	1	4,9	20,4
2 ans	30,5	1	18,6	31,0
3 ans	26,9	1	17,5	27,9
5 ans	21,7	1	15,0	23,1
10 ans	17,1	1	14,2	19,9

Rendement annuel composé depuis le début : 9,9 %

Efficacité fiscale : très élevée

Risque : élevé

Évaluation générale :

Commentaires

C'est le plus vieux fonds de la famille AGF qui lui doit d'ailleurs son nom (American Growth Fund). Ce fonds investit principalement dans les titres de grandes sociétés. Stephen Rogers a adopté l'approche croissance et a une préférence pour le secteur de la haute technologie (ses quatre titres les plus importants sont des titres de haute technologie). Depuis l'arrivée de M. Rogers, le fonds a produit de bons résultats, se classant dans le premier ou le deuxième quartile. Pour un fonds de grandes sociétés, on peut affirmer que le risque est plus élevé que les autres de sa catégorie. Ce fonds ne convient donc pas aux investisseurs les plus conservateurs, mais attirera ceux qui cherchent un fonds d'actions américaines à contenu important en titres de technologie. Bien que les rendements varient beaucoup d'une année à l'autre, les performances à moyen et à long terme ont été excellentes. Un rendement de 21,7 % sur cinq ans n'est pas à négliger. Le fonds a perdu de l'argent une seule fois au cours des 10 dernières années et, 9 fois sur 10, le rendement aura été supérieur à celui des CPG de cinq ans.

Fonds d'actions américaines : grandes sociétés

Fidelity Croissance Américaine

Renseignements généraux

Mois et année d'implantation : septembre 1990
Investissement minimal : 500 $
Gestionnaire : Brad Lewis, depuis le début
Famille de fonds : Fidelity
Fréquence des distributions : annuelle
Éligibilité au REER : 20 %
Frais : à l'entrée ou à la sortie, si l'intermédiaire en réclame

Rendement annuel composé depuis le début : 21,9 %

Efficacité fiscale : moyenne

Risque : moyen

Évaluation générale :

Renseignements quantitatifs au 30 septembre 1998

Valeur de l'actif du fonds :	1 552,5 millions
Ratio des frais de gestion :	2,32 %
Meilleure année : 90-91	39,2 %
Moins bonne année : 93-94	-1,2 %
Rendement 6 mois :	-9,1 %

Rendements annuels et quartiles

Année (Septembre à septembre)	Rendement (%)	Quartile	Rendement moyen de la catégorie (%)	S & P 500 (%)
97-98	6,7	2	4,9	20,4
96-97	37,0	2	34,5	42,5
95-96	8,8	4	15,6	22,0
94-95	36,3	1	22,6	30,0
93-94	-1,2	3	1,8	4,0
92-93	34,4	1	23,6	20,6
91-92	26,3	1	15,0	22,5
90-91	39,2	1	28,9	28,3

Rendements composés et quartiles

Période	Rendement annuel composé (%)	Quartile	Rendement annuel composé moyen de la catégorie (%)	S & P 500 (%)
1 an	6,7	2	4,9	20,4
2 ans	20,9	2	18,6	31,0
3 ans	16,7	3	17,5	27,9
5 ans	16,4	2	15,0	23,1

Commentaires

C'est un fonds de grandes sociétés américaines. Le gestionnaire, Brad Lewis, gère un actif d'environ 7 milliards de dollars pour la Société Fidelity. M. Lewis a été formé à la Wharton School, la meilleure école d'administration aux États-Unis. Un modèle quantitatif sert à sélectionner les stocks. Le roulement de portefeuille est supérieur à la moyenne. La pondération la plus importante du fonds se retrouve dans le secteur des services financiers, suivie des services publics et de la haute technologie. Pendant la correction de l'été 1998, le gestionnaire avait augmenté l'encaisse du fonds. Elle se situe présentement à environ 12 % de l'actif du fonds. Ce fonds s'adresse particulièrement aux investisseurs qui recherchent un contenu étranger pour leur compte REER et qui ont un penchant pour les grandes sociétés américaines.

Fonds 39

Ligne Verte (Banque TD) Indice Américain

Renseignements généraux

Mois et année d'implantation : juillet 1986
Investissement minimal : 2 000 $
Gestionnaire : Tim Thompson
Famille de fonds : Banque Toronto Dominion
Fréquence des distributions : annuelle
Éligibilité au REER : 20 %
Frais : à l'entrée ou à la sortie, si l'intermédiaire en réclame

Renseignements quantitatifs au 30 septembre 1998

Valeur de l'actif du fonds :	204,5 millions
Ratio des frais de gestion :	0,66 %
Meilleure année : 96-97	41,1 %
Moins bonne année : 89-90	-11,4 %
Rendement 6 mois :	-0,3 %

Rendement annuel composé depuis le début : 14,9 %

Efficacité fiscale :
très élevée

Risque : moyen

Évaluation générale :

Rendements annuels et quartiles

Année (Septembre à septembre)	Rendement (%)	Quartile	Rendement moyen de la catégorie (%)	S & P 500 (%)
97-98	19,4	1	4,9	20,4
96-97	41,1	2	34,5	42,5
95-96	20,7	1	15,6	22,0
94-95	28,1	2	22,6	30,0
93-94	3,3	2	1,8	4,0
92-93	18,3	3	23,6	20,6
91-92	20,5	1	15,0	22,5
90-91	25,5	3	28,9	28,3
89-90	-11,4	2	-15,2	-10,7
88-89	24,6	2	24,6	28,7

Rendements composés et quartiles

Période	Rendement annuel composé (%)	Quartile	Rendement annuel composé moyen de la catégorie (%)	S & P 500 (%)
1 an	19,4	1	4,9	20,4
2 ans	29,8	1	18,6	31,0
3 ans	26,7	1	17,5	27,9
5 ans	21,9	1	15,0	23,1
10 ans	18,2	1	14,2	19,9

Commentaires

C'est un fonds qui offre un des bons rapports risque-rendement de sa catégorie. Rien de trop compliqué. Le gestionnaire Tim Thompson calque l'indice S & P 500. Les frais de gestion ont considérablement diminué au cours de la dernière année, ce qui rend le fonds de plus en plus attrayant pour l'investisseur. La famille de fonds de la TD s'est enrichie de plusieurs fonds indiciels et elle demeure un leader à ce niveau. Compte tenu du fait que beaucoup de gestionnaires ont de la difficulté à battre l'indice S & P 500, des investisseurs seront tentés d'acheter des parts de ce fonds indiciel. Souvenons-nous quand même que battre l'indice n'est pas une fin en soi.

Fonds d'actions américaines : grandes sociétés

BPI Actions Américaines Valeur

Renseignements généraux

Mois et année d'implantation : mai 1989
Investissement minimal : 500 $
Gestionnaire : Paul Holland
Famille de fonds : BPI
Fréquence des distributions : annuelle
Éligibilité au REER : 20 %
Frais : à l'entrée ou à la sortie, si l'intermédiaire
en réclame

Renseignements quantitatifs au 30 septembre 1998

Valeur de l'actif du fonds :	103,2 millions
Ratio des frais de gestion :	2,42 %
Meilleure année : 96-97	35,1 %
Moins bonne année : 89-90	-4,3 %
Rendement 6 mois :	2,4 %

Rendements annuels et quartiles

Année (Septembre à septembre)	Rendement (%)	Quartile	Rendement moyen de la catégorie (%)	S & P 500 (%)
97-98	22,0	1	4,9	20,4
96-97	35,1	2	34,5	42,5
95-96	13,2	3	15,6	22,0
94-95	21,1	3	22,6	30,0
93-94	5,3	2	1,8	4,0
92-93	15,5	3	23,6	20,6
91-92	13,1	3	15,0	22,5
90-91	22,6	3	28,9	28,3
89-90	-4,3	1	-15,2	-10,7

Rendements composés et quartiles

Période	Rendement annuel composé (%)	Quartile	Rendement annuel composé moyen de la catégorie (%)	S & P 500 (%)
1 an	22,0	1	4,9	20,4
2 ans	28,4	1	18,6	31,0
3 ans	23,1	1	17,5	27,9
5 ans	18,9	1	15,0	23,1

Rendement annuel composé depuis le début : 15,0%

Efficacité fiscale :
très élevée

Risque : moyen

Évaluation générale :

Commentaires

De passage à Montréal récemment, le gestionnaire Paul Holland réitérait sa confiance en l'économie américaine et affirmait que les États-Unis demeuraient, malgré ce que l'on en dit, un marché encore très attrayant. Tout comme son collègue Daniel Jaworski, Paul Holland a retenu l'approche valeur. Ce sont les secteurs des produits de consommation et des communications qui dominent l'allocation de son portefeuille. Pas de surprise quand on regarde les principaux titres détenus par le fonds BPI Américain Valeur. On y retrouve des titres comme Abbott Laboratories, Bell Atlantic, Dell Computer, Johnson & Johnson. Le rapport risque-rendement du fonds est excellent. Les investisseurs devraient regarder ce fonds de plus près. BPI a une bonne équipe de gestionnaires d'actions étrangères, et de plus en plus d'investisseurs s'en rendent compte.

Fonds 41

Fonds d'actions américaines : grandes sociétés

Spectrum United Actions Américaines

Renseignements généraux

Mois et année d'implantation : mai 1989
Investissement minimal : 500 $
Gestionnaire : Kevin Parke, depuis décembre 1995
Famille de fonds : Spectrum United
Fréquence des distributions : annuelle
Éligibilité au REER : 20 %
Frais : à l'entrée ou à la sortie, si l'intermédiaire en réclame

Renseignements quantitatifs au 30 septembre 1998

Valeur de l'actif du fonds :	336,1 millions
Ratio des frais de gestion :	2,32 %
Meilleure année : 96-97	29,6 %
Moins bonne année : 89-90	-17,6 %
Rendement 6 mois :	-7,5 %

Rendements annuels et quartiles

Année (Septembre à septembre)	Rendement (%)	Quartile	Rendement moyen de la catégorie (%)	S & P 500 (%)
97-98	6,8	2	4,9	20,4
96-97	29,6	3	34,5	42,5
95-96	25,1	1	15,6	22,0
94-95	27,7	2	22,6	30,0
93-94	-1,9	4	1,8	4,0
92-93	4,9	4	23,6	20,6
91-92	18,8	2	15,0	22,5
90-91	28,8	2	28,9	28,3
89-90	-17,6	3	-15,2	-10,7
88-89	29,3	2	24,6	28,7

Rendements composés et quartiles

Période	Rendement annuel composé (%)	Quartile	Rendement annuel composé moyen de la catégorie (%)	S & P 500 (%)
1 an	6,8	2	4,9	20,4
2 ans	17,7	3	18,6	31,0
3 ans	20,1	2	17,5	27,9
5 ans	16,7	2	15,0	23,1
10 ans	14,0	3	14,2	19,9

Rendement annuel composé depuis le début : 9,6 %

Efficacité fiscale : très élevée

Risque : moyen

Évaluation générale : 🐷🐷🐷½

Commentaires

Il s'agit d'un fonds complémentaire au fonds BPI Américain Valeur puisque le gestionnaire Kevin Parke utilise l'approche croissance. Les titres de grandes sociétés américaines constituent la majeure partie du portefeuille même si on a ajouté des titres de sociétés de taille moyenne (la taille étant un concept relatif, car une société de taille moyenne aux États-Unis est considérée comme une grande société au Canada). La diversification sectorielle du fonds est intéressante. La volatilité du fonds est en bas de la moyenne. Le rendement est intéressant pour le risque encouru. Bref, un fonds qui conviendra à l'investisseur un peu plus conservateur.

Fonds d'actions américaines : grandes sociétés

Elliott & Page Croissance Américaine

Renseignements généraux

Mois et année d'implantation : avril 1970
Investissement minimal : 1 000 $
Fréquence des distributions : trimestrielle
Éligibilité au REER : 20 %
Frais : à l'entrée ou à la sortie, si l'intermédiaire en réclame

Renseignements quantitatifs au 30 septembre 1998

Valeur de l'actif du fonds :	140,4 millions
Ratio des frais de gestion :	1,40 %
Meilleure année : 96-97	41,6 %
Moins bonne année : 89-90	-4,9 %
Rendement 6 mois :	-6,3 %

Rendement annuel composé depuis le début : 10,7 %

Efficacité fiscale : moyenne

Risque : au-dessous de la moyenne

Évaluation générale :

Rendements annuels et quartiles

Année (Septembre à septembre)	Rendement (%)	Quartile	Rendement moyen de la catégorie (%)
97-98	10,2	2	4,9
96-97	41,6	1	34,5
95-96	12,8	3	15,6
94-95	17,0	4	22,6
93-94	8,7	1	1,8
92-93	10,5	4	23,6
91-92	15,6	3	15,0
90-91	12,2	4	28,9
89-90	-4,9	1	-15,2
88-89	18,2	4	24,6

Rendements composés et quartiles

Période	Rendement annuel composé (%)	Quartile	Rendement annuel composé moyen de la catégorie (%)
1 an	10,2	2	4,9
2 ans	24,9	1	18,6
3 ans	20,8	2	17,5
5 ans	17,5	2	15,0
10 ans	13,7	3	14,2

Commentaires

Vous pouvez profiter de l'expertise de Goldman & Sachs en achetant des parts de ce fonds. Les gestionnaires Robert Jones et Kent Clark utilisent le modèle quantitatif de sélection de titres développé par Goldman & Sachs. Ils peuvent aussi bénéficier des conseils de l'analyste vedette Abby Cohen. Les nouveaux gestionnaires sont en poste depuis deux ans, et nous pensons qu'ils seront en mesure d'améliorer les performances du fonds. C'est un fonds de grandes sociétés avec des noms connus tels que General Electric, Chase Manhattan, Ford, Proctor & Gamble. Très Blue Chip, dira-t-on. Le niveau de risque est inférieur à la moyenne pour un fonds d'actions américaines et le rapport risque-rendement est intéressant. À noter également que les frais de gestion se situent en bas de la moyenne.

Fonds 43

Fonds d'actions nord-américaines

AIC Fonds Valeur

Renseignements généraux

Mois et année d'implantation : février 1990
Investissement minimal : 250 $
Gestionnaires : Jonathan Wellum et
Michael Lee-Chin
Famille de fonds : Les fonds AIC
Fréquence des distributions : annuelle
Éligibilité au REER : 20 %
Frais : à l'entrée ou à la sortie, si l'intermédiaire
en réclame

Renseignements quantitatifs au 30 septembre 1998

Valeur de l'actif du fonds :	1 268,8 millions
Ratio des frais de gestion :	2,44 %
Meilleure année : 96-97	47,8 %
Moins bonne année : 97-98	-2,7 %
Rendement 6 mois :	-14,3 %

Rendements annuels et quartiles

Année (Septembre à septembre)	Rendement (%)	Quartile	Rendement moyen de la catégorie (%)
97-98	-2,7	1	-4,0
96-97	47,8	1	32,6
95-96	33,8	*	*
94-95	27,6	*	*
93-94	1,7	*	*
92-93	33,7	*	*
91-92	15,4	*	*
90-91	40,1	*	*

Rendements composés et quartiles

Période	Rendement annuel composé (%)	Quartile	Rendement annuel composé moyen de la catégorie (%)
1 an	-2,7	*	-4,0
2 ans	19,9	*	12,4
3 ans	24,4	*	*
5 ans	20,1	*	*

*Échantillon trop petit.

Rendement annuel composé depuis le début : 17,9 %

Efficacité fiscale :
très élevée

Risque : au-dessus
de la moyenne

Évaluation générale :

Commentaires

Certains analystes considèrent que le fonds AIC Valeur est un fonds d'actions américaines. Il est vrai que la pondération en actions américaines est élevée. Si on tient compte de l'encaisse, environ 30 % de l'actif du fonds est investi au Canada, ce qui laisse 70 % aux actions américaines. Cette situation en fait pour l'instant un fonds d'actions nord-américaines. Étant donné la forte pondération en actions américaines, nous avons ajouté à notre tableau le rendement du S & P 500. La pondération en actions canadiennes est presqu'exclusivement consacrée au secteur des services financiers. Du côté américain, le fonds détient des titres de grandes entreprises qu'affectionne le réputé Warren Buffett. Ainsi on retrouve des actions de Gillette, Coca-Cola, Johnson & Johnson et, bien sûr, Berkshire Hathaway (la compagnie de Warren Buffett). AIC Valeur est géré de la même façon que les fonds AIC Avantage et AIC Diversifié. En effet, les gestionnaires utilisent la même philosophie d'investissement en accordant une forte pondération au secteur des services financiers.

Fonds d'actions mondiales

Fonds Trimark

Renseignements généraux

Mois et année d'implantation : septembre 1981
Investissement minimal : 500 $
Gestionnaire : Robert Krembill
Famille de fonds : Trimark
Fréquence des distributions : annuelle
Éligibilité au REER : 20 %
Frais : à l'entrée, si l'intermédiaire en réclame

Renseignements quantitatifs au 30 septembre 1998

Valeur de l'actif du fonds :	2 480 millions
Ratio des frais de gestion :	1,52 %
Meilleure année : 96-97	47,8 %
Moins bonne année : 97-98	-2,7 %
Rendement 6 mois :	-14,3 %

Rendements annuels et quartiles

Année (Septembre à septembre)	Rendement (%)	Quartile	Rendement moyen de la catégorie (%)
97-98	-13,4	4	-3,7
96-97	30,4	1	24,2
95-96	9,5	3	12,0
94-95	19,5	1	6,4
93-94	18,9	1	10,3
92-93	31,8	2	28,1
91-92	27,3	1	11,5
90-91	31,9	1	17,1
89-90	-22,0	4	-13,0
88-89	22,0	2	19,6

Rendements composés et quartiles

Période	Rendement annuel composé (%)	Quartile	Rendement annuel composé moyen de la catégorie (%)
1 an	-13,4	4	-3,7
2 ans	6,3	3	8,6
3 ans	7,3	4	10,1
5 ans	11,9	1	8,7
10 ans	14,0	1	9,8

Rendement annuel composé depuis le début : 16,4 %

Efficacité fiscale : faible

Risque : moyen

Évaluation générale :

Commentaires

Le Fonds Trimark vient de connaître une très mauvaise année, tout comme d'autres fonds de la même famille. Le gestionnaire Robert Krembill ne modifiera pas pour autant sa stratégie. Depuis son implantation, le rendement annuel composé du fonds est d'environ 15 %. Qui plus est, c'est un fonds de premier quartile sur 10 ans. M. Krembill privilégie l'approche valeur et cherche des titres de compagnies ayant des activités partout dans le monde. Même si la majorité des titres détenus sont des titres de sociétés américaines, on estime que 60 % des revenus des compagnies sélectionnées proviennent de l'extérieur des États-Unis. Le rapport risque-rendement du fonds s'est détérioré au cours des trois dernières années, et de fortes distributions en 1997 ont passablement réduit l'efficacité fiscale. Le fonds détient des titres d'entreprises qui ont fait l'objet de fusions et des titres d'entreprises qui ont été achetées. Le gestionnaire a d'ailleurs réalisé des rendements intéressants sur ces titres. On s'attend donc à une faible efficacité fiscale cette année. Nous sommes confiant de voir le Fonds Trimark se classer parmi les meilleurs de sa catégorie à long terme.

Fonds 45

Fonds d'actions mondiales

Fidelity Portefeuille International

Renseignements généraux

Mois et année d'implantation : novembre 1987
Investissement minimal : 500 $
Gestionnaire : Richard Haberman, depuis mars 1993
Fréquence des distributions : annuelle
Éligibilité au REER : 20 %
Frais : à l'entrée ou à la sortie, si l'intermédiaire en réclame

Renseignements quantitatifs au 30 septembre 1998

Valeur de l'actif du fonds :	3 494,1 millions
Ratio des frais de gestion :	2,68 %
Meilleure année : 92-93	37,1 %
Moins bonne année : 89-90	-14,2 %
Rendement 6 mois :	-6,7 %

Rendement annuel composé depuis le début : 11,9 %

Efficacité fiscale : élevée

Risque : au-dessous de la moyenne

Évaluation générale :

Rendements annuels et quartiles

Année (Septembre à septembre)	Rendement (%)	Quartile	Rendement moyen de la catégorie (%)
97-98	3,9	2	-3,7
96-97	31,9	1	24,2
95-96	12,7	2	12,0
94-95	11,2	1	6,4
93-94	6,9	4	10,3
92-93	37,1	1	28,1
91-92	6,9	4	11,5
90-91	17,4	3	17,1
89-90	-14,2	3	-13,0
88-89	32,9	1	19,6

Rendements composés et quartiles

Période	Rendement annuel composé (%)	Quartile	Rendement annuel composé moyen de la catégorie (%)
1 an	3,9	2	-3,7
2 ans	17,1	1	8,6
3 ans	15,6	1	10,1
5 ans	12,9	1	8,7
10 ans	13,7	1	9,8

Commentaires

Un des fleurons de la série de fonds offerts par la Société Fidelity. Ce fonds est géré par Richard Haberman depuis mars 1993. M. Haberman est avec la Société Fidelity depuis 1968. Comme plusieurs fonds d'actions mondiales, c'est la pondération américaine qui est de loin la plus élevée. Environ 55 % de l'actif du fonds est investi en actions américaines alors que l'Europe représente le tiers du portefeuille. Le fonds n'a pas de préférence systématique vers les grandes ou les petites sociétés. Le gestionnaire et son équipe ont opté pour l'approche croissance, mais on peut également détecter l'influence du style de gestion *momentum*.

Le rapport risque-rendement du fonds est en haut de la moyenne et les rendements ont été au rendez-vous au cours des dernières années. Un fonds fiable. Nous le recommandons à l'investisseur qui désire avoir accès au marché européen, mais qui veut garder une pondération importante en actions américaines.

Fonds d'actions mondiales

BPI Mondial Valeur Réelle

Renseignements généraux

Mois et année d'implantation : juin 1988
Investissement minimal : 500 $
Gestionnaire :Daniel Jaworski, depuis 1997
Famille de fonds : BPI
Fréquence des distributions : annuelle
Éligibilité au REER : 20 %
Frais : à l'entrée ou à la sortie, si l'intermédiaire
en réclame

Renseignements quantitatifs au 30 septembre 1998

Valeur de l'actif du fonds :	451,7 millions
Ratio des frais de gestion :	2,47 %
Meilleure année : 96-97	29,9 %
Moins bonne année : 89-90	-0,5 %
Rendement 6 mois :	-3,0 %

Rendements annuels et quartiles

Année (Septembre à septembre)	Rendement (%)	Quartile	Rendement moyen de la catégorie (%)
97-98	8,5	1	-3,7
96-97	29,9	1	24,2
95-96	12,4	2	12,0
94-95	5,9	3	6,4
93-94	14,6	1	10,3
92-93	21,5	4	28,1
91-92	7,7	4	11,5
90-91	9,2	4	17,1
89-90	-0,5	1	-13,0
88-89	21,1	2	19,6

Rendements composés et quartiles

Période	Rendement annuel composé (%)	Quartile	Rendement annuel composé moyen de la catégorie (%)
1 an	8,5	1	-3,7
2 ans	18,7	1	8,6
3 ans	16,6	1	10,1
5 ans	14,0	1	8,7
10 ans	12,7	1	9,8

Rendement annuel composé depuis le début : 12,6 %

Efficacité fiscale :
au-dessus de la moyenne

Risque : moyen

Évaluation générale :

Commentaires

Daniel Jaworski y est à la barre depuis avril 1997. M. Jaworski est considéré comme l'un des meilleurs gestionnaires de portefeuilles d'actions mondiales aux États-Unis. Un exemple d'accès à de bons gestionnaires chez nos voisins du Sud. Au cours de la dernière année, Daniel Jaworski a accru sa pondération en actions américaines. Environ 55 % de l'actif du fonds est présentement investi aux États-Unis. Le secteur des produits de consommation et le secteur des télécommunications sont les préférés du gestionnaire. M. Jaworski est un partisan de l'approche valeur et le fonds a une préférence pour les grandes sociétés.

Voilà un exemple frappant où il vous faut faire attention à l'historique du fonds, et ce, en raison du récent changement de gestionnaire. La pondération relativement faible dans la région du Pacifique devrait aider ce fonds à court terme. Ce n'est pas un fonds pour spéculateurs.

Fonds 47

Fonds Mondial C.I.

Renseignements généraux

Mois et année d'implantation : février 1986
Investissement minimal : 500 $
Gestionnaire : William Sterling, depuis juin 95
Famille de fonds : C.I.
Fréquence des distributions : annuelle
Éligibilité au REER : 20 %
Frais : à l'entrée ou à la sortie, si l'intermédiaire en réclame

Renseignements quantitatifs au 30 septembre 1998

Valeur de l'actif du fonds :	989,5 millions
Ratio des frais de gestion :	2,47 %
Meilleure année : 92-93	29,9 %
Moins bonne année : 89-90	-12,8 %
Rendement 6 mois :	-5,4 %

Rendements annuels et quartiles

Année (Septembre à septembre)	Rendement (%)	Quartile	Rendement moyen de la catégorie (%)
97-98	4,9	1	-3,7
96-97	28,7	2	24,2
95-96	11,4	3	12,0
94-95	-0,9	4	6,4
93-94	10,5	2	10,3
92-93	29,9	2	28,1
91-92	15,2	1	11,5
90-91	24,2	1	17,1
89-90	-12,8	3	-13,0
88-89	16,5	3	19,6

Rendements composés et quartiles

Période	Rendement annuel composé (%)	Quartile	Rendement annuel composé moyen de la catégorie (%)
1 an	4,9	1	-3,7
2 ans	16,2	1	8,6
3 ans	14,6	1	10,1
5 ans	10,5	2	8,7
10 ans	12,0	2	9,8

Rendement annuel composé depuis le début : 10,0 %

Efficacité fiscale : moyenne

Risque : moyen

Évaluation générale :

Commentaires

Le changement de gestionnaire effectué en juin 1995 a porté fruit. Le fonds C.I. Mondial est géré par Bill Sterling. M. Sterling détient un doctorat en sciences économiques de l'Université Harvard. Il a travaillé pour Merrill Lynch avant de se joindre à BEA Associates. On sait que C.I. a confié la gestion de plusieurs fonds à BEA Associates, et ce geste s'est avéré une bonne décision. Nous sommes d'accord avec M. Sterling quant à son évaluation de la situation en Asie. Il faut être prudent et choisir les sociétés qui s'en sont bien tirées jusqu'à maintenant durant la crise économique asiatique. La pondération la plus importante revient à l'Europe avec 45 %, suivie de près des États-Unis avec 40 %. M. Sterling aime les secteurs qui bénéficieront de l'effet baby boomer. Il gère un autre fonds qui tente de bénéficier des tendances démographiques. Si vous achetez des parts du fonds C.I. Mondial, vous achetez une gestion compétente. Un fonds intéressant, qui gagne à être connu d'un plus grand nombre d'investisseurs.

Fonds d'actions mondiales

Ivy Actions Étrangères

Renseignements généraux

Mois et année d'implantation : octobre 1992
Investissement minimal : 500 $
Gestionnaire : William Kanko, depuis juin 1997
Famille de fonds : Ivy (Mackenzie)
Fréquence des distributions : annuelle
Éligibilité au REER : 20 %
Frais : à l'entrée ou à la sortie, si l'intermédiaire en réclame

Renseignements quantitatifs au 30 septembre 1998

Valeur de l'actif du fonds : 1 097 millions
Meilleure année : 96-97   29,0 %
Moins bonne année : 93-94   6,8 %
Ratio des frais de gestion : 2,33 %
Rendement 6 mois : -6,7 %

Rendements annuels et quartiles

Année (Septembre à septembre)	Rendement (%)	Quartile	Rendement moyen de la catégorie (%)
97-98	5,9	1	-3,7
96-97	29,0	2	24,2
95-96	10,0	3	12,0
94-95	18,0	1	6,4
93-94	6,8	4	10,3

Rendements composés et quartiles

Période	Rendement annuel composé (%)	Quartile	Rendement annuel composé moyen de la catégorie (%)
1 an	4,9	1	-3,7
2 ans	16,2	1	8,6
3 ans	14,6	1	10,1
5 ans	10,5	1	8,7

Rendement annuel composé depuis le début : 10,0 %

Efficacité fiscale : moyenne

Risque : faible

Évaluation générale :

Commentaires

Bill Kanko a pris la direction du fonds Ivy Actions Étrangères en juin 1997. Comme d'autres fonds de la série Ivy, l'encaisse du fonds est supérieure à la moyenne. La pondération américaine est importante à 45 %, et M. Kanko détient des titres de très grandes sociétés comme en témoigne une capitalisation boursière moyenne très élevée. La volatilité du fonds est relativement faible pour un fonds d'actions internationales.

Pour le risque encouru, les rendements réalisés ont été excellents au cours des dernières années. L'expertise de M. Kanko rapporte déjà des dividendes aux détenteurs de parts. À noter que le gestionnaire a augmenté sa pondération en actions japonaises, jugeant qu'il y avait plusieurs aubaines sur ce marché.

Fonds 49

Fonds d'actions mondiales

Templeton Croissance

Renseignements généraux

Mois et année d'implantation : novembre 1954
Investissement minimal : 500 $
Gestionnaire : Mark Holowesko,
depuis janvier 1987
Fréquence des distributions : annuelle
Éligibilité au REER : 20 %
Frais : à l'entrée ou à la sortie, si l'intermédiaire
en réclame

Renseignements quantitatifs au 30 septembre 1998

Valeur de l'actif du fonds :	10 000 millions
Ratio des frais de gestion :	1,97 %
Meilleure année : 96-97	31,7 %
Moins bonne année : 89-90	-14,5 %
Rendement 6 mois :	-16,5 %

Rendements annuels et quartiles

Année (Septembre à septembre)	Rendement (%)	Quartile	Rendement moyen de la catégorie (%)
97-98	-11,1	3	-3,7
96-97	31,7	1	24,2
95-96	9,3	3	12,0
94-95	11,8	1	6,4
93-94	14,5	1	10,3
92-93	29,3	2	28,1
91-92	20,9	1	11,5
90-91	24,8	1	17,1
89-90	-14,5	3	-13,0
88-89	23,9	2	19,6

Rendements composés et quartiles

Période	Rendement annuel composé (%)	Quartile	Rendement annuel composé moyen de la catégorie (%)
1 an	-11,1	3	-3,7
2 ans	8,2	3	8,6
3 ans	8,6	3	10,1
5 ans	10,4	2	8,7
10 ans	13,0	1	9,8

Rendement annuel composé depuis le début : 15,0 %

Efficacité fiscale :
au-dessous de la moyenne

Risque : moyen

Évaluation générale : 🐷 🐷 🐷 ½

Commentaires

Avec un actif sous gestion approchant de 10 milliards de dollars, c'est le plus gros fonds commun de placement au Canada. Longtemps géré par Sir John Templeton, le fonds est entre les mains de Mark Holowesko depuis maintenant plusieurs années. Les performances ordinaires de ce fonds au cours des dernières années ont favorisé l'émergence de compétiteurs, car pendant très longtemps c'était automatique : on suggérait le fonds Templeton Croissance à ceux qui désiraient investir à l'extérieur du Canada. Contrairement aux autres fonds d'actions mondiales, les États-Unis ne constituent pas le pays de prédilection du gestionnaire. C'est plutôt l'Europe qui a la faveur de M. Holowesko. Le fonds détient environ 250 titres. M. Holowesko est plus optimiste que les autres gestionnaires quant à la situation asiatique. On ne peut mettre en doute la méthode Templeton et le succès obtenu. Cependant, nous pensons qu'il y a maintenant d'excellents fonds sur le marché qui peuvent rivaliser avec le vénérable fonds Templeton Croissance.

Fonds d'actions internationales

AIC Actions Mondiales

Renseignements généraux

Mois et année d'implantation : octobre 1992
Investissement minimal : 250 $
Gestionnaire : Neil Murdoch
Famille de fonds : Les fonds AIC
Fréquence des distributions : annuelle
Éligibilité au REER : 20 %
Frais : à l'entrée ou à la sortie, si l'intermédiaire en réclame

Renseignements quantitatifs au 30 septembre 1998

Valeur de l'actif du fonds :	324,9 millions
Ratio des frais de gestion :	2,70 %
Meilleure année : 96-97	28,4 %
Moins bonne année : 94-95	2,7 %
Rendement 6 mois :	-16,6 %

Rendements annuels et quartiles

Année (Septembre à septembre)	Rendement (%)	Quartile	Rendement moyen de la catégorie (%)
97-98	4,9	1	-4,0
96-97	28,4	1	17,7
95-96	7,7	4	10,7
94-95	2,7	2	2,4

Rendements composés et quartiles

Période	Rendement annuel composé (%)	Quartile	Rendement annuel composé moyen de la catégorie (%)
1 an	4,9	1	-4,0
2 ans	16,1	1	6,0
3 ans	13,2	1	8,1

Rendement annuel composé depuis le début : 9,0 %

Efficacité fiscale : très élevée

Risque : élevé

Évaluation générale : 🐷🐷🐷½

Commentaires

Chez AIC, on a pris le taureau par les cornes en regroupant les fonds d'actions internationales. On a alors créé le fonds AIC Actions Mondiales. Ce fonds se distingue vraiment des autres fonds présentés dans cette catégorie. D'abord, le fonds n'investit pas aux États-Unis. La pondération européenne est, bien entendu, très élevée. Si vous croyez au concept AIC, ce fonds sera alors un excellent complément aux autres fonds que vous détenez déjà. Le secteur des services financiers, y est prépondérant. En détenant des parts des différents fonds AIC, vous avez accès aux titres du secteur des services financiers sauf les banques, et ce, partout dans le monde.

Fonds 51

Fonds REER Indice International Boursier CIBC

Renseignements généraux

Mois et année d'implantation : août 1996
Investissement minimal : 500 $
Gestionnaire : Bich Pham
Famille de fonds : CIBC
Fréquence des distributions : annuelle
Éligibilité au REER : 100 %
Frais : aucuns

Renseignements quantitatifs au 30 septembre 1998

Valeur de l'actif du fonds :	57,4 millions
Ratio des frais de gestion :	0,90 %
Meilleure année : 96-97	10,6 %
Moins bonne année : 97-98	0,8 %
Rendement 6 mois :	-6,5 %

Rendements annuels et quartiles

Année (Septembre à septembre)	Rendement (%)	Quartile	Rendement moyen de la catégorie (%)
97-98	0,8	2	-4,0
96-97	10,6	4	17,7

Rendements composés et quartiles

Période	Rendement annuel composé (%)	Quartile	Rendement annuel composé moyen de la catégorie (%)
1 an	0,8	2	-4,0
2 ans	5,6	3	6,0

Rendement annuel composé depuis le début : 6,9 %

Efficacité fiscale : non disponible

Risque : moyen

Évaluation générale :

Commentaires

Un autre fonds indiciel, allez-vous nous dire. Ceux qui ne veulent pas se compliquer la tâche pour investir à l'étranger, mais à l'extérieur des États-Unis, peuvent maintenant acheter ce fonds. Le gestionnaire Bich Pham tente de reproduire les performances d'indices boursiers internationaux. Le fonds est éligible à 100 % au REER. Cette éligibilité vient du fait que le fonds achète des contrats à terme sur des indices, tout en mettant des bons du Trésor en garantie. Une gestion passive, mais qui s'accompagne d'un ratio de frais de gestion faible et d'une éligibilité au REER.

Fonds régionaux : marchés émergents

Scudder Marchés Émergents

Renseignements généraux

Mois et année d'implantation : octobre 1995
Investissement minimal : 1 000 $
Gestionnaires : Joyce Cornell, André De Simone
et Nicholas Bratt
Famille de fonds : Scudder
Fréquence des distributions : annuelle
Éligibilité au REER : 20 %
Frais : aucuns

Renseignements quantitatifs au 30 septembre 1998

Valeur de l'actif du fonds :	13,9 millions
Ratio des frais de gestion :	2,40 %
Meilleure année : 96-97	29,5 %
Moins bonne année : 97-98	-30,1 %
Rendement 6 mois :	-22,9 %

Rendements annuels et quartiles

Année (Septembre à septembre)	Rendement (%)	Quartile	Rendement moyen de la catégorie (%)
97-98	-30,1	1	-41,4
96-97	29,5	1	16,0

Rendements composés et quartiles

Période	Rendement annuel composé (%)	Quartile	Rendement annuel composé moyen de la catégorie (%)
1 an	-30,1	1	-41,4
2 ans	-4,8	1	-18,0

Rendement annuel composé depuis le début : 8,6 %

Efficacité fiscale : non disponible

Risque :
très élevé

Évaluation générale :

Commentaires

Les fonds de marchés émergents ont connu une très mauvaise année. Ce n'est pas surprenant, compte tenu des événements qui ont eu lieu au cours de la dernière année. Comme les gestionnaires de fonds de marchés émergents investissent en Amérique latine, en Asie ou en Europe de l'Est, la valeur des parts de fonds communs de placement de cette catégorie a fondu au cours de la dernière année. La crise asiatique, l'effondrement du rouble et les problèmes de l'économie brésilienne ont donné du fil à retordre aux gestionnaires. Comme pour tous les autres fonds de cette catégorie, le niveau de risque du fonds Scudder Marchés Émergents est élevé. La région préférée des gestionnaires demeure l'Amérique latine. Contrairement à d'autres fonds de sa catégorie, la pondération en titres d'entreprises des pays du Pacifique est faible. Il faut noter la pondération relativement importante du fonds en Europe de l'Est, et, fait unique, aussi en Égypte. Les gestionnaires détiennent également des actions privilégiées : c'est assez rare pour ce type de fonds. Les frais de gestion sont nettement en deçà de la moyenne pour cette catégorie, et ils sont même plus bas que les frais de gestion de certains fonds d'actions canadiennes.

Fait particulier, vous devez détenir vos parts au moins un an afin d'éviter une pénalité de 2% du coût ou de la valeur au marché — le plus petit des deux chiffres sera retenu comme base de calcul.

Fonds 53

Scotia Excelsior Amérique Latine

Renseignements généraux

Mois et année d'implantation : octobre 1994
Investissement minimal : 500 $
Gestionnaire : Scotia Investment Management
Famille de fonds : Scotia Excelsior (Banque de la Nouvelle-Écosse)
Fréquence des distributions : annuelle
Éligibilité au REER : 20 %
Frais : aucuns

Renseignements quantitatifs au 30 septembre 1998

Valeur de l'actif du fonds :	35,7 millions
Ratio des frais de gestion :	2,39 %
Meilleure année : 96-97	38,3 %
Moins bonne année : 97-98	-37,9 %
Rendement 6 mois :	-36,4 %

Rendements annuels et quartiles

Année (Septembre à septembre)	Rendement (%)	Quartile	Rendement moyen de la catégorie (%)
97-98	-37,9	*	-42,6
96-97	38,3	*	42,4
95-96	32,2	*	17,4

Rendements composés et quartiles

Période	Rendement annuel composé (%)	Quartile	Rendement annuel composé moyen de la catégorie (%)
1 an	-37,9	*	-42,6
2 ans	-7,3	*	-10,1
3 ans	4,3	*	-1,4

*Échantillon trop petit.

Rendement annuel composé depuis le début : 3,1 %

Efficacité fiscale : moyenne

Risque :
très élevé

Évaluation générale :

Commentaires

Les fonds d'Amérique latine ont imité les fonds de marchés émergents en ce qui concerne la performance. La dernière année aura donc été très mauvaise. Ce genre de fonds peut aussi bien vous donner un rendement de 50 %, comme il peut vous donner un rendement de -50 %. Bien que fortement frappé par la récente baisse, le fonds Scotia Excelsior Amérique Latine s'en est tiré un peu mieux que les autres fonds de sa catégorie. La pondération brésilienne est élevée comme pour tous les fonds d'Amérique latine. Les gestionnaires ont également investi environ 25 % de l'actif au Mexique. Tout comme l'an dernier, l'encaisse du fonds est supérieure à la moyenne.

Comme c'est le cas pour les autres fonds régionaux, il faut savoir que vous avez également la possibilité d'investir dans cette région en achetant des parts de fonds d'actions mondiales ou de fonds d'actions internationales.

Fonds régionaux : actions européennes

AIM Europa

Renseignements généraux

Mois et année d'implantation : juillet 1992
Investissement minimal : 500 $
Gestionnaire : Steve Chamberlain, depuis l'automne 1996
Famille de fonds : AIM
Fréquence des distributions : annuelle
Éligibilité au REER : 20 %
Frais : à l'entrée ou à la sortie, si l'intermédiaire en réclame

Renseignements quantitatifs au 30 septembre 1998

Valeur de l'actif du fonds :	27,2 millions
Ratio des frais de gestion :	2,91 %
Meilleure année : 96-97	31,8 %
Moins bonne année : 92-93	-2,5 %
Rendement 6 mois :	-1,1 %

Rendements annuels et quartiles

Année (Septembre à septembre)	Rendement (%)	Quartile	Rendement moyen de la catégorie (%)
97-98	31,1	1	10,8
96-97	31,8	2	31,4
95-96	9,3	4	15,0
94-95	6,4	*	11,7
93-94	3,4	*	7,2
92-93	-2,5	*	11,6

Rendements composés et quartiles

Période	Rendement annuel composé (%)	Quartile	Rendement annuel composé moyen de la catégorie (%)
1 an	31,1	1	10,8
2 ans	31,5	1	20,4
3 ans	23,6	1	19,1
5 ans	15,8	*	14,8

*Échantillon trop petit.

Rendement annuel composé depuis le début : 12,1 %

Efficacité fiscale : très élevée

Risque : au-dessus de la moyenne

Évaluation générale :

Commentaires

Le changement de gestionnaire a été bénéfique. Depuis que Steve Chamberlain est en poste, le fonds AIM Europa se classe parmi les bons fonds de sa catégorie. Le gestionnaire a un penchant pour la Grande-Bretagne puisque 27 % de l'actif s'y trouve investi. Le marché allemand vient au second rang avec 14 %, suit le marché français avec une pondération de 9 %. Ce qui laisse un peu plus de 40 % aux autres pays de l'Europe. Le niveau de risque est supérieur à la moyenne des autres fonds d'actions européennes, mais le rapport risque-rendement s'est amélioré depuis que le nouveau gestionnaire est en poste. La Société AIM est l'une des plus grandes sociétés de fonds communs de placement au monde. AIM a décidé de s'établir pour de bon au Canada et y consacre donc les ressources nécessaires.

Fonds 55

Dynamique Europe

Renseignements généraux

Mois et année d'implantation : septembre 1989
Investissement minimal : 1 000 $
Gestionnaire : Jonathan Evershed
Famille de fonds : Dundee Dynamique
Fréquence des distributions : annuelle
Éligibilité au REER : 20 %
Frais : à l'entrée ou à la sortie, si l'intermédiaire en réclame

Renseignements quantitatifs au 30 septembre 1998

Valeur de l'actif du fonds :	296 millions
Ratio des frais de gestion :	2,50 %
Meilleure année : 96-97	48,4 %
Moins bonne année : 90-91	0,2 %
Rendement 6 mois :	-7,0 %

Rendements annuels et quartiles

Année (Septembre à septembre)	Rendement (%)	Quartile	Rendement moyen de la catégorie (%)
97-98	2,5	4	10,8
96-97	48,4	1	31,4
95-96	15,6	2	15,0
94-95	13,9	*	11,7
93-94	10,6	*	7,2
92-93	9,0	*	11,6
91-92	6,3	*	7,4
90-91	0,2	*	5,4

Rendements composés et quartiles

Période	Rendement annuel composé (%)	Quartile	Rendement annuel composé moyen de la catégorie (%)
1 an	2,5	4	10,8
2 ans	23,4	2	20,4
3 ans	20,7	2	19,1
5 ans	17,2	*	14,8

*Échantillon trop petit.

Rendement annuel composé depuis le début : 10,1 %

Efficacité fiscale : élevée

Risque : élevé

Évaluation générale : 🐷🐷🐷½

Commentaires

Les secteurs des télécommunications et de la haute technologie sont les préférés du gestionnaire. Ce fonds a une pondération nettement plus élevée dans les pays scandinaves (Suède et Finlande, entre autres) que les autres fonds d'actions européennes. Environ 17 % de l'actif du fonds est investi en Suède et 15 % en Finlande, le pays par excellence du téléphone cellulaire. Le gestionnaire a retenu l'approche valeur. Le fonds investit dans les grandes sociétés européennes ainsi que dans les sociétés de taille moyenne. Les marchés scandinaves ont eu des rendements inférieurs à la moyenne européenne au cours des derniers mois, ce qui explique la performance un peu décevante du fonds au cours de la dernière année.

Comme pour tous les autres fonds d'actions européennes, le gestionnaire espère profiter de l'avènement prochain de la monnaie unique et de la déréglementation — assez lente quand même — du marché des biens et services ainsi que du marché du travail.

Fonds régionaux : actions européennes

Fidelity Croissance Europe

Renseignements généraux

Mois et année d'implantation : mai 1992
Investissement minimal : 500 $
Gestionnaire : Thierry Serero, depuis 1998
Fréquence des distributions : annuelle
Éligibilité au REER : 20 %
Frais : à l'entrée ou à la sortie, si l'intermédiaire en réclame

Renseignements quantitatifs au 30 septembre 1998

Valeur de l'actif du fonds :	2 047,3 millions
Ratio des frais de gestion :	2,70 %
Meilleure année : 96-97	30,6 %
Moins bonne année : 93-94	12,3 %
Rendement 6 mois :	-5,2 %

Rendements annuels et quartiles

Année (Septembre à septembre)	Rendement (%)	Quartile	Rendement moyen de la catégorie (%)
97-98	17,6	1	10,8
96-97	30,6	3	31,4
95-96	14,7	3	15,0
94-95	17,3	*	11,7
93-94	12,3	*	7,2
92-93	20,5	*	11,6

Rendements composés et quartiles

Période	Rendement annuel composé (%)	Quartile	Rendement annuel composé moyen de la catégorie (%)
1 an	17,6	1	10,8
2 ans	23,9	1	20,4
3 ans	20,8	2	19,1
5 ans	18,3	*	14,8

*Échantillon trop petit.

Rendement annuel composé depuis le début : 17,5 %

Efficacité fiscale : élevée

Risque : moyen

Évaluation générale :

Commentaires

C'est Thierry Serero qui a remplacé Sally Walden en tant que gestionnaire principal. Les investissements dans les sociétés britanniques représentent environ 28 % de l'actif du fonds, le gestionnaire ayant récemment augmenté la pondération britannique de 5 %. Les sociétés françaises, allemandes et suisses ont à peu près la même pondération, soit 12 %. Le gestionnaire utilise l'analyse fondamentale et un style qui ressemble davantage à l'approche croissance qu'à l'approche valeur.

On retrouve dans ce fonds des titres d'entreprises bien connues telles que Glaxo, British Petroleum, Novartis, Shell, Nestlé, Nokia et UBS. Bref, de grandes sociétés européennes. Les 10 plus gros titres du fonds représentent environ 20 % de l'actif. La volatilité du fonds est légèrement inférieure à la moyenne pour cette catégorie. La valeur de l'actif sous gestion approche de 2 milliards de dollars, ce qui en fait le plus gros fonds d'actions européennes.

Fonds 57

Universal Occasions Européennes

Renseignements généraux

Mois et année d'implantation : septembre 1997
Investissement minimal : 500 $
Gestionnaire : Stephen Peak, depuis le début
Fréquence des distributions : annuelle
Éligibilité au REER : 20 %
Frais : à l'entrée ou à la sortie, si l'intermédiaire en réclame

Renseignements quantitatifs au 30 septembre 1998

Valeur de l'actif du fonds :	810,2 millions
Ratio des frais de gestion :	2,43 %
Meilleure année : 96-97	34,0 %
Moins bonne année : 97-98	12,0 %
Rendement 6 mois :	-7,6 %

Rendements annuels et quartiles

Année (Septembre à septembre)	Rendement (%)	Quartile	Rendement moyen de la catégorie (%)
97-98	12,0	3	10,8
96-97	34,0	2	31,4
95-96	29,9	1	15,0
94-95	25,4	*	11,7

Rendements composés et quartiles

Période	Rendement annuel composé (%)	Quartile	Rendement annuel composé moyen de la catégorie (%)
1 an	12,0	3	10,8
2 ans	22,5	2	20,4
3 ans	24,9	1	19,1

*Échantillon trop petit.

Rendement annuel composé depuis le début : 24,8 %

Efficacité fiscale : très élevée

Risque : moyen

Évaluation générale :

Commentaires

Quand Stephen Peak parle du marché européen, il parle d'un marché dont la capitalisation boursière est de 3 000 milliards de dollars, soit 25 % de la capitalisation boursière mondiale. Ce fonds a une préférence pour les petites sociétés européennes. Le gestionnaire achète également des titres de sociétés qui sont en pleine restructuration. Ce sont les actions des sociétés britanniques qui représentent la pondération la plus importante, soit environ 30 %. Comme pour plusieurs autres fonds d'actions européennes, les marchés français et allemand suivent dans l'ordre. Le marché boursier européen s'essouffle depuis quelques mois, mais les perspectives à long terme demeurent intéressantes. Un bon complément aux fonds d'actions européennes de grandes sociétés. Il faut également noter la constance des rendements jusqu'à présent.

Fonds régionaux : actions européennes

AGF Allemagne

Renseignements généraux

Mois et année d'implantation : décembre 1994
Investissement minimal : 1 000 $
Gestionnaire : Nils Wittenhagen,
depuis le début
Famille de fonds : AGF
Fréquence des distributions : annuelle
Éligibilité au REER : 20 %
Frais : à l'entrée ou à la sortie, si l'intermédiaire
en réclame

Renseignements quantitatifs au 30 septembre 1998

Valeur de l'actif du fonds :	52,5 millions
Ratio des frais de gestion :	2,99 %
Meilleure année : 96-97	38,8 %
Moins bonne année : 97-98	15,8 %
Rendement 6 mois :	-1,8 %

Rendements annuels et quartiles

Année (Septembre à septembre)	Rendement (%)	Quartile	Rendement moyen de la catégorie (%)
97-98	15,8	1	10,8
96-97	38,8	1	31,4
95-96	18,1	1	15,0

Rendements composés et quartiles

Période	Rendement annuel composé (%)	Quartile	Rendement annuel composé moyen de la catégorie (%)
1 an	15,8	1	10,8
2 ans	26,8	1	20,4
3 ans	23,8	1	19,1

*Nous avons utilisé la catégorie actions européennes pour ce fonds.

Rendement annuel composé depuis le début : 20,8 %

Efficacité fiscale : très élevée

Risque : élevé

Évaluation générale : 🐷🐷🐷½

Commentaires

C'est un fonds dont les rendements ont surpassé ceux des fonds d'actions mondiales et ceux des fonds d'actions internationales au cours des dernières années. Nous avons inclus ce fonds dans la catégorie fonds d'actions européennes. Bien entendu, le gestionnaire, Nils Wittenhagen, a profité des excellentes performances du marché boursier allemand au cours des trois dernières années. Le niveau de risque du fonds est plus élevé que celui d'un autre fonds d'actions européennes. Beaucoup d'entreprises allemandes ont tissé des liens importants avec les pays de l'Europe centrale et de l'Europe de l'Est, si bien que le fonds sera affecté par les problèmes économiques et financiers découlant de la restructuration des économies des pays de l'Est, dont la Russie. Les titres principaux du fonds sont Daimler-Benz, Hoechst, Allianz, Mannesmann et Lufthansa. C'est un fonds de grandes sociétés allemandes qui conviendra à un investisseur un peu plus audacieux.

Fonds 59

Fonds régionaux : région du Pacifique

Fidelity Extrême-Orient

Renseignements généraux

Mois et année d'implantation : septembre 1991
Investissement minimal : 500 $
Gestionnaire : K.C. Lee, depuis le début
Famille de fonds : Fidelity
Fréquence des distributions : annuelle
Éligibilité au REER : 20 %
Frais : à l'entrée ou à la sortie, si l'intermédiaire en réclame

Renseignements quantitatifs au 30 septembre 1998

Valeur de l'actif du fonds :	635,5 millions
Ratio des frais de gestion :	2,89 %
Meilleure année : 92-93	45,5 %
Moins bonne année : 97-98	-43,5 %
Rendement 6 mois :	-30,0 %

Rendements annuels et quartiles

Année (Septembre à septembre)	Rendement (%)	Quartile	Rendement moyen de la catégorie (%)
97-98	-43,5	3	-39,1
96-97	15,7	1	-2,4
95-96	18,8	1	7,2
94-95	2,1	1	-6,7
93-94	22,8	*	24,2
92-93	45,5	*	40,8
91-92	33,9	*	18,5

Rendements composés et quartiles

Période	Rendement annuel composé (%)	Quartile	Rendement annuel composé moyen de la catégorie (%)
1 an	-43,5	3	-39,1
2 ans	-19,2	2	-23,2
3 ans	-8,1	1	-14,9
5 ans	-0,5	*	-9,3

*Échantillon trop petit.

Rendement annuel composé depuis le début : 9,5 %

Efficacité fiscale :
très élevée

Risque :
très élevé

Évaluation générale :

Commentaires

Le gestionnaire K.C. Lee a misé et mise toujours sur Hong Kong. Pas trop de succès au cours de la dernière année. Nous avions d'ailleurs indiqué l'an dernier que les rendements affichés des fonds communs de placement de la région du Pacifique ne reflétaient pas les effets de la crise asiatique. Si la crise se résorbe et que l'économie mondiale échappe à la récession, alors le fonds en bénéficiera grandement. Mais nous ne sommes pas très optimiste à court terme. La situation de l'économie chinoise préoccupe les investisseurs et les économistes. Or, il s'avère que le sort d'importantes entreprises de Hong Kong demeure lié à la conjoncture chinoise. Il faudra donc suivre la situation de près.

Si vous voulez prendre un chance, sachez que le prix de la part peut s'apprécier rapidement mais peut aussi dégringoler en un rien de temps. Un fonds plus risqué qu'un fonds d'actions internationales où vous avez aussi la possibilité d'investir à Hong Kong.

Fonds 60

Fonds régionaux : actions japonaises

CIBC Fonds d'Actions Japonaises

Renseignements généraux

Mois et année d'implantation : juillet 1995
Investissement minimal : 500 $
Gestionnaire : Duncan Mount
Famille de fonds : CIBC
Fréquence des distributions : annuelle
Éligibilité au REER : 20 %
Frais : aucuns

Renseignements quantitatifs au 30 septembre 1998

Valeur de l'actif du fonds :	19,2 millions
Ratio des frais de gestion :	2,50 %
Meilleure année : 96-97	20,2 %
Moins bonne année : 97-98	-17,9 %
Rendement 6 mois :	-10,5 %

Rendements annuels et quartiles

Année (Septembre à septembre)	Rendement (%)	Quartile	Rendement moyen de la catégorie (%)
97-98	-17,9	*	-22,5
96-97	20,2	*	-10,6
95-96	3,0	*	1,0

Rendements composés et quartiles

Période	Rendement annuel composé (%)	Quartile	Rendement annuel composé moyen de la catégorie (%)
1 an	-17,9	*	-22,5
2 ans	-0,7	*	-16,8
3 ans	0,5	*	-11,7

*Échantillon trop petit.

Rendement annuel composé depuis le début : 1,2 %

Efficacité fiscale : très élevée

Risque : élevé

Évaluation générale : ½

Commentaires

C'est le fonds d'actions japonaises qui s'est le mieux tiré d'affaire au cours des dernières années. Deuxième économie en importance au monde, le Japon a connu une croissance économique médiocre depuis le début des années 1990. Des réformes structurelles majeures s'imposent, notamment au niveau du secteur bancaire. Il faut que le Japon retrouve le chemin de la croissance. Non seulement les entreprises japonaises en profiteraient, mais l'Asie au complet sortirait gagnante d'une reprise de l'économie japonaise. Le fonds CIBC d'Actions Japonaises est bien placé pour bénéficier d'une telle reprise. Le gestionnaire, Duncan Mount, mélange les approches croissance et valeur en investissant principalement dans de grandes entreprises dont le marché est mondial. Le secteur des produits industriels est le secteur favori du gestionnaire.

Une petite pondération japonaise dans votre portefeuille n'est pas une mauvaise idée. Il est bon de mentionner que vous pouvez avoir accès aux titres japonais par l'entremise des fonds d'actions mondiales et des fonds d'actions internationales.

Fonds 61

AIM Global Sciences de la Santé

Renseignements généraux

Mois et année d'implantation : octobre 1992
Investissement minimal : 500 $
Gestionnaire : John Shroer, depuis 1996
Famille de fonds : AIM
Fréquence des distributions : annuelle
Éligibilité au REER : 20 %
Frais : à l'entrée ou à la sortie, si l'intermédiaire en réclame

Renseignements quantitatifs au 30 septembre 1998

Valeur de l'actif du fonds :	339,1 millions
Ratio des frais de gestion :	2,94 %
Meilleure année : 94-95	58,8 %
Moins bonne année : 93-94	4,9 %
Rendement 6 mois :	13,4 %

Rendement annuel composé depuis le début : 21,4 %

Efficacité fiscale : très élevée

Risque : élevé

Évaluation générale :

Rendements annuels et quartiles

Année (Septembre à septembre)	Rendement (%)	Quartile	Rendement moyen de la catégorie (%)
97-98	25,2	1	9,1
96-97	18,8	3	29,3
95-96	31,7	*	17,3
94-95	58,8	*	39,9
93-94	4,9	*	4,6

Rendements composés et quartiles

Période	Rendement annuel composé (%)	Quartile	Rendement annuel composé moyen de la catégorie (%)
1 an	25,2	1	9,1
2 ans	22,0	3	16,1
3 ans	25,1	*	12,8
5 ans	26,7	*	17,3

*Échantillon trop petit.

Commentaires

Il s'agit de l'ancien fonds Admax Santé, le plus ancien fonds du secteur de la santé au Canada. John Shroer gère le fonds depuis 1996 et il gère un fonds semblable aux États-Unis. Ce fonds mise sur une tendance forte, soit le vieillissement de la population; il mise également sur l'augmentation de la part du secteur privé dans les dépenses de soins de santé. Bien que les tendances démographiques favorisent le secteur de la santé, il n'en reste pas moins que le niveau de risque est plus élevé que celui d'un fonds d'actions canadiennes. Cependant, avec un rendement de 25,2 % au cours de la dernière année, le fonds AIM Mondial Sciences de la Santé se classe parmi les meilleurs fonds de l'année, toutes catégories confondues. Quatre-vingts pour cent de l'actif du fonds est investi aux États-Unis. Le secteur pharmaceutique domine l'allocation du portefeuille avec des titres de sociétés telles Waener Lambert, Merck, Pfizer, Bristol Myers Squibb.

Un fonds qui devrait produire des rendements intéressants à long terme. Néanmoins, tout comme pour les autres fonds spécialisés, ce fonds ne doit pas constituer un gros pourcentage de votre portefeuille.

Fonds spécialisés : fonds de télécommunications

Clarington Communications Mondiales

Renseignements généraux

Mois et année d'implantation : décembre 1996
Investissement minimal : 500 $
Gestionnaire : Oscar Castro, depuis le début
Famille de fonds : Clarington
Fréquence des distributions : annuelle
Éligibilité au REER : 20 %
Frais : à l'entrée ou à la sortie, si l'intermédiaire en réclame

Rendement annuel composé depuis le début : 28,3 %

Efficacité fiscale : non disponible

Risque : élevé

Évaluation générale :

Renseignements quantitatifs au 30 septembre 1998

Valeur de l'actif du fonds : 36 millions
Ratio des frais de gestion : 2,95 %
Rendement 6 mois : -7,7 %

Rendements annuels et quartiles

Année (Septembre à septembre)	Rendement (%)	Quartile	Rendement moyen de la catégorie (%)
97-98	15,2	2	9,1

Rendements composés et quartiles

Période	Rendement annuel composé (%)	Quartile	Rendement annuel composé moyen de la catégorie (%)
1 an	15,2	2	9,1

Commentaires

Le fonds Clarington Télécommunications est assez récent, comme c'est le cas de plusieurs fonds de sa catégorie. Le gestionnaire, Oscar Castro, est en poste depuis le début. Auparavant, il gérait pour l'ancienne famille de fonds GT Global.

Lorsque nous avions choisi ce fonds il y a un an, la pondération américaine était relativement faible. Cette position n'a pas changé. Oscar Castro a investi près de la moitié de l'actif du fonds en Europe. Les rendements des titres de télécommunications ont été excellents au cours de la dernière année. Le fonds entend profiter pleinement d'un marché dont la croissance à long terme semble des plus intéressantes. L'approche valeur est privilégiée par le gestionnaire, ce qui est assez unique dans un secteur comme celui-ci. Nous croyons qu'un fonds de télécommunications a sa place à l'intérieur d'un portefeuille. Par contre, c'est un fonds sectoriel avec ce que cela implique de volatilité et de risque.

Fonds 63

C.I. Télécommunications Mondiales

Renseignements généraux

Mois et année d'implantation : juillet 1996
Investissement minimal : 500 $
Gestionnaire : Stephen Waite, depuis le début
Famille de fonds : Les fonds C.I.
Fréquence des distributions : annuelle
Éligibilité au REER : 20 %
Frais : à l'entrée ou à la sortie, si l'intermédiaire
en réclame

Renseignements quantitatifs au 30 septembre 1998

Valeur de l'actif du fonds :	92,3 millions
Ratio des frais de gestion :	2,43 %
Meilleure année : 97-98	45,3 %
Moins bonne année : 96-97	35,0 %
Rendement 6 mois :	10,9 %

Rendements annuels et quartiles

Année (Septembre à septembre)	Rendement (%)	Quartile	Rendement moyen de la catégorie (%)
97-98	45,3	1	9,1
96-97	35,0	2	29,3

Rendements composés et quartiles

Période	Rendement annuel composé (%)	Quartile	Rendement annuel composé moyen de la catégorie (%)
1 an	45,3	1	9,1
2 ans	40,0	1	16,1

Rendement annuel composé depuis le début : 38,0 %

Efficacité fiscale : non disponible

Risque : élevé

Évaluation générale : ½

Commentaires

Les fonds spécialisés de C.I. s'en sont très bien tirés au cours de la dernière année. Sur un peu plus de 2 000 fonds recensés au Canada, le fonds C.I. Télécommunications s'est classé parmi les 10 premiers toutes catégories confondues au cours de la dernière année. Le fonds investit dans les titres d'entreprises qui mettent au point, fabriquent ou vendent des services ou du matériel de télécommunication. Les gestionnaires Stephen Waite et Todd Rice entendent profiter pleinement du nombre croissant d'utilisateurs d'internet. On pense d'ailleurs que les ventes de biens et services par internet auront atteint 46 milliards de dollars à la fin de l'année 1998 comparativement à 438 millions de dollars américains en 1995. Le fonds investit principalement en Amérique du Nord. La pondération canadienne est de 25 % alors que la pondération américaine se situe autour de 45 %. Les gestionnaires ont aussi investi 25 % de l'actif en Europe. Parmi les principaux titres, on retrouve Cisco Systems, Olivetti et Téléglobe Canada. Dans une perspective à long terme, le secteur des télécommunications demeure un des secteurs sur lesquels il faut miser. Des investisseurs l'ont compris, à preuve l'actif sous gestion du fonds a quadruplé au cours de la dernière année.

Fonds spécialisés : fonds de science et technologie

Fonds C.I. Technologies Mondiales

Renseignements généraux

Mois et année d'implantation : juillet 1996
Investissement minimal : 500 $
Gestionnaires : Stephen Waite et Todd Rice
Famille de fonds : Les fonds C.I.
Fréquence des distributions : annuelle
Éligibilité au REER : 20 %
Frais : à l'entrée ou à la sortie, si l'intermédiaire en réclame

Renseignements quantitatifs au 30 septembre 1998

Valeur de l'actif du fonds :	52,9 millions
Ratio des frais de gestion :	2,43 %
Meilleure année : 96-97	40,1 %
Moins bonne année : 97-98	-0,4 %
Rendement 6 mois :	-5,7 %

Rendements annuels et quartiles

Année (Septembre à septembre)	Rendement (%)	Quartile	Rendement moyen de la catégorie (%)
97-98	-0,4	3	9,1
96-97	40,1	1	29,3

Rendements composés et quartiles

Période	Rendement annuel composé (%)	Quartile	Rendement annuel composé moyen de la catégorie (%)
1 an	-0,4	3	9,1
2 ans	18,1	2	9,1

Rendement annuel composé depuis le début : 23,6 %

Efficacité fiscale : non disponible

Risque : élevé

Évaluation générale : 🐷🐷🐷½

Commentaires

Le fonds C.I. Technologies Mondiales investit dans les titres de haute technologie. Pour l'essentiel, ce sont des titres d'entreprises américaines que le gestionnaire a achetés; en effet, environ 85 % de l'actif est investi aux États-Unis. Lancé en juillet 1996, le fonds est géré par Stephen Waite et James Abale. Comme les autres fonds de titres de haute technologie, il s'agit d'un fonds volatil. Le fonds détient des titres d'entreprises qui, on l'espère, seront des chefs de file dans ce secteur au cours de la prochaine décennie. Parmi les principaux titres, on retrouve Microsoft, Micron Technology, Motorola, Intel et Ericcsson. Les titres technologiques ont été parmi les plus performants au 20e siècle. L'achat d'actions au début du cycle de développement aurait rapporté gros à n'importe quel investisseur. Le fonds C.I. Technologies Mondiales compte sur une répétition de l'histoire. Un fonds risqué mais attrayant pour l'investisseur un peu téméraire.

Fonds 65

Fonds équilibrés canadiens

Atlas Équilibré Canadien

Renseignements généraux

Mois et année d'implantation : décembre 1984
Investissement minimal : 500 $
Gestionnaire : Len Racioppo
Famille de fonds : Atlas
Fréquence des distributions : trimestrielle
Éligibilité au REER : 100 %
Frais : à l'entrée ou à la sortie, si l'intermédiaire en réclame

Renseignements quantitatifs au 30 septembre 1998

Valeur de l'actif du fonds :	348,5 millions
Ratio des frais de gestion :	2,20 %
Meilleure année : 96-97	24,1 %
Moins bonne année : 89-90	-5,9 %
Rendement 6 mois :	-5,4 %

Rendements annuels et quartiles

Année (Septembre à septembre)	Rendement (%)	Quartile	Rendement moyen de la catégorie (%)
97-98	3,6	1	-6,9
96-97	24,1	2	22,9
95-96	14,2	2	13,2
94-95	13,1	1	9,4
93-94	2,2	3	4,0
92-93	10,7	4	17,4
91-92	7,0	4	8,8
90-91	15,3	3	15,7
89-90	-5,9	3	-3,9

Rendements composés et quartiles

Période	Rendement annuel composé (%)	Quartile	Rendement annuel composé moyen de la catégorie (%)
1 an	3,6	1	-6,9
2 ans	13,4	1	7,0
3 ans	13,6	1	9,1
5 ans	11,1	1	8,3

Rendement annuel composé depuis le début : 8,9 %

Efficacité fiscale : élevée

Risque :
au-dessous de la moyenne

Évaluation générale :  ½

Commentaires

La gestion du fonds Atlas Équilibré Canadien a été confiée à la firme Jarislowsky Fraser de Montréal. Le gestionnaire a choisi d'augmenter la pondération en obligations canadiennes au cours des derniers mois, ce qui n'est pas surprenant compte tenu de l'incertitude qui prévalait au début de l'automne. La pondération en obligations s'établit à 38 % : c'est supérieur à la pondération en actions canadiennes qui est d'environ 25 %. L'encaisse du fonds se compare à celle d'autres fonds équilibrés. Il faut noter que ce fonds est l'un des rares à se prévaloir de la possibilité d'investir jusqu'à 20 % de l'actif à l'étranger tout en restant éligible à 100 % au REER. Le rapport risque-rendement est excellent, et il s'agit d'un fonds de premier quartile sur des périodes de 1 an, 2 ans, 3 ans et 5 ans. Très bon choix pour un investisseur conservateur ou pour ceux qui commencent à investir dans les fonds communs de placement.

Fonds 66

Fonds équilibrés canadiens

Fidelity Répartition d'Actif Canadien

Renseignements généraux

Mois et année d'implantation : décembre 1994
Investissement minimal : 500 $
Gestionnaires : Richard Habermann,
Ford O'neil et Alan Radlo
Famille de fonds : Fidelity
Fréquence des distributions : trimestrielle
Éligibilité au REER : 100 %
Frais : à l'entrée ou à la sortie, si l'intermédiaire en réclame

Renseignements quantitatifs au 30 septembre 1998

Valeur de l'actif du fonds :	3 140,6 millions
Ratio des frais de gestion :	2,45 %
Meilleure année : 96-97	34,4 %
Moins bonne année : 97-98	-1,5 %
Rendement 6 mois :	-8,9 %

Rendements annuels et quartiles

Année (Septembre à septembre)	Rendement (%)	Quartile	Rendement moyen de la catégorie (%)
97-98	-1,5	1	-7,8
96-97	34,4	1	25,3
95-96	18,5	1	13,8

Rendements composés et quartiles

Période	Rendement annuel composé (%)	Quartile	Rendement annuel composé moyen de la catégorie (%)
1 an	-1,5	1	-7,8
2 ans	15,1	1	7,5
3 ans	16,2	1	9,5

Rendement annuel composé depuis le début : 17,5 %

Efficacité fiscale : élevée

Risque : au-dessus de la moyenne

Évaluation générale :

Commentaires

Premier quartile sur toute la ligne! Le fonds de Répartition d'Actif Canadien de la Société Fidelity utilise une gestion plus active comparativement aux autres fonds équilibrés. L'approche tactique (voir chapitre 6, les catégories de fonds) permet aux gestionnaires de profiter des tendances de marché, mais le risque encouru est plus élevé. Ce fonds a une préférence pour les actions canadiennes puisqu'on y a investi environ 50 % de l'actif. Le fonds a également une importante pondération en obligations canadiennes, soit 30 %. C'est Richard Habermann qui est le gestionnaire principal, mais le fonds bénéficie également de l'expertise d'Alan Radlo, gestionnaire des fonds d'actions canadiennes Fidelity Expansion Canada et Fidelity Frontière Nord. Ceux qui privilégient l'approche tactique dans la gestion d'un fonds équilibré seront bien servis en optant pour ce fonds.

Fonds 67

Fonds équilibrés canadiens

Stratégie Globale Multirevenu

Renseignements généraux

Mois et année d'implantation : avril 1992
Investissement minimal : 1 000 $
Gestionnaire : Anthony Massie, depuis le début
Famille de fonds : Stratégie Globale
Fréquence des distributions : trimestrielle
Éligibilité au REER : 100 %
Frais : à l'entrée ou à la sortie, si l'intermédiaire en réclame

Renseignements quantitatifs au 30 septembre 1998

Valeur de l'actif du fonds :	2 075,5 millions
Ratio des frais de gestion :	2,30 %
Meilleure année : 96-97	28,3 %
Moins bonne année : 97-98	-1,3 %
Rendement 6 mois :	-10,2 %

Rendement annuel composé depuis le début : 13,0 %

Efficacité fiscale : moyenne

Risque : moyen

Évaluation générale :

Rendements annuels et quartiles

Année (Septembre à septembre)	Rendement (%)	Quartile	Rendement moyen de la catégorie (%)
97-98	-1,3	1	-6,9
96-97	28,3	1	22,9
95-96	21,8	1	13,2
94-95	8,4	3	9,4
93-94	3,5	2	4,0
92-93	17,9	2	17,4

Rendements composés et quartiles

Période	Rendement annuel composé (%)	Quartile	Rendement annuel composé moyen de la catégorie (%)
1 an	-1,3	1	-6,9
2 ans	12,5	1	7,0
3 ans	15,5	1	9,1
5 ans	11,6	1	8,3

Commentaires

C'est le fonds le plus important de la Société Stratégie Globale. Le gestionnaire Anthony Massie est un vétéran de l'industrie. Ce sont les actions canadiennes qui occupent la première place avec une pondération de 45 % suivies des obligations canadiennes avec 34 %. Le fonds est bien placé pour profiter d'une reprise (déjà amorcée d'ailleurs) boursière et d'une baisse probable des taux d'intérêt. Le rapport risque-rendement est intéressant, et c'est un fonds de premier quartile depuis trois ans. L'efficacité fiscale est cependant inférieure à celle des autres fonds équilibrés sélectionnés dans ce guide. Le rendement annuel composé du fonds depuis son lancement est de 13 %, ce qui est supérieur aux rendements obtenus par de nombreux fonds d'actions canadiennes. Nous avions sélectionné ce fonds l'an dernier et nous n'hésitons pas à le recommander à nouveau.

Fonds équilibrés canadiens

Ivy Croissance et Revenu

Renseignements généraux

Mois et année d'implantation : octobre 1992
Investissement minimal : 500 $
Gestionnaire : Jerry Javasky, depuis juin 1997
Famille de fonds : Ivy (Mackenzie)
Fréquence des distributions : annuelle
Éligibilité au REER : 100 %
Frais : à l'entrée ou à la sortie, si l'intermédiaire en réclame

Renseignements quantitatifs au 30 septembre 1998

Valeur de l'actif du fonds :	2 536,9 millions
Ratio des frais de gestion :	2,07 %
Meilleure année : 96-97	24,8 %
Moins bonne année : 93-94	0,6 %
Rendement 6 mois :	-5,5 %

Rendements annuels et quartiles

Année (Septembre à septembre)	Rendement (%)	Quartile	Rendement moyen de la catégorie (%)
97-98	2,8	1	-6,9
96-97	24,8	2	22,9
95-96	19,3	1	13,2
94-95	14,4	1	9,4
93-94	0,6	4	4,0

Rendements composés et quartiles

Période	Rendement annuel composé (%)	Quartile	Rendement annuel composé moyen de la catégorie (%)
1 an	2,8	1	-6,9
2 ans	13,3	1	7,0
3 ans	15,3	1	9,1
5 ans	12,0	1	8,3

Rendement annuel composé depuis le début : 10,9 %

Efficacité fiscale : élevée

Risque : au-dessous de la moyenne

Évaluation générale : ½

Commentaires

Jerry Javasky, gestionnaire du fonds Ivy Canadien, a la responsabilité de gérer le Ivy Croissance et Revenu. L'encaisse du fonds est supérieure à la moyenne, ce qui est par ailleurs une caractéristique des fonds de la série Ivy offerts par la Société Mackenzie. Le gestionnaire a considérablement augmenté sa pondération en obligations canadiennes comparativement à l'an dernier. En fait, 40 % de l'actif du fonds est investi en obligations canadiennes : c'est la plus importante pondération du fonds. La pondération en actions canadiennes s'élève à 33 % en ce moment, et ces actions sont essentiellement des titres de grandes sociétés. L'efficacité fiscale du fonds se situe au-dessus de la moyenne : c'est un aspect intéressant. Un fonds fiable qui permettra à l'investisseur prudent d'atteindre ses objectifs.

Fonds 69

Fonds équilibrés mondiaux

Fidelity Répartition Mondiale

Renseignements généraux

Mois et année d'implantation : janvier 1993
Investissement minimal : 500 $
Gestionnaire : Richard Habermann
(responsable de l'équipe)
Famille de fonds : Fidelity
Fréquence des distributions : trimestrielle
Éligibilité au REER : 20 %
Frais : à l'entrée ou à la sortie, si l'intermédiaire
en réclame

Rendement annuel composé depuis le début : 12,1 %

Efficacité fiscale :
au-dessus de la moyenne

Risque :
au-dessus de la moyenne

Évaluation générale :

Renseignements quantitatifs au 30 septembre 1998

Valeur de l'actif du fonds :	457,7 millions
Ratio des frais de gestion :	2,67 %
Meilleure année : 96-97	29,0 %
Moins bonne année : 93-94	2,1 %
Rendement 6 mois :	-3,1 %

Rendements annuels et quartiles

Année (Septembre à septembre)	Rendement (%)	Quartile	Rendement moyen de la catégorie (%)
97-98	7,2	2	1,1
96-97	29,0	1	17,7
95-96	12,8	1	9,8
94-95	4,4	*	6,9
93-94	2,1	*	2,4

Rendements composés et quartiles

Période	Rendement annuel composé (%)	Quartile	Rendement annuel composé moyen de la catégorie (%)
1 an	7,2	2	1,1
2 ans	17,6	1	9,5
3 ans	16,0	1	9,8
5 ans	10,7	*	7,5

*Échantillon trop petit.

Commentaires

Voilà une catégorie négligée par les investisseurs et qui gagne à être connue. Un fonds équilibré qui investit dans toutes les catégories d'actif et qui investit partout sur la planète permet à l'investisseur de bénéficier des bienfaits de la diversification. Le gestionnaire principal, M. Richard Habermann, est aussi celui qui gère le fonds d'actions mondiales Fidelity Portefeuille International. Comme le marché boursier canadien ne représente que 3 % de la capitalisation boursière mondiale, il ne faut pas s'étonner que le gestionnaire n'investisse pas beaucoup au Canada. Les gestionnaires ont une préférence pour les actions, qui à elles seules représentent 66 % de l'actif du fonds. La pondération en obligations étrangères est d'environ 23 %. Les États-Unis constituent la destination préférée de l'équipe de gestion tant pour des actions que pour des obligations. On y retrouve des titres tels que AT & T, General Electric, Pfizer ainsi que des bons du Trésor du gouvernement des États-Unis. Si vous désirez avoir accès à la fois au marché boursier et au marché obligataire américain, ce fonds vous conviendra.

Fonds équilibrés mondiaux

AIM GT Revenu et Croissance Mondial

Renseignements généraux

Mois et année d'implantation : octobre 1994
Investissement minimal : 500 $
Gestionnaire : Nicholas Train
Famille de fonds : AIM GT
Fréquence des distributions : trimestrielle
Éligibilité au REER : 20 %
Frais : à l'entrée ou à la sortie, si l'intermédiaire en réclame

Rendement annuel composé depuis le début : 13,0 %

Efficacité fiscale :
très élevée

Risque :
au-dessous de la moyenne

Évaluation générale :

Renseignements quantitatifs au 30 septembre 1998

Valeur de l'actif du fonds :	56,7 millions
Ratio des frais de gestion :	2,78 %
Meilleure année : 96-97	19,5 %
Moins bonne année : 95-96	11,6 %
Rendement 6 mois :	2,2 %

Rendements annuels et quartiles

Année (Septembre à septembre)	Rendement (%)	Quartile	Rendement moyen de la catégorie (%)
97-98	16,1	1	1,1
96-97	19,5	2	17,7
95-96	11,6	2	9,8

Rendements composés et quartiles

Période	Rendement annuel composé (%)	Quartile	Rendement annuel composé moyen de la catégorie (%)
1 an	16,1	1	1,1
2 ans	17,8	1	9,5
3 ans	15,7	1	9,8

Commentaires

Ce fonds était autrefois offert par la famille de fonds GT Global. Rien n'a changé quant aux données principales. Le même gestionnaire est en poste, et le fonds investit principalement aux États-Unis et en Europe. La pondération européenne est plus grande que celle du fonds Fidelity Répartition d'Actif Mondial. Les actions étrangères constituent l'actif principal du fonds avec 55 %, et les obligations étrangères représentent environ le tiers du portefeuille. La volatilité du fonds est relativement faible, ce qui le rend d'autant plus attrayant. Le rapport risque-rendement est un des meilleurs de l'ensemble des fonds équilibrés (canadiens et mondiaux). C'est un fonds qui vous permet d'investir dans les actions et les obligations des deux plus gros marchés boursiers et obligataires, c'est-à-dire les marchés américain et européen. Un fonds qui gagne à être connu d'un plus grand nombre d'investisseurs.

Quelques adresses électroniques utiles

La Bibliothèque des Fonds Mutuels au Canada : The Fund Library :
http://www.fundlibrary.com

Nous espérons qu'une version française deviendra disponible prochainement. Donne accès à plusieurs liens intéressants. Permet de suivre l'évolution des fonds.

Le site du journal *Financial Post* : http://www.canoe.ca/FP/

La section sur les fonds mutuels *(daily mutual funds)* est intéressante. Plusieurs articles sur les fonds mutuels. Permet d'obtenir les prix de la journée vers 19 heures.

Le site sur les fonds mutuels du *Globe and Mail* : Globefund :
http://www.globefund.com

À jour avec plusieurs chroniques et un accès aux archives. Récent. Un très bon site.

Le site de la Bourse de Montréal : http://www.bdm.org

Un incontournable. Est considéré comme l'un des meilleurs sites de places boursières.

Le site du journal *Les Affaires* : http://www.lesaffaires.com

Le site d'une publication très utile.

Le site du *Financial Times* (Londres) : http://www.ft.com

Très bon pour les nouvelles financières et économiques internationales. Vous y trouverez une revue de sites web sur la finance et l'économie.

Yahoo Finance : http://quote.yahoo.com

Nous l'utilisons régulièrement pour vérifier l'évolution des marchés boursiers au cours d'une journée. Efficace!

Le site de l'Institut des Fonds d'Investissement au Canada (IFIC) :
http://www.mutunds.com/ific/

Vous obtiendrez les tendances historiques. Pour plusieurs documents, vous aurez besoin du logiciel Acrobat. Jusqu'à preuve du contraire, vous pouvez le télécharger à partir du site www.adobe.com.

Le site de Fidelity aux États-Unis : http://www.fidelity.com

Le site de la Société Fidelity aux États-Unis est impressionnant et vous permet de découvrir une quantité de liens utiles. Vous avez aussi accès aux autres sites de Fidelity à travers le monde.

Banques et Finances : http://www.qualisteam.com

Un site français, mais vous pouvez également obtenir l'information en langue anglaise et en langue italienne. Relie à plusieurs sites, dont des sites bancaires et des places financières.

Les Échos : http://www.lesechos.com

Le journal des nouvelles économiques et financières par excellence en France.

Bloomberg : http://www.bloomberg.com/markets

Présentation succinte des résultats boursiers. Sur une page 8,5 sur 11, vous retrouverez les résultats des principaux marchés boursiers avec un retard de 15 minutes.

Socialinvest : http://www.socialinvest.com

Pour ceux et celles qui ont un intérêt particulier pour la mission sociale de l'activité d'investissement. C'est un site américain.

Montrusco : http://www.montrusco.com

C'est le site de la firme de gestion de portefeuille Montrusco. Des renseignements intéressants sur l'économie et les marchés financiers. Les principaux thèmes sont très bien présentés.

Caisse de dépôt et placement du Québec : http://www.lacaisse.com

Un site qui vous permettra d'en apprendre davantage sur l'institution qui gère le bas de laine des québécois.

Économédia : http://www.economedia.com

Un site intéressant qui présente des nouvelles sur l'économie québécoise et les fonds communs de placement gérés au Québec.

Banque de Montréal : http://www.bmo.com

La section du département des analyses économiques est excellente.

Banque Nationale : http://www.bnc.ca

Un site où vous trouverez des réponses à de nombreuses questions sur vos propres finances et sur la planification financière.

Cyberinvest : http://www.cyberinvest.com

Un site qui vous permettra de découvrir d'autres sites puisqu'on recense et évalue des sites financiers.

Indices Sectoriels : http://www.canoe.ca/moneymarkets/cdindexexes.html

Site où vous obtiendrez la plus récente information sur les différents indices sectoriels. On parle ici des secteurs qui composent l'indice TSE 300.

Si vous avez des commentaires, vous pouvez joindre l'auteur, François Poitras.
Par téléphone : (514) 529-7775 ou par télécopieur : (514) 529-8440
Par courrier électronique : fpoitras@avantages.com
Page web : http://www.avantages.com

Quelques adresses électroniques utiles

GLOSSAIRE

Acceptation bancaire
Titre de crédit au porteur d'un montant déterminé pour lequel une banque engage sa signature au profit d'un client. Ce titre est vendu à escompte. Il fait partie du marché monétaire.

Actif
En termes comptables : élément de patrimoine ayant une valeur économique positive. En termes de placement : tout ce qui a une valeur commerciale ou d'échange, détenu par un individu ou une institution. L'actif est habituellement regroupé en catégories : court terme, actions ordinaires, obligations, hypothèques, immobilier, etc.

Actif sans risque
Actif dont le risque est réputé nul. Habituellement, on considère les bons du Trésor (émis par le gouvernement) comme un actif sans risque. On estime alors qu'il y a très peu de risques que l'emprunteur (le gouvernement) ne rembourse pas intégralement son prêt, particulièrement s'il s'agit d'un prêt sur une courte période.

Actif à court terme
Titres à revenu fixe dont l'échéance est inférieure à un an et dont la liquidité en fait des équivalents de la monnaie. Les principaux types d'actif à court terme sont les bons du Trésor, les acceptations bancaires, les papiers commerciaux et les certificats de dépôt.

Action ordinaire
Titre de participation qui représente le droit de participer au partage des éléments d'actif d'une société, à sa dissolution ou à sa liquidation, et le droit de voter aux assemblées d'actionnaires.

Action privilégiée
Type d'action accordant à son détenteur des droits particuliers : des dividendes à taux fixe, prioritaires par rapport à ceux des actionnaires réguliers, souvent cumulatifs ainsi que des privilèges en cas de liquidation, etc. Ce type d'action peut compter des restrictions, particulièrement pour le droit de vote.

Analyse fondamentale
Analyse d'un titre, d'un secteur industriel ou de l'ensemble du marché qui repose sur l'étude du contexte économique.

Aversion pour le risque
Expression faisant état du comportement normal d'un investisseur. Un investisseur demandera à être compensé si on lui demande de prendre un risque.

Bénéfices par action
Mesure obtenue en divisant les bénéfices nets d'une entreprise par le nombre de titres en circulation.

Bons du Trésor
Titre d'emprunt à court terme émis par l'État.

Bourse
Organisme qui fournit un lieu, des installations ainsi qu'un support technique grâce auxquels des acheteurs et des vendeurs, au moyen d'un mécanisme d'enchères, peuvent négocier des titres à l'intérieur d'un cadre qui garantit le respect de certaines règles.

Capitalisation boursière
Valeur totale des actions d'une compagnie cotée en bourse.

Certificat de dépôt
Titre à revenu émis par une banque, qui comporte un versement périodique d'intérêt, dont l'échéance dépasse rarement cinq ans et qui est habituellement remboursable avant l'échéance.

Certificat de placement garanti (CPG)
Titre à revenu émis par une banque, qui comporte un versement périodique d'intérêt, dont l'échéance varie de 30 jours à 5 ans, et qui est habituellement non remboursable avant l'échéance.

Commission de suivi
Paiement périodique que le gestionnaire du fonds verse au courtier pour ses services d'intermédiaire.

Contrarian
Investisseur ou gestionnaire dont les décisions d'investissement et de placement sont contraires à la majorité des investisseurs et des gestionnaires.

Coupon
Partie détachable d'un certificat d'obligation qui donne droit au porteur au paiement d'un montant d'intérêt spécifié, lorsqu'il est détaché et présenté à une banque à partir de sa date d'échéance.

Courbe des taux d'intérêt *(Yield Curve)*
Graphique permettant d'établir une relation entre le taux de rendement d'une obligation et son échéance. Il s'agit d'une représentation graphique de la structure à terme des taux d'intérêt.

Cours
Prix auquel une action ou une obligation se transige.

Cours acheteur
Le prix le plus élevé qu'un acheteur est disposé à payer pour un titre.

Cours vendeur
Le prix le plus bas qu'un vendeur est disposé à accepter pour un titre.

Cycle boursier
Période au cours de laquelle la valeur moyenne des titres d'un marché bour-sier, mesurée par le comportement d'un indice de référence à partir d'un creux, connaît une période de hausse, atteint un sommet, puis redescend.

Cycle économique
Période au cours de laquelle, l'activité économique mesurée par le produit national brut, passe d'une période de creux à une période de reprise (d'expansion), de sommet, puis de ralentissement (récession).

Distribution
Paiement versé par un fonds commun de placement, provenant du revenu ou des gains en capital réalisés à la vente des titres de portefeuille. Le détenteur va normalement choisir soit de recevoir le versement de distribution au comptant, soit de le réinvestir dans des parts additionnelles du fonds. Si les distributions sont versées dans le cadre d'un régime enregistré, il faut les réinvestir.

Diversification
Principe de gestion qui consiste à répartir les placements entre différentes catégories de titres, d'émetteurs de régions ou d'échéances, afin de réduire le risque global du portefeuille. Une bonne diversification améliore le rapport risque-rendement. Autrement dit, elle permet de diminuer le niveau de risque encouru, pour un même niveau de rendement espéré.

Dividende
Paiement versé aux actionnaires d'une société à l'égard d'actions qu'ils dé-tiennent. Les dividendes peuvent être payés en espèces, sous forme d'actions additionnelles ou de biens.

Écart-type
L'écart-type est une mesure statistique égale à la racine carrée de la variance. Il sert à mesurer la dispersion d'une série de rendements périodiques autour de leur moyenne. Dans le domaine du placement, il sert à mesurer le niveau de risque d'un investissement; un écart-type élevé signifie que les fluctuations du rendement sont importantes.

Échéance
Date à laquelle le remboursement d'un emprunt (titre de court terme, obli-gation, hypothèque...) devient exigible et doit être honoré.

Effet de levier
Possibilité offerte par certains produits ou certaines techniques financières de multiplier les possibilités de gains ou de pertes pour un même investissement initial. Les options et les contrats à terme offrent un grand effet de levier, de même que la vente à découvert ou l'achat sur marge.

Escompte (à)

Titre vendu à un montant inférieur à sa valeur nominale, par exemple, les bons du Trésor.

Fiduciaire

Dans le cas d'une fiducie de fonds communs de placement, il s'agit de l'entité qui détient l'actif d'un fonds commun de placement en fiducie pour le compte des porteurs de parts de ce fonds. Dans le cas d'un régime enregistré, il s'agit de l'entité qui détient l'actif d'un régime en fiducie pour le compte des bénéficiaires de ce régime et qui est chargé d'administrer le régime conformément à ses directives et aux lois en vigueur.

Frontière efficace

Méthode développée par Markowitz pour identifier les combinaisons de types d'actif qui produisent les meilleurs rapports risque-rendement.

Gain de capital

Profit sur un investissement égal à la différence entre son prix de vente et son prix d'acquisition. Le gain de capital n'est réalisé qu'au moment de la vente. Il peut être estimé en faisant la différence entre la valeur marchande et le prix d'acquisition. On parle alors de l'appréciation du capital.

Indicateurs économiques

Mesures statistiques développées pour estimer et prévoir l'évolution de l'activité économique.

Indice boursier

Instrument de comparaison servant à mesurer l'évolution d'un marché de valeurs boursières.

Indice Dow Jones

Moyenne des prix des 30 plus gros titres *(Blue Chips)* de la Bourse de New York. C'est le plus ancien indice connu; il demeure l'un des indices les plus suivis du marché américain.

Indice Nasdaq composé

Indice général du marché au comptoir des titres américains transigés sur le réseau de la *National Association of Securities Dealers*. Il regroupe des titres importants du secteur de la haute technologie.

Indice Standard & Poor's 500

Indice constitué à partir du prix de 500 titres de la Bourse de New York. Ces titres représentent environ 75 % de la capitalisation totale de la Bourse de New York. Considéré comme l'indice le plus représentatif du marché américain, il est la principale référence pour mesurer la performance des gestionnaires sur ce marché.

Indice Toronto 35

Indice de la Bourse de Toronto construit à partir du prix des 35 plus gros titres de l'indice TSE 300.

Indice TSE 300
Indice de la Bourse de Toronto, construit à partir du prix des 300 titres ayant la plus forte capitalisation en circulation. C'est le principal indice de référence du marché boursier canadien.

Inflation
Hausse du prix des biens et services. Au Canada, l'inflation est mesurée par l'indice des prix à la consommation ainsi que par de nombreux autres indices spécialisés.

Liquidité
Propriété d'un titre de pouvoir être écoulé facilement et rapidement sur un marché sans variation significative de sa valeur.

Marché baissier *(bear market)*
Période au cours de laquelle la valeur moyenne des titres d'un marché, mesurée par un indice de référence, est à la baisse. Habituellement, on considère baissière toute période de baisse suffisamment prolongée qui a une ampleur d'au moins 20 %.

Marché émergent
Pays, ou groupe de pays, qui a récemment adopté une économie fondée sur la libre entreprise accessible aux investisseurs étrangers.

Marché haussier *(bull market)*
Période au cours de laquelle la valeur moyenne des titres d'un marché, mesurée par un indice de référence, est à la hausse. Habituellement, on considère haussière toute période de hausse suffisamment prolongée qui a une ampleur d'au moins 20 %.

Marge
Montant de couverture versé à un courtier par un client qui lui demande d'acheter pour lui des titres à crédit ou de réaliser d'autres transactions financières (ventes à découvert, options, contrats à terme...).

Obligation
Titre qui représente un emprunt contracté par l'État ou par une société pour un montant et une durée déterminés.

Obligation à long terme
Obligation dont l'échéance est à plus de 10 ans.

Obligation à moyen terme
Obligation dont l'échéance se situe entre 5 et 10 ans.

Obligation à court terme
Obligation dont l'échéance se situe entre 1 et 5 ans.

Point de base
Un centième de 1 pour cent (0,01 %).

Portefeuille

Regroupement de placements détenus par un particulier, par un établissement ou par un fonds commun de placement.

Prime de risque

Compensation additionnelle demandée par un investisseur, au-dessus du taux sans risque, pour le risque encouru en investissant son capital. Plus le risque est élevé, plus la prime est élevée.

Produits dérivés

Produits financiers dont la valeur est fondée sur (dérivée de) celle d'un bien ou d'un titre sous-jacent. Les principaux produits dérivés sont les options et les contrats à terme.

Prospectus

Document juridique qui présente de l'information importante que les investisseurs devraient connaître au sujet d'un fonds commun de placement avant d'y investir.

Ratio cours-bénéfice

Ratio calculé en divisant le rendement moyen d'un portefeuille par l'écart-type de ses rendements périodiques. Il permet de mesurer le rendement ajouté par unité de risque.

Ratio des frais de gestion

Le ratio des frais de gestion correspond au total des frais de gestion et des frais d'exploitation imputables directement au fonds au cours du dernier exercice; le ratio s'exprime en pourcentage de l'actif total moyen du fonds.

Ratio de Sharpe

Instrument mathématique qui mesure le rapport risque-rendement d'un portefeuille en divisant son rendement excédentaire (au-dessus du taux sans risque) par l'écart-type de ses rendements.

Ratio valeur aux livres

Rapport entre la valeur aux livres et la valeur au marché (valeur marchande) d'un titre.

Rendement nominal

De façon générale, il représente le rendement réalisé en y incluant l'effet de l'inflation.

Rendement réel

Rendement dont on a enlevé l'effet de l'inflation.

Répartition de l'actif

Répartition de l'allocation des fonds d'un portefeuille entre les différentes catégories d'actif.

Risque

Possibilité qu'un investisseur perde, en tout ou en partie, le capital investi et le revenu qu'il génère.

Solvabilité

Évaluation de la probabilité d'un emprunteur à respecter ses engagements financiers.

Taux d'escompte

Taux auquel la Banque du Canada accorde des prêts à court terme aux banques à charte et autres établissements financiers.

Titre étranger

Titre émis par un gouvernement étranger ou par une société constituée en vertu des lois du pays en question.

Tolérance au risque

La capacité à supporter la volatilité de la valeur d'un placement. Le tempérament, l'horizon de placement et la situation financière déterminent la tolérance au risque.

Valeur intrinsèque

La valeur intrinsèque d'un actif est sa valeur économique.

Valeur liquidative

La valeur marchande totale de tout l'actif d'un fonds commun de placement moins son passif. Pour calculer la valeur par part, on divise la valeur liquidative par le nombre de parts que détiennent les investisseurs. La plupart des grands journaux publient le prix par part dans leur section portant sur les fonds communs de placement.

Valeur marchande

Valeur d'un titre au prix du marché. La valeur marchande fluctue constamment et peut être différente de la valeur intrinsèque.

Vente à découvert

Vente d'un titre que l'on ne possède pas (emprunté par l'intermédiaire d'un courtier) dans l'espoir que le prix chute.